平安時代の地方軍制と天慶の乱

寺内　浩著

塙書房刊

目次

目　次

目　次

目　　次

平安時代の地方軍制と天慶の乱

序章　本書の視角と構成

一　本書の視角

戦前の平安時代地方軍制史研究は、律令地方軍事制度が衰退するなかで、どのようにして武士が勢力を伸ばしていくのかという視点からなされた。西岡虎之助氏は、軍団兵士制が廃止された後、地方の兵制は騎兵中心で小規模の健児制に移行したが、九世紀後半になると健児は有名無実化し、地方は社会秩序を喪失したため、自衛上必要な兵備を整えざるをえなくなるとする。そして、本来は禁止されていた兵器の私有が土豪の間に広まり、社会は紊乱するが、治安の維持もまたそうした武力化した土豪の力に頼るしかなく、その結果武士の勢力が上昇していったとされる[1]。川上多助氏は、軍団兵士制廃止後、健児や選士が軍備の中心勢力となったが不成績に終わり、国内の治安を維持することが困難となったため、威力に富み不逞の徒を取り締まることのできる豪族を検非違使、押領使、追捕使に任命して警察の任にあたらせ、豪族たちはその地位を利用して勢力を伸ばしていったとする。そして、彼らは私兵を率いてその職を遂行しており、これは軍団の将校が国家の兵士を統率していたのとは根本的に異なるところであり、我国軍制の一大変革であるとされている[2]。

平安時代地方軍制史研究における、こうした律令地方軍事制度の衰退と武士の台頭という構図は戦後も受け継がれるが、大きな転回点となったのが、一九六〇年代末からの戸田芳実・石井進両氏による国衙軍制研究である[3]。

両氏の研究は、武士の成立を在地領主の武装化からとらえるのではなく、武士の特質をその職能とし、武士身分形成における国家や国衙の果たした役割を重視するものである。両氏の研究は、その後の研究に大きな影響を与え、職能面を重視する武士研究が大いに進んだことは周知の通りである。

戸田芳実氏は、九世紀の軍事改革の重点は、弓馬の精兵を組織し、弩など兵器において優越した歩兵隊を確保することにあったとする。そして、九世紀末からの群盗蜂起を経て、一〇世紀になると諸家兵士と諸国兵士からなる新しい軍事組織が成立するのだが、地方には諸家兵士的軍事組織として平将門のような地方軍事貴族が配置され、独自に国衙軍制を補足して反乱鎮定の役割を果たすとされた。石井進氏は、『今昔物語集』にみえる常陸守源頼信の平忠常攻撃軍の構成から、一一―一二世紀の国衙による武力編成のあり方を考察し、当時の国衙の軍事構成は国司が率いる国司軍と地方豪族が率いる地方豪族軍からなり、後者は国司とは対等の自立した軍事権力であるとされた。

戸田芳実・石井進両氏およびそれ以降の研究についての詳細な検討は、第一編第三章および第二編第一章で行っているので、ここでは本書の分析視角と関連して、従来の地方軍制史研究におけるいくつかの問題点を述べておきたい。

まず一つめは、これまでの地方軍制史研究は人的側面、すなわち兵士そのものの研究が中心で、軍事行動を支える物的側面、すなわち武器や食料の研究があまりなされていなかったことである。小規模かつ短期間の戦闘ならばともかく、大規模で長期にわたる戦乱となると、兵士だけでなく大量の武器と食料が不可欠となる。『続日本紀』延暦八年六月庚辰条の征東将軍の奏状では、食糧補給の困難さが征東軍の解散理由にあげられ、『日本三代実録』元慶三年三月二日壬辰条にみえる元慶の乱時の出羽権守藤原保則の奏言では、「甲冑」がないために

「不レ能二輙進一」とされている。武器・食料などの物資がないと軍隊の維持や軍事行動ができないのは、近代だけでなく前近代においても同じである。そこで本書では、国衙に備蓄された武器・食料に着目し、財政史的視点から地方軍制の実態や変容について検討を行っていきたい[4]。

二つめは、これまでの地方軍制史研究は東国地域を主対象になされたことである。たとえば、天慶の乱は東国の平将門と西国の藤原純友がほぼ同時期に反乱を起こしたもので、一〇世紀前半の地方軍制の実態を探る上で貴重な事例である。しかし、これまでの政府側の軍事的対応の分析はもっぱら将門の乱を中心になされ、政府軍が到着する前に平将門が藤原秀郷・平貞盛に討たれたことから、政府軍への評価は概して低い。また、純友の乱の鎮圧は「古代国家の組織的兵力によって、はじめて可能とされた[5]」との指摘があるにもかかわらず、純友の乱における政府軍のあり方から当時の地方軍制を分析しようという試みはほとんどなされていない。これは、将門の乱においては『将門記』という格好の史料があるため乱の詳細がわかるが、純友の乱にはそうした史料はなく不明な点が多いことが大きな要因だが、その後も東国では平忠常の乱、前九年の役、後三年の役など戦乱が相次ぎ、軍事関係の史料が多く残っているので、分析の視点がどうしても東国に片寄りがちになるのである。さらにいえば、東国にはやがて鎌倉幕府＝中世武家政権が生まれるという、その後の歴史的展開も大きく関わっていよう。本書では、これまでのような東国地域中心の分析ではなく、他地域の状況にも配慮したい。具体的には、天慶の乱から当時の地方軍制を考えるにあたっては、将門の乱ではなくむしろ純友の乱を重視していきたい。

三つめは、九・一〇世紀史のとらえ方である。戸田芳実氏は、初期荘園の濫立や群盗蜂起などの政治的危機を動因として一〇世紀初頭に「国制改革」が行われ、その一環として諸家兵士と諸国兵士からなる一〇世紀の新しい軍事組織がつくられ、また九世紀末の群盗蜂起を鎮圧する過程で将門のような地方軍事貴族が生まれたとされた。つまり、戸田芳実氏は、「国制改革」により一〇世紀になるとそれまでとは異なる軍事警察機構ができあがるとされるのである。しかし、別稿で述べたように、かつては九世紀末―一〇世紀初に「国制改革」がなされ、その結果一〇世紀になると新しい地方支配体制ができると考えられていたが、近年はそうした「国制改革」は疑問視され、むしろ九世紀と一〇世紀前中期を連続的にみる見解が有力になっている。[6] つまり、九・一〇世紀史の見方は近年大きく変わってきているのである。故に、九世紀末―一〇世紀初の「国制改革」を前提とする国衙軍制論には見直しが必要となろう。具体的には、一〇世紀になると本当に新しい軍事組織がつくられるのか、将門等を地方軍事貴族として位置づけてよいのかなどについて再検討していきたい。

二　本書の構成

第一編では、健児制を中心に九世紀の地方軍制について考察を加えた。

第一章「軍団兵士制の廃止理由について」は、軍団兵士制を廃止したのがなぜ延暦一一年（七九二）なのかを考えたものである。延暦一一年は律令国家が蝦夷征討を準備している真最中であったが、坂東諸国から「身堪二軍士一者」を徴集する上で軍団兵士制は桎梏となっており、そのために軍団兵士制は廃止されねばならなかったとした。

第二章「健児の差点対象について」は、延暦一一年に設置された健児の軍事警察的機能を考える前提作業として、健児にはどのような身分・階層の者が充てられたかを検討したものである。史料によると、健児の差点対象は郡司子弟から勲位者、さらに白丁へと変化しており、そのため健児の軍事警察的機能が低下したようにみえるのだが、勲位者、白丁の実態を検討すると、実際には郡司子弟から勲位者へ、そして再び郡司子弟に変わったにすぎないことがわかるのである。

第三章「九世紀の地方軍制と健児」は、九世紀の地方軍制が健児制と臨時兵力からなることを武器・食料などの軍備面を含めて述べたものである。これまでの研究では、健児の軍事的評価は低く、また史料にみえる「人兵」「人夫」の具体的内容も不明であった。本章では、九世紀の史料を再検討し、健児は軍事的機能を有しており、兵員が健児だけでは不足する場合は臨時の兵力が組織されたこと、諸国には武器・食料が備蓄され、軍備面から地方軍制を支えていたことを明らかにした。

第二編では、一〇―一一世紀の地方軍制について考察を加えた。

第一章「一〇―一一世紀の地方軍制」は、第一編第三章とともに本書前半の中核となる論考で、国衙財政の変容から一〇世紀と一一世紀の地方軍制の違いを論じたものである。最初に、戸田芳実氏らの国衙軍制論をとりあげて批判を加え、一〇世紀前半までは健児と臨時兵力からなる従来の地方軍制が続くとした。しかし、一一世紀になると国衙の武器・食料がなくなったため、これまでのような臨時兵力の組織・動員はできなくなり、大規模な軍事動員が必要な時は、地方豪族の私的武力が利用されたことを明らかにした。

第二章「押領使・追捕使関係史料の一考察」は、平安時代地方軍制を考える上で欠くことのできない押領使・追捕使をとりあげたものである。押領使・追捕使にはさまざまな性格のものがあることが知られているが、ここでは押領使・追捕使研究の基礎的作業として、これまで難解とされてきた押領使・追捕使に関する二つの史料をとりあげ、従来と異なる解釈を試みた。

第三章「平安時代の武人と武力」は、九―一一世紀における軍事警察力の担い手であった武人と武力について考えたものである。従来の武人についての研究は、小野・紀・坂上氏などの伝統的軍事氏族や源氏・平氏を主対象としていたが、ここではそれら以外の武人をとりあげ、武人の多様性・流動性を明らかにした。また、武人の持つ私的武力について検討を加え、一〇世紀後半になると武人の持つ私的武力が京内の盗賊捜索や内裏警備などに使われるようになるが、あくまで臨時的・補助的なものであったとした。

第三編では、藤原純友の乱を中心に天慶の乱について考察を加えた。

第一章「藤原純友と紀淑人」は、承平年間の藤原純友と紀淑人の動きを考察したものである。紀淑人が承平六年五月に伊予守となったのは海賊追討の勲功によるものであり、そのころには海賊の活動は収まっていたこと、したがって承平六年三月に伊予国へ下向した藤原純友は、海賊追討であまり活躍していなかったことなどを明らかにした。

第二章「藤原純友の乱後の伊予国と東国」は、天慶の乱後伊予国は早くに復興したのに、東国はなぜその後も亡弊状態が続くのかを考えたものである。純友の乱は海賊との海上での戦いが中心であったため、農民の生産手段への被害は小さかったが、将門の乱では「焦土戦術」がとられ、しかもその後も各地で豪族間の争いが続いたため、亡弊状態が長く続いたとした。

第三章「天慶の乱と承平天慶の乱」は、乱の名称を古代から現代まで網羅的に調べた史学史的論考である。天慶の乱とするか承平天慶の乱とするかは、承平・天慶年間における将門と純友の立場や動きをどのように理解するかに関わる問題だが、明治初期は天慶の乱が一般的で、徐々に承平天慶の乱の名称が広まり、戦後になって定着したことが判明した。近年は承平年間の純友は海賊を追討する側にいたことがほぼ定説となっているが、かつて『大日本史』がそのことを指摘し、その後天慶の乱の名称が一般化したにもかかわらず、明治時代後期から承平年間の純友は海賊の首領であったとされ、乱の名称が承平天慶の乱に変わっていったことは注目すべき点であろう。

第四編では、平安時代の瀬戸内海賊について考察を加えた。

第一章「古代伊予国の俘囚と温泉郡箆原郷」は、木簡から伊予国温泉郡に箆原郷が存在していたことがわかり、伊予国に移配された俘囚の新姓野原は、この居地名によっていることを明らかにしたものである。

第二章「承平年間の東国と瀬戸内海賊」は、承平年間における東国の平氏一族の内紛と瀬戸内海賊の動向とを関連づけて考えたもので、平良兼の出陣および将門召進官符の到着が遅れたのは、瀬戸内海賊の平定を待っていたためとした。

第三章「天元五年の伊予国海賊追討」は、伊予国海賊追討の論功行賞に関わった蔵人頭藤原実資・関白藤原頼忠と伊予国守源遠古が互いに縁戚関係、利害関係にあることから、源遠古を重任させるためあらかじめ準備されたものではないかとしたものである。

第四章「東部瀬戸内海の海賊史料」は、瀬戸内海東端地域の海賊をとりあげたもので、瀬戸内海の海賊は地域ごとに小集団を形成していたことを明らかにした。

註

（1）同「健児について」（同『西岡虎之助著作集　第一巻』、三一書房、一九八二年、初出は一九二二年）、同「騎兵制の発達と武士」（同前書、初出は一九二六年）、同「日本における兵制の発達」（同前書、初出は一九三七年）。

（2）同「中古徴兵制度の変遷」（上）（中）（下）（『歴史地理』三五—一・四・五、一九二〇年）、同「武士の勃興」（同『日本古代社会史の研究』、河出書房、一九四七年、初出は一九三四年)。

(3)戸田芳実「中世成立期の国家と農民」、同「国衙軍制の形成過程」(同『初期中世社会史の研究』、東京大学出版会、一九九一年、初出は一九六八・一九七〇年)、石井進「中世成立期の軍制」(同『鎌倉武士の実像』、平凡社、一九八七年、初出は一九六九・一九七一年)。以下、両氏の説に言及する場合は、いずれもこれらの論文によるものとする。

(4)戸田芳実氏が九世紀の軍事改革の一つとして弩に注目され、石井進氏が国衙に備蓄された武器が国司軍の武装に利点を与えたとされるように、武器の問題はこれまでの研究で触れられていないわけではない。本書で重視したいのは、そうした個別の軍備ではなく、国衙財政と地方軍制のあり方をリンクさせる視点である。

(5)上横手雅敬『日本中世政治史研究』一〇三頁(塙書房、一九七〇年)。

(6)拙稿「地方支配の変化と天慶の乱」(『岩波講座日本歴史　古代四』、岩波書店、二〇一五年)。

第一編　九世紀の地方軍制

第一章　軍団兵士制の廃止理由について

はじめに

延暦一一年（七九二）六月、軍団兵士制が辺要地を除き廃止された。軍団兵士制がなぜ廃止されたかについては、戦前の西岡虎之助氏や川上多助氏の研究をはじめとして多くの研究がなされている[1]。管見によれば、これまでの研究で出されている軍団兵士制廃止の理由のうち、主なものは以下の四つである。

①国司や軍毅による兵士の私役とその弱体化
②軍団兵士制にかわる騎馬兵中心の新たな兵士制の創出
③国家財政収入の増大
④国際的緊張の緩和

①は、軍団兵士制の廃止を命じた『類聚三代格』延暦一一年六月七日勅にみえるもので、そこには「国司軍毅、非レ理役使、徒致二公家之費一、還為二奸吏之資一、静言二於此一、為レ弊良深」と述べられている。国司・軍毅による兵士の私役は、『類聚三代格』天平勝宝五年一〇月二一日官符、『続日本紀』宝亀一一年三月辛巳条にすでに「国司違レ法、苦二役私業一、悉棄二弓箭一、還執二鉏鍬一」、「国司軍毅、自恣駆役、曽未二貫習一、弓馬唯給、採二苅薪草一」とみえるもので、以前から問題視されていたことがわかる。②は、軍団兵士制廃止と同時に健児制が設けられたこと

と関係するもので、地方軍事警察力の担い手が郡司子弟からなる健児、すなわち少数精鋭の騎馬兵に移行し、そのため弱体化した軍団兵士は廃止されたとしている。③は、庸と雑徭が免除されているにもかかわらず弱体化した軍団兵士を大量に抱えることは、財政再建と新都造営を進める光仁・桓武朝においては、国家財政上許されなくなったとするものである。たとえば、西岡虎之助氏は「かかる不相応な大兵制を存置し之を維持して行くことは、理論上から見ても国家の財政の許さざる所のものであり、殊に光仁・桓武朝の如き専ら倹約を奨励し冗員陶汰を断行した。緊縮政治の行き方より論ずれば、当然改革さるべき運命の下にあった[2]」とされている。④は、軍団兵士制が七世紀末に成立した主要因は唐・新羅からの侵攻に備えるためであったが、八世紀末になると国力が後退した唐・新羅はもはや日本にとって脅威ではなくなり、そのため大規模な軍事力はもはや不必要になったとするものである。

いずれも軍団兵士制廃止の基本的理由として妥当なものであり、軍団兵士制はさまざまな問題点・矛盾点が八世紀末に限界点に達し、廃止に至ったのである。したがって、軍団兵士制は光仁・桓武朝には遅かれ早かれ廃止される運命にあったといえよう。ただ問題となるのは、なぜ延暦一一年という年に軍団兵士制が廃止されたかである。つまり、軍団兵士制廃止の基本的理由は先にみた通りだが、延暦一一年という年に政府が軍団制廃止に踏み切った直接の理由・契機は何かである。本章の目的はこの点を解明することにある。

ところで、延暦一一年は、延暦八年の蝦夷征討で大敗した律令国家が、再度の征討準備を行っている真最中の年である。故に、軍団兵士制の廃止という軍事政策の大転換は、そうした蝦夷征討と無関係であったとは考えられない。もっとも、こうした時期に軍団兵士制を廃止するのは一見矛盾した政策にみえるが、むしろ逆に再度の蝦夷征討準備を進めるために軍団兵士制を廃止せねばならなくなったとすべきであろう。つまり、征夷の準備を進めるなかで、軍団兵士制の存在が障害になったと想定されるのであり、これまでの研究もそうした視角でなされている。

吉沢幹夫氏は、軍団兵士制の廃止を桓武朝の地方政治粛正の一環と位置づけられる(3)。つまり、征夷の準備が進むなかで、延暦一〇年になると軍器・軍粮の負担が全国に拡大されるが、それを実現するためには国司の手から軍事的権限を取り戻す必要があったとされるのである。しかし、国司の軍事的権限の縮小と征夷事業の全国負担との関係がやや不明確であり、延暦一一年の軍団兵士制廃止理由の説明としては説得力に欠けるといわざるをえない。

村岡薫氏は、軍団兵士制の廃止は征軍要員の増加をはかるためであったとされる(4)。村岡氏は、弱兵の帰農と「殷富百姓才堪㆓弓馬㆒者」の軍事組織化を命じた宝亀一一年官奏以降も、征軍兵士の基本は軍団兵士にあり、征討準備を進める政府にとって、いかに多くの征軍兵士を確保するかが課題となっていたのだが、「征軍要員の増加をはかるためには、軍団の定員数制はかえって足枷となるので」、軍団兵士制の廃止により「征軍兵士の差発母体を、正丁の全公民に拡大」し、さらには浪人・神賤や俘囚を含めた「皇民」征軍の編成をめざしたのだとされる。村岡氏の説のうち、征軍兵士の差発対象を身分面で拡大するために軍団兵士制の廃止がなされたという指摘は重要であると考えるが、後に述べるように、政府が征軍兵士の単なる量的拡大のみを考えていたかどうかは疑問である。仮にそうであったとしても、征軍兵士の増員が必要ならば、「軍団の定員数制」を撤廃し、浪人・神賤や俘囚の別部隊をつくればいいわけであるから、それは必ずしも延暦一一年に軍団兵士制が廃止された理由にはならないのではないだろうか。

中尾浩康氏は、大規模な征夷が長期にわたり断続的に続いたことにより、軍防令兵士以上条の「国内上番」免除規定から、軍団兵士制が機能しなくなったことが軍団兵士制廃止の理由とされる(5)。つまり、『令義解』軍防令兵士以上条によれば、軍団兵士は帰郷後征行期間と同じ長さの間「国内上番」と徭役が免除されるが、長期かつ大規模な征夷のため上番する軍団兵士を確保することが困難になり、また国家財政収入も減少するので、征討事業を継続するためには、軍団兵士制が廃止されねばならなかったとされるのである。しかし、中尾説は、軍防令兵士以上条の義解説が正しくかつ遵守されていることが前提となるのだが、はたして本当にそのように考えてよいのであろうか。軍防令兵士以上条には「其衛士防人還㆑郷之日、並免㆓国内上番㆒、衛士一年、防人三年」とあるが、そもそも衛士・防人のそうした上番年限が守られていなかったことは周知の通りである。また『令義解』の理解が正しいとしても、兵士の私役を禁ずる法令が何回にもわたって出されているにもかかわらず、それを全く守っていない国司が、「国内上番」免除規定だけを忠実に遵守していたとはとうてい考えられないのである。

以上、三氏の説の紹介と批判を行ってきたが[6]、以下では蝦夷征討の準備が進められるなかで、なぜ延暦一一年に軍団兵士制が廃止されたのかについての私見を述べていくことにしたい。

一　宝亀一一年官奏の検討

延暦一一年（七九二）六月に軍団兵士制が廃止され、健児が置かれるが、一二年前の宝亀一一年（七八〇）にすでに富裕な百姓で弓馬に巧みな者を兵士とし、弱兵は帰農させるという政策が打ち出されている。したがって、延暦一一年の軍団兵士制の廃止と健児制の創設は決して唐突になされたのではなく、こうした政策の延長線上にあるものといえよう。本節では、軍団兵士制廃止の理由を考える前提として、この宝亀一一年官奏の持つ意味および東北の軍事情勢との関わりについて検討を加えていくことにしたい。

（ア）『続日本紀』宝亀一一年三月辛巳条

又奏偁、済レ世興レ化、寔佇二九功一、討レ罪威レ辺、亦資二七徳一、文武之道、廃レ一不可、但今諸国兵士、略多二羸弱一、徒免二身庸一、不レ帰二天府一、国司軍毅、自恣駆役、曽未二貫習一、弓馬唯給、採二苅薪草一、縦使二以レ此赴一レ戦、謂二之棄一矣、臣等以為、除二三関辺要一之外、随二国大小一以為レ額、仍点下殷富百姓才堪二弓馬一者上、毎二其当番一、専習二武芸一、属レ有二徴発一、庶幾免二稽廃一、其羸弱之徒、勤皆令レ赴レ農、此設二守備一、省二不急一之道也、臣等商量所レ定、具レ状如レ左、伏聴二天裁一者、奏可之、毎レ国減省各有レ差、於レ是、諸司仕丁駕輿丁等厮丁及三衛府火頭等、徒免二庸調一、無レ益二公家一、遠離二本郷一、多破二私業一、仍従二本色一、以赴二農畝一焉。

この官奏は、脆弱な兵士を帰農させ、その代わりに富裕な百姓で弓馬に巧みな者を兵士とせよとしたものだが、それは兵士が国司や軍毅に私役されて兵力にならないだけでなく、そうした弱兵の庸を免除するのは無意味と考えられたためである。つまり、政府は無用の長物と化した軍団兵士を縮減することにより、財政上の無駄を省こうとしたのである。このことは弱兵の帰農とともに、「諸司仕丁駕輿丁等厮丁及三衛府火頭等」もまた「徒免二庸調一、無レ益二公家一、遠離二本郷一、多破二私業一」という理由で帰農が命じられたことや、『続日本紀』同日条の前半の官奏で、官職が多すぎて無駄な費用がかかるため剰官が廃されたことからも明らかである。そこに述べられた「当今之急、省レ官息レ役、上下同レ心、唯農是務」という文言は、二つの官奏に共通する理念である。

このように、宝亀一一年官奏は光仁朝の財政再建政策の一環としてとらえることができる。もちろんその背景には国際的緊張の緩和があったのだが、いずれにせよ宝亀一一年に、ほぼ全国的に軍団兵士が縮減されたことは重要である。軍団兵士制が廃止されるのはこの一二年後であるが、この時点ですでに軍団兵士制の問題点が表面化するとともに、政府によってその対応策が打ち出されているからである。軍団兵士制の持つ問題点は、もはや放置できない段階に達しており、政府はそれを解消することを迫られていたのである。

次に、富裕な百姓で弓馬に巧みな者を兵士とし、弱兵は帰農させるという政策が、東北の軍事情勢に関わっていたかどうかについて検討を行っておきたい。当時は、宝亀五年の蝦夷による桃生城襲撃により、いわゆる「三八年戦争」が東北地方で始まっていたからである。もちろん、「除二三関辺要一之外」とあるので、陸奥・出羽国はこの官奏の対象外だが、坂東諸国は蝦夷征討においては以前から陸奥・出羽国とともに兵士の動員対象国なので、[7]坂東諸国の軍団兵士が蝦夷との戦争に数多く派遣されていたとすると、それがこの官奏が出された要因の一つになっていた可能性があるからである。

しかし、宝亀五―九年の蝦夷との戦争[8]は、陸奥・出羽国の兵士を主力としており、坂東諸国の兵士はあまり深くは関わっていなかったようである。『続日本紀』宝亀七年二月甲子条には陸奥国が軍士二万人、出羽国が軍士四〇〇〇人を発して蝦夷を討ち、同七年一一月庚辰条には陸奥軍三〇〇〇人を発して胆沢の蝦夷を討つとある。また、同八年九月癸亥条には四月から「挙レ国発レ軍、以討二山海両賊一」ったため、今年の調庸と田租を免じるとある。もちろん、坂東諸国の兵士が無関係だったわけではなく、宝亀五年八月に危急のことがあれば、五〇〇〇―二〇〇〇〇人の援兵を差発せよとの勅が下され、[9]宝亀七年五月には出羽国軍が志波村で苦戦したため、下総・下野・常陸国の騎兵が発せられている。[10]また、同六年一〇月には出羽国の鎮兵九九六人の派遣要請に応じて、相模・武蔵・上野・下野国の兵士が差遣されている。[11]ただ、次にみる宝亀一一年以後の蝦夷征討のように、坂東諸国から兵士が大量に動員されたり、大量の軍粮が課されたりした様子はないので、そうした一部の騎兵や鎮兵が派遣された程度だったと考えられる。

このことは、弱兵では戦力にならないことを述べた部分、すなわち「縦使二以レ此赴一レ戦、謂二之棄一矣」が仮定形の文章で書かれていることからもわかる。もし、坂東諸国の兵士が蝦夷との実戦により「羸弱」なことが判明し、その結果この官奏が出されたのであれば、次にみる延暦二年勅の「坂東諸国、属レ有二軍役一、毎多尫弱、全不レ堪レ戦」のような内容・文体で書かれていて然るべきである。ところが、あくまで仮定形で書かれてあるのは、陸奥・出羽以外の国の兵士が実戦にはあまり投入されていないことを示すものである。

以上のように、宝亀五―九年の蝦夷征討に坂東諸国の兵士は多数は送り込まれておらず、したがって宝亀一一年官奏とこの時期の蝦夷征討とは無関係ではないものの、直接的なつながりはなかったと考えられる。つまり、この官奏は主として農民負担の軽減、財政収入の増大のために出されたものであり、軍事的意味合いは少なかったといえよう。

二　延暦二年勅の検討

宝亀一一年官奏が出された直後の三月二二日に伊治公呰麻呂の乱が勃発し、政府は東北地域で大規模な軍事行動を展開する。そうしたなかで出されるのが、坂東諸国から軍士に堪える者を徴発せよとした延暦二年勅である。本節では、この勅について検討を加えていくことにしたい。

最初に、宝亀一一年（七八〇）から延暦二年（七八三）までの東北情勢を簡単にみておくことにする。

宝亀一一年三月、伊治公呰麻呂の乱が起こり、按察使紀広純が殺害された[12]。これに対し政府は、征東大使などを任命するとともに[13]、大量の兵員・軍粮・武具を陸奥国に送り反撃に出た。兵員は、五月に征夷に従う進士を募り[14]、七月には坂東諸国の兵士に、九月五日までに多賀城に集まるようにとの勅を出した[15]。こうした結果、一〇月の勅には「所レ集歩騎数万余人」とみえている。[16] 軍粮は、五月に坂東諸国と能登・越中・越後国に糒三万石を備えさせ、[17] 七月にはそのうち下総国の糒六〇〇〇石、常陸国の糒一万石を軍所に運ばせている。[18] また、天応元年（七八一）二月には相模・武蔵・安房・上総・下総・常陸国に命じて、穀一〇万石を陸奥国の軍所に漕送させている。[19] 武具は、五月に京庫と諸国の甲六〇〇領を鎮狄将軍の所に送らせ、[20] 七月には甲一〇〇〇領を尾張・三河等五か国に、[21] 襖四〇〇〇領を東海・東山道諸国につくり送らせている。[22] このように伊治公呰麻呂の乱以後、政府はそれまでとは異なる大規模な軍事行動を展開し、そのため兵員・物資の負担は陸奥・出羽国以外の諸国、とりわけ坂東諸国に重くのしかかった。延暦二年四月に坂東諸国に対して、「事不レ獲レ已、頻動二軍旅一、遂使下坂東之境、恒疲二調発一、播殖之輩、久倦中転輸上、念二茲労弊一、朕甚愍レ之、今遣レ使存慰、開レ倉優給」[23] という慰労の勅が出されているのは、今回の征夷において坂東諸国から大量の兵士や物資が動員されたことを示すものである。

このように伊治公呰麻呂の乱後の蝦夷征討は大規模になされたのだが、天応元年六月の勅に「賊衆四千余人、其所レ斬首級、僅七十余人、則遺衆猶多」[24] とあり、また同年九月には「数愆二征期一、逗留不レ進、徒費二軍粮一、延二引日月一」[25] という理由で征東副使大伴益立の位階が剥奪されるなど、大きな成果をあげることはできなかった。こうしたなかで出されるのが、次の延暦二年六月勅である。

（イ）『続日本紀』延暦二年六月辛亥条

勅曰、夷虜乱レ常、為レ梗未レ已、追則鳥散、捨則蟻結、事須下練二兵教一、卒備中其寇掠上、今聞、坂東諸国、属レ有二軍役一、毎多尫弱、全不レ堪レ戦、即有下雑色之輩、浮宕之類、或便二弓馬一、或堪中戦陣上、毎レ有二徴発一、未二嘗差点一、同曰二皇民一、豈合レ如レ此、宜丙仰二坂東八国一、簡下取所レ有散位子、郡司子弟、及浮宕等類、身堪二軍士一者上、随二国大小一、一千已下、五百已上、専習二用兵之道一、並備乙身装甲、即入色之人、便考二当国一、白丁免レ徭、仍勅二堪レ事国司一人一、専知勾当、如有二非常一、便即押領奔赴、可レ告二事機一。

この勅は、蝦夷との戦いにおいて坂東諸国の兵士は「尫弱」で戦力にならないため、「散位子、郡司子弟、及浮宕等類、身堪二軍士一者[26]」をとって兵士にせよとしたものである。伊治公呰麻呂の乱後の征夷には、坂東諸国から多くの兵士が投入されたのだが、蝦夷軍を相手に軍団兵士の脆弱さが露呈し、この勅が出されるに至ったのである。しかし、脆弱な軍団兵士を帰農させ弓馬に巧みな者を兵士にすることは、すでに宝亀一一年官奏で述べられているので、そうしたことを改めて命じているのは、宝亀一一年官奏の内容が実施されていなかったことを示している[27]。

次に注意すべき点は、宝亀一一年官奏と違ってこの勅は「坂東八国」のみを対象としていることである。以前から、そしてこれ以後も坂東諸国は対蝦夷戦争の兵員供給地であるから、「身堪二軍士一者」を兵士として組織することは、いうまでもなく坂東諸国の兵力を立て直し強化するためである。つまり、坂東諸国の軍団兵士の弱体ぶりを目の当たりにした政府が、坂東諸国から多数の「身堪二軍士一者」を徴発しようとしたのは、今後の蝦夷との戦争に備えるためである。このように、宝亀一一年官奏が財政再建策の一環として全国的規模で出されたのとは異なり、この勅は坂東諸国のみを対象にもっぱら軍事的観点から下されたものなのである[28]。

延暦三年二月、大伴家持が持節征東将軍に任じられ[29]、再び征夷の準備が始まる。延暦五年になると東海・東山二道に使が派遣され、軍士の簡閲、戎具の点検が行われ[30]、延暦七年三月には陸奥国に対して軍粮三万五〇〇〇余石を多賀城に、東海・東山・北陸諸国に対して糒二万三〇〇〇余石と塩を陸奥国に運ぶことが命じられる[31]。そして同月に次のような勅が下される。

（ウ）『続日本紀』延暦七年三月辛亥条

下レ勅、調二発東海・東山・坂東諸国歩騎五万二千八百余人一、限二来年三月一、会二於陸奥国多賀城一、其点兵者、先尽二前般入レ軍経レ戦叙レ勲者、及常陸国神賤一、然後簡下点余人堪二弓馬一者上。

これは、東海・東山・坂東諸国の歩騎五万二八〇〇余人を徴発して来年三月までに多賀城に集結させ、点兵にあたっては従軍叙勲者と常陸国神賤を先にとり、次に「堪二弓馬一者」を簡点せよとするものである。従軍叙勲者と常陸国神賤を別にすれば、徴発対象は延暦二年勅とほぼ同じであり、実際に点兵するにあたって、そうした方針を改めて周知したものであろう。

こうして翌延暦八年に、征軍二七四七〇人、輜重一二四三〇人[32]という大規模な兵員を動かしての征夷がなされるのだが、蝦夷の巧みな戦略や「軍少将卑」[33]などの作戦ミスにより政府軍は大敗し、征夷は失敗に終わる。

三　軍団兵士制廃止の理由

蝦夷征討に失敗した政府軍は、翌延暦九年（七九〇）からさっそく次の征夷の準備にとりかかる。同年閏三月に東海・東山道の諸国に対して革甲二〇〇〇領、軍粮糒一四万石を準備させ、四月には大宰府に命じて鉄冑二九〇〇余枚をつくらせている[34]。延暦一〇年になると正月に軍士の簡閲、戎具の点検のため東海・東山二道に使が遣され、三月には右大臣以下五位以上と全国の国郡司に甲を、一〇月には東海・東山道の諸国に三万四五〇〇余具の征箭をつくることを命じている[35]。

こうしたなかで、延暦一一年六月に軍団兵士制が廃止されるのだが、そもそも延暦二年勅や延暦七年勅で徴発が命じられた兵士、すなわち「身堪二軍士一者」や「堪二弓馬一者」を、政府は実際に動員することができたのであろうか。

（エ）『続日本紀』延暦九年一〇月癸丑条

太政官奏言、蝦夷干紀、久逋二王誅一、大軍奮撃、余孽未レ絶、当今坂東之国、久疲二戎場一、強壮者以二筋力一供レ軍、貧弱者以二転餉一赴レ役、而富饒之輩、頗免二此苦一、前後之戦、未レ見二其労一、又諸国百姓、元離二軍役一、徴発之時、一無レ所レ預、計二其労逸一、不レ可レ同レ日、普天之下、同曰二皇民一、至二於挙レ事、何無二倶労一、請仰二左右京、五畿内、七道諸国司等一、不レ論二土人浪人及王臣佃使一、検二録財堪レ造レ甲者一、副二其所レ蓄物数及郷里姓名一、限二今年内一、令二以申訖一、又応レ造之数、各令二親申一、臣等職参二枢要一、不レ能二黙尓一、敢陳二愚管一、以煩二天聴一、奏可之。

これは、全国の富豪層に甲の造作を命じたものだが、注目されるのは「当今坂東之国、久疲二戎場一、強壮者以二筋力一供レ軍、貧弱者以二転餉一赴レ役、而富饒之輩、頗免二此苦一、前後之戦、未レ見二其労一」とあるように、坂東諸国では一般公民は蝦夷征討に従軍したが、「富饒之輩」はそれを免れていたことである。したがって、「身堪二軍士一者」や「堪二弓馬一者」の多くは、実態としては「富饒之輩」にあてはまると考えられるので、政府はそれらの者たちを動員することには成功していないと判断される。そうすると、再度の蝦夷征討の準備を進める政府にとって、戎具や軍粮だけでなく兵士の質の確保、すなわち弓馬に堪える者を坂東諸国から数多く集めることが最重要かつ緊急の課題になっていたに違いない。しかも、単に命令を下すだけでは、延暦二年勅や延暦七年勅と同じ結果に終わる可能性が高い。こういう状況下で軍団兵士制が廃止されるのである。そうすると、軍団兵士制の廃止は、こうした坂東諸国の兵力立て直しと関わっていたと考えられるのではないだろうか。つまり、坂東諸国から弓馬に堪える者を徴集せねばならないという状況が、政府をして最終的に軍団制の廃止に踏み切らせたと思われるのである。

　では、弓馬に堪える者を徴発するためには、なぜ軍団兵士制を廃止せねばならなかったのであろうか。次に、この点について、西海道諸国における軍団兵士制廃止に関する史料を参考に考えてみよう。

　西海道諸国の軍団兵士制は、延暦一一年以降も廃止されずに存続したのだが、弘仁四年（八一三）に兵士の数が約半分に減定された[36]。その理由は、「府国之吏」が兵士を私役し、「名是兵士、実同二役夫一、身力疲弊、不レ足レ為レ兵」ためであり、「強壮」な兵士を残留させ、その他は削減することとなった。ところが、その一三年後の天長三年（八二六）に軍団兵士制が廃止される。

（オ）『類聚三代格』天長三年一一月三日官符

　太政官符

　　応下廃二兵士一置中選士衛卒上事

　（中略）

右得二大宰府奏状一偁、兵士名備二防禦一、実是役夫、其窮困之体、令二人憂煩一、屢下二厳勅一、禁二制他役一、時代既久、曽无二遵行一、其故何者、兵士之賤、无レ異二奴僕一、一人被レ点、一戸随亡、軍毅主帳、校尉旅帥、各為二虎狼一、更相徴索、唯求苟不レ合、乗レ勢生レ疵、当レ有二違闕一、責レ庸倍多、唯利惟視、無レ憚二憲章一、因レ斯強士恥レ名、儒夫畏レ責、無告之人、猶不レ得レ免、裸身蓬頭、知レ用二鎌斧一、弱臂痩肩、何任レ彎レ弓、無レ粮而来、尋

即逃去、寛二其窮困一、競習生レ常、依レ法為レ罪、追捕満レ獄、由レ役求レ食、甘二之山野一、他役難レ禁、率斯之漸也、臣等商量、解二却兵士一、停二廃軍毅一（後略）

天長三年一一月三日

この官符は、大宰府管内諸国の軍団兵士制を廃止し、代わりに選士・統領などを置くとしたものである。ここに掲げたのは軍団兵士制廃止の理由を述べた部分で、やや難解な文章ではあるが、当時の軍団兵士制の矛盾・欠陥が示されていて非常に興味深い史料である。この官符で注目される第一の点は、「兵士名備二防禦一、実是役夫」とあるように、軍毅たちによって兵士の私役がなされていたことである。国司や軍毅による兵士の使役は八世紀中葉から問題視され、弘仁四年にも禁止されたばかりなのだが、全く遵守されていないのである。第二は、「強士恥レ名、懦夫畏レ責、無告之人、猶不レ得レ免」とあるように、軍毅等が私利のみを追い求めるため、「強士」は兵士にならず(37)、貧窮者ばかりが兵士にとられていたことである。ここの「強士」は、強壮な一般公民や弓馬に巧みな富裕者を指すとみられるが、彼らは兵士になることを避けていたのである。第三は、軍団兵士は貧窮者ばかりで「由レ役求レ食、甘二之山野一」であったため、軍毅たちによる兵士の私役を禁止しえなかったことである。国司や軍毅による軍団兵士の私役とそれによる弱体化は以前から問題になっていたが、当時の軍団はそれを防ぐことができない構造になっていたのである(38)。

このように当時の軍団兵士制は、貧窮者ばかりで「強士」が集まらないという構造的欠陥を有しており、軍団兵士制が維持される限りは、「殷富百姓才堪二弓馬一者」を兵士にすることは困難だったのである。当時の富豪層は雑徭でも「富強之家、輸二財物一以酬レ直、貧弱之輩、役二身力一而赴レ事(39)」とあるように、うまく実役を逃れていたわけであるから、「兵士之賤、无レ異二奴僕一」とされる兵士役はなおさら忌避されていたと考えられる。

同様のことは、一般の「強士」、すなわち強壮な一般公民についてもあてはまる。征夷軍は人数的に「殷富百姓才堪二弓馬一者」などだけで構成することは不可能であるから、一般公民で強壮な者も多く集める必要があったのだが、当時の軍団の状況では決して簡単なことではなかったのである。もっとも先の『続日本紀』延暦九年一〇月癸丑条に「当今坂東之国、久疲二戎場一、強壮者以二筋力一供レ軍、貧弱者以二転餉一赴レ役」とあるので、延暦八年の征夷においては強壮な一般兵士を一定度は集めることができたようであるが[40]、今回の征夷は「征軍十万[41]」という空前の規模でなされているので、そうした一般兵士もさらに数多く集める必要があった。そうすると、先にみたような軍団の状況は、強壮な一般兵士の徴集にも大きな妨げとなっていたと想定される。

以上のように、当時の軍団兵士制には「身堪二軍士一者」を徴発できないという構造的欠陥があり、そのために「殷富百姓才堪二弓馬一者」や「堪二弓馬一者」を兵士にするという、これまでの試みはいずれも失敗に帰したのである。したがって、弓馬に巧みな富裕者や強壮な一般公民を数多く徴発する必要に迫られている政府にとって、軍団兵士制の存在は大きな障害であり、その廃止に踏み切らざるをえなかったのである。征夷の準備が進む延暦一一年に軍団兵士制が廃止された直接の理由はこうした点にあったと考えられる[42]。

おわりに

国際的緊張が緩和するなかで、国司や軍毅による兵士の私役、弱体化した兵士の徭役免除という財政的損失など、軍団兵士制の矛盾・問題点が次第に表面化して出されたのが宝亀一一年官奏、すなわち弱兵の帰農と弓馬に巧みな富裕者の採用である。しかし、先述したような構造的欠陥を軍団兵士制は持っていたためそれらは実施されず、軍団兵士制の矛盾・問題点はさらに深刻化していった。軍団兵士制の矛盾・問題点を解消する方法はもはやその廃止しかないのであり、政府もそうした認識を次第に持つようになっていったと思われる。そうしたなかで延暦八年の蝦夷征討に大敗し、政府にとって次の征夷に向けて坂東諸国から「身堪㆓軍士㆒者」を徴集することが緊急の課題となった。こうして延暦一一年に軍団兵士制が廃止されるのである。

　本章は、延暦一一年という年に、なぜ軍団兵士制が廃止されたかを考察したものである。繰り返しになるが、軍団兵士制廃止の基本的要因は最初に述べた諸点にあり、坂東諸国からの「身堪㆓軍士㆒者」の徴集は、いわばその引金を引く役割を果たしたものとすることができよう。軍団兵士制廃止時に、公民の負担軽減のため伝馬の廃止や品部の縮減がなされているが、このことはその基本的理由がどこにあったかを示すものである。

註

（1）西岡虎之助「健児について」（同『西岡虎之助著作集　第一巻』、三一書房、一九八二年、初出は一九二二年）、同「騎兵制の発達と武士」（同前書、初出は一九二六年）、同「日本における兵制の発達」（同前書、初出は一九三七年）、川上多助「中古徴兵制度の変遷」（上）（中）（下）（『歴史地理』三五―一・四・五、一九二〇年）、同「武士の勃興」（同『日本古代社会史の研究』、河出書房、一九四七年、初出は一九三四年）。この他、軍団兵士制廃止の理由を論じたものとして、吉沢幹夫「延暦一一年の諸国兵士の停廃について―征夷軍編成と関連して―」（『東北歴史資料館研究紀要』二、一九七六年）、村岡薫「延暦十一年、諸国軍団兵士制停廃の一考察」（『民衆史の課題と方向』、三一書房、一九七八年）、下向井龍彦「延暦十一年軍団兵士制廃止の歴史的意義―律令国家論への提言―」（『史人』一、一九九七年）、同「光仁・桓武朝の軍縮改革について―律令軍制の解体と律令国家の転換―」（『古代文化』四九―一一、一九九七年）、中尾浩康「延暦十一年の軍制改革について」（『日本史研究』四六七、二〇〇一年）、佐々喜章「軍団兵士制の展開について」（『続日本紀研究』

三五三、二〇〇四年）などがある。

（2）同「騎兵制の発達と武士」（註（1）前掲論文）。

（3）同註（1）前掲論文。

（4）同註（1）前掲論文。

（5）同註（1）前掲論文。

（6）この他、下向井龍彦氏は、「延暦十一年兵士制廃止＝全面軍縮は、蝦夷征討事業・長岡京遷都事業を推進するための国司統制政策の一環だったのである。」（同「光仁・桓武朝の軍縮改革について―律令軍制の解体と律令国家の転換―」、註（1）前掲論文）とされている。なお、本章初出後、中尾浩康氏より本章の中尾論文批判に対する反論をいただいているが（同「健児制に関する再検討」『ヒストリア』二一九、二〇一〇年）、いまのところ論旨を変更する必要はないと考えている。

（7）『続日本紀』天平九年四月戊午条、同天平宝字三年一一月辛未条。

（8）宝亀五年八月の蝦夷による桃生城襲撃後、律令国家側は反撃を行い、一定の成果はあげたものの苦戦の連続だったようである。この蝦夷との戦いは、宝亀九年にとりあえず一段落する。

（9）『続日本紀』宝亀五年八月己巳条。

（10）『続日本紀』宝亀七年五月戊子条。

（11）『続日本紀』宝亀六年一〇月癸酉条。

（12）『続日本紀』宝亀一一年三月丁亥条。

（13）『続日本紀』宝亀一一年三月癸巳条。

（14）『続日本紀』宝亀一一年五月己卯条。

（15）『続日本紀』宝亀一一年七月甲申条。

（16）『続日本紀』宝亀一一年一〇月己未条。

(17)『続日本紀』宝亀一一年五月丁丑条。
(18)『続日本紀』宝亀一一年七月甲申条。
(19)『続日本紀』天応元年二月己未条。
(20)『続日本紀』宝亀一一年五月辛未条。
(21)『続日本紀』宝亀一一年七月癸未条。
(22)『続日本紀』宝亀一一年七月甲申条。
(23)『続日本紀』延暦二年四月乙丑条。
(24)『続日本紀』天応元年六月戊子条。
(25)『続日本紀』天応元年九月辛巳条。
(26)ここにみえる「散位子、郡司子弟、及浮宕等類、身堪㆓軍士㆒者」と先の宝亀一一年官奏の「殷富百姓才堪㆓弓馬㆒者」、次の延暦七年三月勅の「堪㆓弓馬㆒者」は、大体において同一対象を指すものと考えられる。「散位子、郡司子弟、及浮宕等類」は、「殷富百姓才堪㆓弓馬㆒者」や「堪㆓弓馬㆒者」の具体的内容を例示したものであろう。ここの「散位子、郡司子弟、及浮宕等類、身堪㆓軍士㆒者」を文字通り「散位子、郡司子弟、及浮宕等類」に限定して考えられなくもないが、彼らだけで五〇〇—一〇〇〇人の部隊を構成することは人数的に無理があり、またその他の「殷富百姓才堪㆓弓馬㆒者」や「堪㆓弓馬㆒者」とは別に、彼らだけで部隊を編成することにもあまり意味はないと判断されるので、やはり三者が示す対象は基本的に同じものとみなすべきであろう。
(27)軍事的緊張が最も高い東国でこういう状況であるから、他の諸国において宝亀一一年官奏の内容が実施されたとはとうてい考えられない。この点について、川上多助氏（同註(1)前掲論文）、吉沢幹夫氏（同註(1)前掲論文）、下向井龍彦氏（同註(1)前掲論文）は、宝亀一一年官奏の結果「殷富百姓才堪㆓弓馬㆒者」を中心とする新たな兵制が旧来の軍団兵士制に取って代わるものになったとされるのに対し、村岡薫氏（同註(1)前掲論文）、中尾浩康氏（同註(1)前掲論文）は、この延暦二年勅、さらには次に述べる延暦九年一〇月の太政官奏言（史料（エ））から、そうした新兵制はまだ確立していないとされているが、後者の説を妥当とすべきであろう。

(28) このことは、宝亀一一年官奏のように、財政問題などには一切触れられていないことからも明らかである。

(29) 『続日本紀』延暦三年二月己丑条。

(30) 『続日本紀』延暦五年八月甲子条。

(31) 『続日本紀』延暦七年三月庚戌条。

(32) 『続日本紀』延暦八年六月庚辰条。

(33) 『続日本紀』延暦八年六月甲戌条。

(34) 『続日本紀』延暦九年閏三月庚午条、同延暦九年閏三月乙未条、同延暦九年四月辛丑条。

(35) 『続日本紀』延暦一〇年正月己卯条、同延暦一〇年三月丁丑条、同延暦一〇年三月丙戌条、同延暦一〇年一〇月壬子条。

(36) 『類聚三代格』弘仁四年八月九日官符。

(37) ここには「強士恥レ名、懦夫畏レ責、無告之人、猶不レ得レ免」とあるだけだが、軍団兵士は困窮者ばかりとあるので、「強士」が兵士役を忌避していたことは明らかである。

(38) この官符の内容は、あくまで天長年間の西海道諸国についてのものだが、国司や軍毅による兵士の私役禁止とその不遵守は以前から全国的に問題化していることなので、一般化することは十分可能であろう。

(39) 『類聚三代格』延暦一四年閏七月一五日勅。

(40) 西海道諸国の軍団兵士数の減定を命じた、先の『類聚三代格』弘仁四年八月九日官符に、「強壮者」を残留させよとあるので、軍団に「強士」が全くいなかったわけではない。なお、先の天長三年一一月三日官符によると、軍団兵士は困窮者ばかりなので、残留したのは「強壮者」ではなくむしろ困窮者であろう。そうすると、宝亀一一年官奏の弱兵を帰農させるという政策も実現していなかった可能性が高い。

(41) 『日本後紀』弘仁二年五月壬子条。

(42) 軍団兵士制廃止後、坂東諸国からどのようにして兵士を徴発したのか、「身堪二軍士一者」をどの程度集めることができたかなどは不明である。ただ、延暦一三年の征夷は「征軍十万」という空前の規模で行われているので、大量の兵士を集めえたことは事実である。また、諸国に健児が置かれ、それがその後定着したことは、「身堪㆓軍士㆒者」の組織化に一定度は成功したことを示しているのではないだろうか。

第二章　健児の差点対象について

はじめに

延暦一一年（七九二）六月、辺要地を除き律令軍団兵士制が廃止され、健児が置かれることになった。この健児については、それは律令軍団兵士制廃止後唯一の兵制であったが、九世紀後半になると次第にその機能を低下させ、やがて武士が勃興するという西岡虎之助氏や川上多助氏の説がかつての通説であった[1]。これに対し、石井進氏は、一一・一二世紀の国衙軍制を論じるなかで、「健児所が国衙在庁の軍事・警察的機能の主たるにない手の一人であったことがうかがわれる[2]」とされ、健児制の再検討の必要性を主張された。

その後、健児の軍事警察機能をめぐってはさまざまな見解が出されているが、論者により意見が異なる最も大きな要因の一つが、健児にはいかなる身分・階層の者が差点されていたかについて共通認識が得られていないことである[3]。後述するように、設置当初の健児には郡司子弟が充てられたことは間違いないのだが、史料によれば、その後健児には「勲位人」が差されることになり、さらにまたその後「白丁」が充てられるようになる。こうした差点対象の変遷をめぐっては、論者間で見解が異なっており、それが健児の評価の相違とも結びついているのである。したがって、健児の軍事警察的機能を考えるにあたっては、その前提として、健児にはいかなる身分・階層の者が充てられていたかを明確にする必要がある。以下では、この問題について検討を加えていくことにしたい[4]。

一　研究史の整理

最初に関係史料を掲げておく。

（ア）『類聚三代格』延暦一一年（七九二）六月一四日官符

太政官符

応レ差二健児一事

大和国卅人（中略）

以前被二右大臣宣一偁、奉レ勅、今諸国兵士、除二辺要地一之外、皆従二停廃一、其兵庫鈴蔵及国府等類、宜下差二健児一以充中守衛上、宜下簡二差郡司子弟一、作レ番令上レ守。

延暦一一年六月一四日

（イ）『類聚三代格』延暦一六年（七九七）一一月二九日官符

太政官符

応三勲位人差二健児一事

右得二美濃国解一偁、被二太政官去六月十一日符一偁、外散位者、便令レ直レ国、駈二使雑事一、量二事閑繁一、令レ申二其数一、余令三贖労物送二京庫一者、而有二勲位一人、身雖二強壮一、或乏二家資一、無レ由二贖労一、望請、停レ差二白丁一、差二勲位人一、結番上下、以預二考帳一、謹請二官裁一者、被二大納言従三位神王宣一偁、奉レ勅、依レ請、諸国亦准レ此行レ之。

延暦一六年一一月二九日

（ウ）『日本後紀』延暦二三年（八〇四）九月癸巳条

丹波国言、依レ格、差二勲位一衛二護府庫一、而白丁之徭唯卅日、勲位所レ直百冊日、有位白丁、労逸不レ均者、制、宜下以二白丁一為中健児上。

（エ）『日本後紀』弘仁元年（八一〇）九月甲辰条

播磨国言、拠レ格、可下以二勲位人一、差中点健児上、而国内勲位、或死或逃、見在之徒、多是老疾、不レ堪二防守一、伏望差二白丁一補二其闕一、許レ之。

（ア）は健児の設置を命じた官符で、ここでは健児に郡司子弟を簡差するとある。（イ）は続労のため勲位者を健児にせよとしたもので、ここには「停レ差二白丁一、差二勲位人一」とある。（ウ）（エ）は勲位者の健児と「白丁」とが「労逸不レ均」のため、あるいは勲位者には健児に充てる者がいなくなったため、以後は「白丁」を健児にすることを認めたものである。

このように、右の四つの史料によれば、健児の差点対象は、最初は郡司子弟であったが、「白丁」から勲位者へ、さらにまた勲位者から「白丁」へと変化したことになる。

こうした差点対象の変遷について、これまでの健児制研究では大きく分けて、郡司子弟から勲位者へ、さらに白丁＝一般公民へと差点対象が変化したとする考えと、差点対象には変化がなかったとする考えの二つが存在する。

西岡虎之助氏は、勲位者を健児にしたことは「堕落の端を開かしむる者にてありき」とし、さらに白丁を差したことは「益〻堕落に傾きつつ」とされ[5]、川上多助氏も、「郡司の子弟の多くは勲位を有する」とした上で、「延暦十一年勲位者から健児を採るやうにした政府当初の方針は其後の事情によって緩和せねばならぬやうになったのである」[6]とされている。また、下向井龍彦氏も「このような徴募対象の変転のなかで郡司子弟優先という徴募基準ははやくも崩れていったと思われる」[7]とされている[8]。

これに対し、九世紀に健児制を要とする地方兵制の存在を主張される平野友彦氏は、史料（イ）の「白丁」は郡司子弟のことであり、その意味は「健児簡点の対象を「郡司子弟」のうち「白丁」から「勲位人」に移すということであった」[9]とし、さらに「健児は郡司子弟によって徴発するという原則が以後も貫かれたと考えても何ら差支えないのである」[10]とされている。

このように健児の差点対象については論者により見解が異なるのだが、九世紀の地方軍制の評価もさることながら、直接的には史料（イ）（ウ）（エ）の「白丁」と勲位者の実態を、どのようにとらえるかによって意見が分かれているといえよう。そこで、次節以下ではこの点について考察することにしたい。

二　郡司子弟と「白丁」

まず最初に、健児の設置を命じた史料（ア）にみえる郡司子弟の内容について考えておくことにする。

『令義解』軍防令兵衛条では、郡司子弟について「謂、郡司、少領以上也、子弟者、子孫弟姪也」とあり、同

表1　健児の国別人数（かっこ内は『延喜式』の人数）

国名	人数	国名	人数	国名	人数
山城	30（40）	常陸	200（200）	因幡	50（50）
大和	30（70）	近江	200（200）	伯耆	50（50）
河内	30（30）	美濃	100（100）	出雲	100（100）
和泉	20（20）	飛騨	―（30）	石見	30（30）
摂津	30（30）	信濃	100（100）	隠岐	30（30）
伊賀	30（30）	上野	100（100）	播磨	100（100）
伊勢	100（100）	下野	100（100）	美作	50（50）
志摩	―（30）	陸奥	―（324）	備前	50（50）
尾張	50（50）	出羽	―（100）	備中	50（50）
参河	30（50）	若狭	30（30）	備後	50（50）
遠江	60（60）	越前	100（100）	安芸	30（40）
駿河	50（50）	加賀	―（50）	周防	30（50）
伊豆	30（30）	能登	50（50）	長門	50（50）
甲斐	30（50）	越中	50（50）	紀伊	30（60）
相模	100（100）	越後	100（100）	淡路	30（30）
武蔵	105（150）	佐渡	―（30）	阿波	30（30）
安房	30（30）	丹波	50（50）	讃岐	50（100）
上総	100（100）	丹後	30（30）	伊予	50（50）
下総	150（150）	但馬	50（50）	土佐	30（30）

学令大学生条でも同様に「子孫弟姪之属也」であるとされている。しかし、官符で定められた健児の人数は表1の通りであり、国により違いはあるが、人数がかなり多いので、もう少し広い親族の範囲からとられていたとすべきであろう。[11]

次に、史料（イ）の検討に移ろう。この官符は、勲位者を健児にするよう命じたものだが、問題となるのは「停㆑差㆓白丁㆒、差㆓勲位人㆒」の「白丁」をどう考えるかである。つまり、史料（ア）の延暦一一年官符では郡司子弟を健児にするとあるのに、ここには「停㆑差㆓白丁㆒」とあって、これまでは「白丁」が差されていたことになるからである。しかし、平野友彦氏がいわれるように[12]、わずか五年間で差点対象が変わったとは考えがたく、またそうしたことを示す史料もないので、やはりここの「白丁」は郡司子弟を指すとみなすべきである。

白丁は無位で課役を負担する者を指す用語で、一般公民を指す場合が多いが、決してそれに限られるわけではない。たとえば、『続日本紀』養老二年四月癸酉条には「凡主政主帳者、官之判補、出身灼然、而以レ理解レ任、更従二白丁一」とあり、ここでは主政・主帳であった者を白丁としている。また、同天平宝字元年正月甲寅条にも「比者、郡領軍毅、任二用白丁一」とある。これは郡司の任用が譜代主義になったため、出仕経験がない者が郡司になっている状況を示すものだが、ここでも郡領や軍毅に任じられる者を白丁と称している。このように白丁は、一般公民だけでなく郡司層を指す場合もあったのである。したがって、郡司子弟の大半は無位の課役負担者であろうから、史料（イ）の「白丁」が郡司子弟を意味するとしても何ら問題はないのである。しかし、そうはいっても史料（ア）では郡司子弟と明記されているのに、なぜ史料（イ）では「白丁」とされているのかは説明されねばならないであろう。

この点については、白丁という語はあるものと区別・対比して使用される場合が多いという虎尾俊哉氏[13]の指摘が重要である。つまり、白丁はある語と対で使用され、その語以外のものを示すことがしばしばあるのである。史料（イ）についていえば、「勲位人」に対して非「勲位人」の意で白丁という語が用いられているのである。同様な例として次のようなものがある。

（オ）『日本後紀』延暦二四年（八〇五）二月乙巳条

相模国言、頃年差二鎮兵三百五十人一、戍二陸奥出羽両国一、而今徭丁乏少、勲位多レ数、伏請中二分鎮兵一、一分差二勲位一、一分差二白丁一、許レ之。

この史料は、鎮兵に充てる傜丁が少なく勲位者が多いため、以後は鎮兵の半分は勲位者を差点せよとしたものである。そのことをここでは「一分差㆓勲位㆒、一分差㆓白丁㆒」と表記している。ここの「白丁」も「勲位」と対で用いられ、非勲位者を意味しているが、その具体的内容は明らかに傜丁である。

このように白丁という語は、あくまで本来の語義の範囲内であるが、ある語と対比して使用される場合がしばしばみられるのである。したがって、史料（イ）の延暦一六年官符の場合も、今後は勲位者を健児に差し、非勲位者は差点しなくなったため、「停㆑差㆓白丁㆒、差㆓勲位人㆒」とされたのである。つまり、ここの「白丁」も「勲位人」と対比して非勲位者の意で用いられただけであって、具体的内容は郡司子弟と考えてよいのである。(14)

三　勲位者と健児

このように、史料（イ）の延暦一六年官符は、健児の差点対象を郡司子弟から勲位者に変えるよう命じたものなのだが、その後すべての国で同じように実施することができたかどうかは検討を要する問題である。なぜなら、勲位者を健児に充てるためには、多数の勲位者がそれぞれの国にいなければならないからである。

いうまでもなく、勲位は軍功者に与えられるもので、この頃の勲位者の大半は蝦夷との戦争によって勲位を得たと考えられる。(15)藤原仲麻呂の乱の際にも多くの者に勲位が与えられているが、すでに三〇年以上がたっており、また藤原仲麻呂の乱以降は、征夷戦争以外で勲位が与えられた例はないので、この頃の勲位者のほとんどは蝦夷との戦争によって勲位を得たとみなすことができる。

では、蝦夷との戦争では、どのような国々から兵士が動員されたのであろうか。表2は『続日本紀』をもとに

表2　宝亀～延暦の征夷における軍兵の動員（陸奥・出羽国は除く）

年　月　日	内　　　容
宝亀5・8・2	坂東八国に陸奥国の危急時には援兵を送るよう命じる
宝亀6・10・13	相模・武蔵・上野・下野国の兵士を鎮兵として出羽国に発遣する
宝亀7・5・2	下総・下野・常陸等国の騎兵を出羽国に発遣
宝亀11・5・16	進士を募る
宝亀11・7・22	坂東の軍士を調発して多賀城に集結させる
延暦2・4・19	坂東諸国は軍役で疲労しているため倉を開いて優給する
延暦2・6・6	坂東八国の散位子・郡司子弟らで軍士に堪える者を徴発する
延暦5・8・8	東海・東山道に遣使して軍士を簡閲する
延暦7・3・3	東海・東山・坂東諸国の歩騎52800余人を調発して多賀城に集結させる
延暦10・1・18	東海・東山道に遣使して軍士を簡閲する

兵士の動員状況を調べたものである。これによると、兵士の動員は坂東諸国を中心に東海・東山道諸国から行われている。したがって、勲位者も基本的にはこれらの諸国の兵士ということになる。もちろん、史料（ウ）（エ）などから、東海・東山道以外の諸国にも勲位者がいたことは事実だが、[16]その数はさほど多くはなかったであろう。

勲位者の数が、東海・東山道諸国とそれ以外の国では大きく違っていたことは、史料（エ）と（オ）を比較すれば明らかである。史料（エ）によれば、弘仁元年（八一〇）になると播磨国では健児に差す勲位者に不足が生じている。これに対し、史料（オ）によると、相模国では延暦二四年（八〇五）に「勲位多レ数」のため、鎮兵の半分に勲位者が充てられている。[17]両史料の間には五年の差があるが、それを考慮しても、こうしたことは両国の勲位者の数に大きな開きがあったことを示していよう。

このように、東海・東山道以外の諸国には、勲位者は多数はいなかったと思われる。播磨国では、弘仁元年になると健児に充てる勲位者の数が不足している。また、史料（ウ）の『日本後紀』延暦二三年九月癸巳条は、「白丁」の雑徭日数が三〇日、勲位者の健児の上番日数が一四〇日であるのは、「有位白丁、労逸不レ均」なので、今後は「白丁」を健児とせよとしたものである。丹波国では、勲位者を健児に差すよう命じた史料（イ）の七年後に、はやくも差点対象が勲位者から「白丁」に切り替えられているのである。[18] 畿内に接した国々でもこういう状況であるから、それより西の国々では、さらにそれ以前から勲位者の不足が生じていたのではないだろうか。あるいは、国によっては延暦一六年の時点で、すべての健児に勲位者を充てることができなかったところもあったのではないだろうか。

このように、東海・東山道以外の諸国では、勲位者の人数が少ないため、あるいはその他の事情により、早い段階から健児には再び「白丁」が差されるようになっていた。つまり、東海・東山道以外の諸国では、健児に勲位者が充てられていた時期は、さほど長くはなかったと考えられるのである。

四　勲位者と続労

本節では、史料（イ）の延暦一六年官符において、なぜ勲位者が健児に充てられたかを考えてみることにしたい。

この官符は、外散位のうち国衙に上番して続労する者の人数が定められ、それ以外は続労物を京送することになったが、勲位者は家資に乏しいので、健児となって続労することを許すというものである。つまり、続労を行わせるために勲位者を健児にしたのである。

勲位者が軍団に上番して続労する制度は、大宝三年（七〇三）の大宰府に始まり、慶雲元年（七〇四）に全国化する。やがて勲位者にも散位と同様定額制が成立し、軍団に上番する一定数の者以外は、続労銭を納めて続労を行うことになった。その後続労方式には変遷があったが、この時外散位については先のような方式がとられることになった。しかし、勲位者は上番すべき軍団がないので、「白丁」を健児にするのをやめ、勲位者を健児に差して続労させることになったのである[19]。

しかし、勲位者を健児に差点した理由は他にもあったと考えられる。それは、徭役免除（九等以下）あるいは課役免除（八等以上）となっている勲位者を有効利用することである。勲位者はいずれも軍功者であるから、健児とするにふさわしい者たちである。そうした勲位者を数多くそのままにしておくのは、財政的にも大きな損失であり、政府は彼らを健児にして有効に活用しようとしたのである。

こうした勲位者の利用は他でも行われている。その一つが勲位者の鎮兵への充当である[20]。先述したように、相模国では徭丁が少なく勲位者が多数いるので、鎮兵の半分に勲位者が充てられることになった。また、陸奥国では弘仁六年（八一五）に鎮兵の停止、兵士四〇〇〇人の増員、健士二〇〇〇人の新置など、大幅な兵士制の再編成がなされるのだが、増員兵士の一部と健士二〇〇〇人のすべてに勲位者が充てられている[21]。陸奥国では見定課丁が三三二九〇人なのに対し、勲七等以下の勲位者は五〇六四人もいたので、こうした措置がとられたのであろう。

このように、勲位者が多くいるところでは、彼らが鎮兵や健士などに用いられた。故に、勲位者を健児にした理由の一つはこうしたところにあったと考えられる。

勲位者を有効利用するため彼らを健児にしたことは、その後の健児の動向からもうかがうことができる。史料（イ）によると、勲位者を健児に差点したのは続労を行わせるためである。続労は「以預二考帳一」とあるように、考を得るために行うものであって、どちらかといえば続労者本人の要望によるものである。ところが、史料（ウ）には「白丁之徭唯卅日、勲位所レ直百卌日、有位白丁、労逸不レ均」とあり、「白丁」と「勲位」の上番日数の差が問題になっている。一四〇日の上番は得考のためには当然のことであり、続労が自発的なものならば、何ら問題とならないはずである。しかし、そうでないのは、勲位者の健児への差点がすべて彼らの要望によるものではなかったこと、つまり政府側の意図によるものであったことを示している。史料（エ）に「国内勲位、或死或逃」、すなわち国内の勲位者が逃亡しているとあるのも同様の状況を表すものであろう。

五　再び「白丁」へ

勲位者を健児にしたのは、一つには勲位者に続労させるため、もう一つは東海・東山道諸国を中心に数多くいる課役（徭役）免除の勲位者を有効に利用するためであった。しかし、蝦夷との戦争が終わり、勲位を得る機会がなくなると、時間がたつにつれ勲位者は次第に減少・消滅していくことになる。そして、史料（ウ）（エ）のように、再び「白丁」が健児に差点されるようになる。当初から勲位者の少なかった国々では、早くから「白丁」への転換が進んだであろう。史料（ウ）（エ）によれば、丹波国では延暦二三年（八〇四）、播磨国では弘仁元年（八一〇）には「白丁」が再び健児となっている。したがって、こうした国々では、勲位者が健児になっていた期間は短かったことになる。これに対し、勲位者が多くいた東海・東山道諸国では、勲位者が健児であった期間が比較的長く続いたと思われる。しかし、勲位者が多数いた陸奥国でも承和一〇年（八四三）になると、「勲位悉尽、無㆓人充行㆒」[22]というように勲位者がいなくなっているので、それまでには東海・東山道諸国でも再び「白丁」が健児に差点されるようになっていたであろう。

このように健児には再び「白丁」が充てられるようになる。先述したことからすれば、史料（ウ）（エ）の「白丁」が意味するのはあくまで非勲位者である。しかし、史料（イ）の「白丁」の具体的内容が郡司子弟であったとすると、史料（ウ）（エ）の「白丁」も同様であり、健児には再び郡司子弟が用いられたとすることができよう。

九世紀中期以降の健児に関する史料はきわめて少なく、郡司子弟が健児に差されたことを直接に示すものはないが、少なくとも一般公民が健児にはなっていなかったことを表しているのが次の史料である。

（カ）『類聚三代格』貞観八年（八六六）一一月一七日官符

太政官符

応レ選二練健児一事

右被二右大臣宣一偁、奉レ勅、安不レ忘レ危、治不レ忘レ乱、先哲之深誡、有レ国之所レ先、如レ聞、諸国所レ差健児、曽無二才器一、徒称二爪牙之備一、不レ異二蟷螂之衛一、況復不レ教之民、何禦二非常之敵一、夫十歩之中、必有二芳草一、百城之内、寧乏二精兵一、国司宜下能簡二其人一、勤加二試練一、期上令二一以当レ百、其大宰府統領選士亦宜レ准レ此。

貞観八年十一月十七日

これは、健児の質が低下しているので有能な者を選ぶよう命じたもので、九世紀後半になると健児制が弱体化したことを示す史料としてしばしば言及されるものである。九世紀後半の健児制の評価はさておき、この官符で注意されるのは、健児には「精兵」、「一以当レ百」の者を選べとしている点である。このことは、健児に一般公民が用いられていたとするならば理解しがたいことである。なぜなら、「諸国兵士、略多二羸弱一」、「毎多尩弱、全不レ堪レ戦」、「兵士名備二防禦一、実是役夫」[23]などとあるように、そもそも律令軍団兵士制が廃止された最も大きな理由の一つが、一般公民から徴発される軍団兵士が弱兵化し、兵士として役に立たなくなったことにあったからである。したがって、一般公民に「精兵」、「一以当レ百」であることを望むのはとうてい無理なことであり、こうした表現がみられるのは、健児には一般公民が充てられていなかったことを示唆するものである。

次に注意されるのは、「其大宰府統領選士亦宜レ准レ此」というように、健児と大宰府の統領・選士とが同列に扱われていることである。選士は、天長三年（八二六）に西海道諸国の軍団兵士が廃止された後に置かれたものである。[24]選士は「富饒遊手之児」から選ばれ、「弓馬之士」たることが期待されていた。統領はその統率者である。つまり、統領・選士は明らかに出自が一般公民ではないのであり、健児がそれらと同列に扱われているのは健児も同様であったこと、すなわち健児には一般公民ではなく郡司子弟が充てられていたことを示すものである。[25]

おわりに

本章は、健児の軍事警察的機能を考えるための前提作業として、延暦一一年に健児が設置された後、いかなる身分・階層の者が健児に充てられたかを考察したものである。その結果、差点対象は郡司子弟から勲位者へ、そして再び郡司子弟に変わったこと、勲位者が健児になっていた期間は国により異なることなどを明らかにした。

註

（1）西岡虎之助「健児について」（同『西岡虎之助著作集　第一巻』、三一書房、一九八二年、初出は一九二二年）、川上多助「中古徴兵制度の変遷」（上）（中）（下）（『歴史地理』三五―一・四・五、一九二〇年）。

（2）同「中世成立期の軍制」（同『鎌倉武士の実像』、平凡社、一九八七年、初出は一九六九・一九七一年）。

（3）延暦一一年設置の健児制に関する主な論文としては、以下のものがある。吉田晶「将門の乱に関する二・三の問題」（『日本史研究』五〇、一九六〇年）、薗田香融「わが上代の騎兵隊」（同『日本古代の貴族と地方豪族』、塙書房、一九九二年、初出は一九六二年）、山内邦夫「健児制をめぐる諸問題」（『日本古代史論叢』、日本古代史論叢刊行会、一九七〇年）、井上満郎「健児制の成立と展開」（同『平安時代軍事制度の研究』、吉川弘文館、一九八〇年、初出は一九七一年）、平野友彦「健児制成立の背景とその役割」（『日本古代史論考』、吉川弘文館、一九八〇年、以下平野(A)論文とする）、同「郡司子弟小論」（『日本古代政治史論考』、吉川弘文館、一九八三年、以下平野(B)論文とする）、松本政春「軍団騎兵と健児―橋本裕氏の論に接して―」（同『奈良時代軍事制度の研究』、塙書房、二〇〇三年、初出は一九八二年）、下向井龍彦「健児および健児所についての一考察―健児（所）＝国衙軍事警察機構論の検討―」（『研究紀要（修道中・高等学校）』一、一九八三年）、永井肇「健児制についての再検討―平安期健児制を中心として―」（『史学研究集録』八、一九八三年）、吉沢幹夫「九世紀の地方軍制について」（『東北古代史の研究』、吉川弘文館、一九八六年）、近藤大典「平安時代の健児制について」（『皇学館論叢』二六―三、一九九三年）、中尾浩康「延暦十一年の軍制改革について」（『日本史研究』四六七、二〇〇一年）、同「健児制に関する再検討」（『ヒストリア』二一九、二〇一〇年）。

（4）健児は八世紀前半の史料にすでにみえるが、本章で考察の対象とするのは延暦一一年設置の健児である。

（5）同註(1)前掲論文。

（6）同註(1)前掲論文。

（7）同註(3)前掲論文。

（8）この他、松本政春氏は、延暦一六年までは「実際にはより広く白丁が差点されていたようである」とされ（同註(3)前掲論文）、近藤大典氏も、史料（ア）には郡司子弟とあるが、実際には白丁を含むことが予定されており、このため白丁健児の割合が増加していったとされている（同註(3)前掲論文）。

（9）同註(3)前掲(B)論文。

（10）同註(3)前掲(A)論文。吉田晶氏も、差点対象が勲位者から「白丁」に変わっても、実際には一般農民ではなく有力農民が健児に任じられており、郡司子弟・勲位者と階層的には異ならない状態が続くとされている（同註(3)前掲論文）。

(11) 平野註(3)前掲(B)論文。なお、下向井龍彦氏は、『令集解』学令大学生条古記説に、「問、郡司子弟不レ得レ満レ数、若為処分、答、兼取二庶人子一耳」とあることから、「規定人数に郡司子弟が満たない場合は「庶人」からも採用したようである」とされている（同註(3)前掲論文）。しかし、健児数が一〇〇人を超えるような国の場合はそうしたことがあったかもしれないが、それはあくまで例外であり、基本はやはり郡司の親族からとることにあったと考えられる。

(12) 同註(3)前掲(A)(B)論文。

(13) 同「律令用語としての白丁」（『日本歴史』四八、一九五二年）。平野友彦氏も「ここで言う「白丁」とは、「勲位人」に対するものとして用いられて」いると指摘されているが（同註(3)前掲(B)論文）、それ以上の論及はない。

(14) 延暦二年（七八三）、坂東八国に対して軍団兵士が弱体化しているため「散位子、郡司子弟、及浮宕等類、身堪二軍士一者、随二国大小一、一千已下、五百已上」を徴発せよとの勅が下されている（『続日本紀』延暦二年六月辛亥条）。故に、坂東諸国には軍功をあげて勲位を与えられた郡司子弟が少なからず存在したものと思われる。当然彼らは延暦一六年以降も健児の差点対象になったであろう。ところが、「停レ差二郡司子弟一」とすれば、彼らは差点対象外になってしまうことになる。したがって、こうしたこともあるいは史料（イ）が郡司子弟ではなく「白丁」としている理由の一つかもしれない。

なお、平野友彦氏は「延暦十六年官符の真意は、健児簡点の対象を「郡司子弟」のうち「白丁」から「勲位人」に移すということであったと考えるのである」とされる（同註(3)前掲(B)論文）。しかし、差点対象が変わった理由は「有二勲位一人、身雖二強壮一、或乏二家資一」であり、郡司子弟が貧困であったとは考えにくいので、平野説は支持しがたく、やはり勲位者一般とすべきであろう。

(15)『続日本紀』宝亀六年一一月乙巳条、同宝亀九年六月庚子条、同天応元年一〇月辛丑条、同延暦九年一〇月辛亥条に叙勲のことがみえている。聖武天皇即位時に、文武職事等に勲一級が授けられているが（『続日本紀』神亀元年二月甲午条）、これは例外的なことであり、少なくとも藤原仲麻呂の乱以降は、軍事行動以外の理由で勲位が与えられた例はない。なお、勲位制については、野村忠夫『律令官人制の研究』第二編第四章（吉川弘文館、一九六七年）、渡辺直彦『日本古代官位制度の基礎的研究』第二編第一章（吉川弘文館、一九七二年）を参照した。

(16)『平安遺文』一―五・四三によると、京や山城国にも勲位者がいる。これら東海・東山道以外の諸国の勲位者は、「進士」として自発的に参加した者や（『続日本紀』宝亀一一年五月己卯条）、将軍等が都から下向する時に従った者たちであろう（『日本後紀』弘仁二年五月丙辰条の坂上田村麻呂の薨伝に「往還之間、従者無レ限、人馬難レ給、累路多レ費」とある）。

(17) 播磨・相模国の健児数はともに一〇〇人である（表1）。

(18) ここでは「白丁之徭」をそのまま「白丁」の雑徭と解したが、「白丁」の雑徭日数と勲位者の健児の上番日数という次元が異なるものを比較して、「有位白丁、労逸不レ均」とするのはやや不自然である。あるいはここの「白丁之徭」を「白丁」（＝非勲位者）の健児の上番日数と解し、同じ健児なのに上番日数が片方は一四〇日、片方は三〇日のため「有位白丁、労逸不レ均」とされたとすべきかもしれない。このような解釈が可能とすれば、延暦一三年の時点で丹波国には非勲位者の健児が存在し、したがって健児がすべて勲位者ではなかったことになる。

(19) 勲位者の続労については、野村忠夫註(15)前掲論文、山田英雄「散位の研究」（同『日本古代史攷』、岩波書店、一九八七年、初出は一九六二年）を参照した。

(20)『日本後紀』延暦二四年二月乙巳条（前掲史料（オ））。

(21)『類聚三代格』弘仁六年八月二三日官符。

(22)『続日本後紀』承和一〇年四月丁丑条。

(23)『続日本紀』宝亀一一年三月辛巳条、同延暦二年六月辛亥条、『類聚三代格』天長三年一一月三日官符。

(24)『類聚三代格』天長三年一一月三日官符。

(25) 京職兵士に帯杖を認めた『類聚三代格』弘仁一〇年一一月五日官符に、「今兵士健児、其号各異、所レ掌是同也」とあることから、健児と兵士が同質化したとする意見もあるが（山内邦夫註(3)前掲論文など）、近藤大典氏が指摘されているように、この官符の兵士と健児は京職についてのものであり、諸国に一般化できるものではない（同註(3)前掲論文）。

第三章　九世紀の地方軍制と健児

はじめに

延暦一一年（七九二）六月、軍団兵士制が辺要地を除き廃止され、新たに健児が置かれた。しかし、軍団兵士制廃止以後も、九世紀を通して海賊鎮圧や沿岸警備などのために、「兵」や「人兵」を動員する記事が多数みられる。したがって、軍団兵士制が廃止された後も諸国において何らかの兵力が存在したことは間違いない事実である。こうした兵力の実態を明らかにすること、それが本章の課題である。

さて、かつての平安前期地方軍制史研究は、律令体制が衰退するなかで、どのようにして武士が登場するのかという視点からなされたが、大きな転回点となったのが一九六〇年代末からの戸田芳実・石井進両氏による国衙軍制研究である[1]。周知のように、両氏の研究は、武士身分形成における国衙の果たした役割を重視し、武士を国家の軍隊として性格づけるものである。

戸田芳実氏は、「九世紀はじめに律令軍団の兵士制が崩れて健児制・選士制がそれに代わって登場しても、一国単位で国司が徴発する兵士制は消滅しなかった」とした上で、九世紀の律令国家が実施した軍事改革の重点として、弓馬の精兵を組織すること、兵器（新式の弩）において優越した歩兵隊を確保すること、の二点をあげられた。そして、そうした新兵制の担い手の中心とされたのが浪人である[2]。

石井進氏の国衙軍制研究は、主として一一・一二世紀を対象としたものだが、そのなかでこれまで評価の低かった健児制の再検討を提起され、「健児所が国衙在庁の軍事・警察的機能の主たるにない手の一人であったことがうかがわれる」、「健児制の延長線上に、「国ノ兵共」の組織法をおいてみることは十分に可能であるように、私には思われる」とされた点は注目すべきものである。

戸田・石井両氏の問題提起をうけて、九世紀地方軍制史研究は活発化するが、私見によれば、それらの研究は大きく二つに分けることができるように思われる。

一つは、森田悌、吉沢幹夫、平野友彦、渕原智幸氏らの研究で、[3]郡司の持つ権力・武力を重視するものである。たとえば、森田悌氏は「郡司らが中心になり、郡内支配層を騎兵とし、一般農民らを歩兵として組織しているのが、九世紀の武力のあり方であったと概括できよう。それは郡司の差配下におかれ、私的に動員され郡司層の支配秩序を保証する機能を持つとともに、公的には国司の命により他郡の俘囚の乱鎮圧に当ったりしたのである。」[4]とされている。こうした考えの背景には、対馬島上県・下県郡の郡司が「党類三百許人」を率いて島守を殺害し、美濃国各務・厚見郡の大領が「兵衆歩騎七百余人」を率いて広野河の河口掘開を実力で妨害したことなどがある。[5]しかし、そうした襲撃・騒擾に加わった「党類」「兵衆」と、群盗・海賊鎮圧などのために国衙により動員された兵力とを同一視してよいかどうかは疑問であり、史料的にも国衙が軍事警察活動に郡司の私的武力を用いた事例はみあたらない。[6]

もう一つは、村岡薫、永井肇、下向井龍彦氏らの研究で、[7]国衙による兵員の組織化を重視するものである。村岡薫、永井肇両氏は、軍団兵士制廃止後の兵力は「雑徭による臨時徴発」、「一般農民の徭役的な労働」としての徴発によったが、こうした一般農民兵士は質が低いので、新式の弩の改良や国衙に上番させての訓練によって、その点を補ったとされる。しかし、弩の改良で兵士の質が向上したかどうかは疑問であり、国衙での訓練も史料的根拠はない。故に、九世紀の兵力を雑徭により徴発された一般農民のみで考えるのは困難であろう[8]。

下向井龍彦氏は、九世紀の群盗や海賊は捕亡令臨時発兵規定により鎮圧され、その際動員対象となった「人兵」「人夫」の具体的内容は「百姓便㆓弓馬㆒者」「勇敢者」、すなわち郡司富豪層のなかで武芸に優れた人々であったとされる[9]。下向井氏は、そうした「勇敢者」たちは国衙に登録されており、彼らが群盗・海賊の鎮圧に繰り返し動員されるなかで、一〇世紀に国衙軍制が成立するとされるのである。下向井説の特徴の一つめは、八世紀以来盗賊追捕などに動員されるのは武芸に優れた郡司富豪層であり、その延長線上に国衙軍制が成立すると考えることである。二つめは、八世紀の軍団兵士や九世紀の健児は群賊追捕・鎮圧の主力ではなかった、すなわち集団戦の訓練をうけている軍団兵士は機動力が求められる罪人追捕には適さず、また健児も公的施設の「守衛」であって軍事警察組織ではないとすることである。このように、下向井説は一〇世紀の国衙軍制の成立までを見通した体系的なものであるが、軍団兵士や健児のとらえ方がやや固定的であり、また八・九世紀の地方の治安維持が軍団兵士や健児ではなく、「百姓便㆓弓馬㆒者」や「勇敢者」などによってなされていたことが必ずしも論証されているわけではなく[10]、下向井説にもやはり再検討を加える必要があるように思われる。

このように九世紀の地方軍制についてはさまざまな見解が出されている。こうした研究史を踏まえ、以下では九世紀の地方軍制の具体的実態について、健児制を中心に検討を加えていきたい。

一　健児

健児は軍団兵士制廃止後、唯一の常備兵である。しかし、九世紀の後半になると有名無実化する、あるいは任務の中心は国府等の警備にあるなどとして、健児は九世紀の地方軍制ではあまり大きな意味を持っていないというのが一般的な見方である[11]。

私見では、健児の軍事的評価が低い主な理由は次の三つである。一つめは、「応レ選二練健児一事」を命じた『類聚三代格』貞観八年一一月一七日官符である。そこには、「諸国所レ差健児、曽無二才器一、徒称二爪牙之備一、不レ異二蟷螂之衛一」というように健児の弱体ぶりが述べられており、ここから健児は九世紀後半になると有名無実化するとされるのである。二つめは、九世紀の群盗・反乱鎮圧の史料に健児がみえないことである。盗賊・海賊の蜂起や俘囚の反乱などの際に動員されたのは、いずれも「人兵」「兵」「人夫」などであり、健児はそこにはみえないのである。三つめは、健児の設置を命じた『類聚三代格』延暦一一年六月一四日官符に、「其兵庫鈴蔵及国府等類、宜下差二健児一以充中守衛上」とあることである。これによると、健児の職掌は国府等の警備であり、国内の治安維持にあたっていた様子はうかがえないのである[12]。

こうしたことから、一般には健児は軍事的にはあまり高く評価されていないのだが、はたして本当であろうか。本節ではこの点について再検討を行いたい。

まず、貞観八年一一月一七日官符が出された事情から考えてみよう。この官符は、健児を論ずる際には必ずといっていいほど引用されるものだが、官符が出された背景については、これまであまり詳しくは論じられていない。しかし、当時の健児の実態を知るためには、この点を明らかにする必要がある。ところで、この官符とほぼ同内容の勅が『日本三代実録』同日条にみえている。「応レ選二練健児一事」が命じられた背景を知るためには、こちらの勅をみなければならない。

勅曰、廼者恠異頻見、求二之蓍亀一、新羅賊兵、常窺二間隙一、災変之発、唯縁二斯事一、夫攘二災未兆一、遏二賊将来一、唯是神明之冥助、豈云二人力之所一レ為、宜レ令三能登・因幡・伯耆・出雲・石見・隠岐・長門・大宰等国府一、班二幣於邑境諸神一、以祈中鎮護之殊効上、又如レ聞、所レ差健児・統領・選士等、苟預二人流一、曾無二才器一、徒称二爪牙之備一、不レ異二蟷螂之衛一、況復可レ教之民、何禦二非常之敵一、亦夫十歩之中、必有二芳草一、百城之内、寧乏二精兵一、宜レ令三同国府等一、勤加二試練一、必得中其人上。

承和年間に高まった新羅との緊張は、その後ややおさまったものの貞観年間に入ると再び高まり、貞観八年（八六六）二月には「隣境兵」「兵疫」を消伏するため肥後国や大宰府で読経・奉幣が行われ、同年四月には陰陽寮の「隣国兵」来窺の言により大宰府に警固が命じられた(13)。こうしたなかで出されたのがこの勅である。この勅の前半では、「新羅賊兵」を防ぐために能登・因幡国以下の日本海沿岸諸国と大宰府に班幣が命じられている。そして続けて後半では、健児・統領・選士の質が低下しているので精兵を充てるよう指示がなされている。この勅の前半部と後半部が連続したものであることは、「勤加二試練一、必得二其人一」の対象が「同国府等」とあることからも明らかである。したがって、「応レ選二練健児一事」を命じた官符は、こうした新羅との緊張の高まりのなかで、能登国以下の日本海沿岸諸国に対して出されたものなのである(14)。

このように「応レ選二練健児一事」が対外的緊張のなかで出された官符であったとすると、この史料から健児制が弱体化したことのみを強調するのは不適切といわざるをえない。なぜなら、この史料からは健児が対新羅警備の要員とされていたことがわかるからである。先の勅や先述した貞観八年二・四月の対応をみれば、健児に対して「勤加二試練一、必得二其人一」としているのは、彼らを対外警備に用いるためであったことは明白である。もし、健児が文字通り「曽無二才器一、徒称二爪牙之備一、不レ異二蟷螂之衛一」であったならば、最初からこうした措置はとられていないはずである。健児が対外警備の際の動員対象であったからこそ「応レ選二練健児一事」とされたのだといえよう(15)。つまり、この史料からは、健児が対新羅警備に用いられていたことが読み取れるのである。翌年にも日本海沿岸諸国に対新羅警備が命じられているが(16)、健児がその警備要員として動員されていたことはほぼ間違いないものと思われる。

以上のように、健児は対外警備の要員とされていたのである。もちろん、健児の質が低下していること自体は否定できないが、それでも健児が対外警備に動員されていたこと、すなわち軍事的に重要な役割を担っていた事実は正しく評価すべきである。

次に、健児と「人兵」の関係について考えてみよう。新羅との緊張は、貞観一一年に新羅海賊が博多津で豊前国の貢綿船を襲ったことにより一挙に高まり、日本海沿岸諸国には寛平年間にかけて弩師が次々に設置された(17)。あわせて、それらの諸国には警備を命じる勅や官符が何度も下された(18)。そうした勅などにみえる警備要員は「兵卒」「人兵」「精兵」である。具体的には、「令下因幡・伯耆・出雲・石見・隠岐・大宰等諸国府司一、戒二厳兵卒一、備中之不虞上」、「令二因幡・伯耆・出雲・隠岐・長門等国一、調二習人兵一、修二繕器械一」、「下二知北陸・山陰・山陽道諸国一、備二武具一選二精兵一、令レ勤二警固一」(19)とある。しかし、先ほどの検討結果からすれば、当然そこには健児が含まれていたと考えられる。史料上には「兵卒」「人兵」「精兵」とあっても、実際には健児が動員されていたのである。また、健児が対外警備に用いられていたとすれば、国内の治安維持にも当然動員されていたはずである。

したがって、群盗・反乱鎮圧の史料にみえる「人兵」「兵」などにも健児が含まれていたことになろう。これまでは、こうした史料に健児がみえないことから、健児の軍事面での評価が低かったのだが、「人兵」「兵」などの用語は健児を含むものだったのである。[20] 九世紀後半になっても健児は軍事力として十分機能していたのである。

健児が対外警備や治安維持に動員されていたとすると、健児の設置を命じた延暦一一年六月一四日官符にみえる健児の職掌、「其兵庫鈴蔵及国府等類、宜㆘差㆓健児㆒以充㆗守衛㆖」はどのように考えればよいであろうか。結論からいえば、そこには健児の職掌の一部、つまり平時の日常業務だけが示されていたと考えられる。このことは、かつて軍団兵士制が一時停止された時の史料から推定できる。軍団兵士制は天平一一年（七三九）に一時停止されるのだが、『続日本紀』同年六月癸未条には、停止時の措置として「縁㆑停㆓兵士㆒、国府兵庫点㆓白丁㆒、作㆑番令㆑守㆑之」、すなわち白丁を差点して「国府兵庫」を守らせよとあるだけである。しかし、翌年の藤原広嗣の乱時に、東海・東山・山陰・山陽・南海道の「軍一万七千人」が徴発されたことは周知の通りである。[21] つまり、天平一一年六月には、軍団兵士制廃止によって当面必要とする措置だけが命じられたのである。延暦一一年官符も同様に考えるべきであろう。すなわち、天平一一年の軍団兵士制の一時停止時と同様、延暦一一年六月には、「兵庫鈴蔵及国府等類」の守衛という健児が行うべき当面の業務のみが命じられただけであって、健児の任務がそれだけであったことを決して意味するものではないのである。

天平一一年の軍団兵士制停止時との比較においてむしろ注意すべきは、国府等の守衛に充てられたのが天平一一年には白丁だったのに対し、今回は健児＝郡司子弟であったことである。単に国府等の守衛を行うだけなら白丁で十分であるはずなのに、あえて郡司子弟からなる健児を組織したことにはやはり意味があるといわざるをえない。

では、当時において郡司子弟とはいかなる存在であったかだが、注目されるのは、この頃になると彼らを軍事面で活用しようとする動きがみられることである。宝亀末年以降軍団兵士の弱体化により、政府は「殷富百姓才堪二弓馬一者」[22]の組織化をはかるのだが、延暦二年（七八三）には坂東諸国の兵士が「毎多尫弱、全不レ堪レ戦」なので、「散位子、郡司子弟、及浮宕等類、身堪二軍士一者」[23]を差発せよとの勅が出されている。つまり、八世紀末になると、郡司子弟は単に郡司の子弟というだけでなく、「身堪二軍士一者」として位置づけられていたのである。したがって、健児が白丁ではなく郡司子弟によって組織されていることは、健児が単なる国府の守衛兵ではなく、軍事的機能を有するものであったことを示しているのではないだろうか。

以上、本節では健児の軍事的評価が低い理由について再検討を行い、いずれの理由も根拠がなく、九世紀の健児は軍事的機能を有していたことを明らかにした。次節ではこのことを傍証するため、健児とともに弱体化が指摘されている統領・選士について検討を行いたい。

二　統領・選士

天長三年（八二六）西海道の軍団兵士制が廃止され、それに代わって選士・統領・衛卒が置かれた[24]。選士は「富饒遊手之児」から選ばれた「弓馬之士」で[25]、大宰府に四〇〇人、九国二島に一三二〇人が置かれ、四番に分かれて年間九〇日上番した。統領は選士の統率者で、大宰府に八人、九国二島に三四人が置かれた[26]。衛卒は兵士が行っていた雑務を担当する雑役夫で、大宰府に二〇〇人が置かれた。この他、壱岐・対馬島には防人が置かれた。防人は九州本土から差遣された場合と、現地で徴発された場合とがあったが、承和八年（八四一）以降は本土から送られ、対馬島には約一〇〇人の防人が配備された[27]。

貞観年間に入ると北九州でも新羅との緊張が高まり、こうしたなかで貞観一一年（八六九）に、新羅海賊による博多津での豊前国貢綿船襲撃事件が起きる[28]。政府はこの事件に大きな衝撃をうけ、烽の再置、馬の移出禁止、武具の増産などさまざまな対策を講じるが[29]、ここでは兵員面を中心に政府の対応をみていくことにしたい。

第一は、俘囚の利用である。これは、新羅海賊襲来時に統領・選士に追討させたが、「人皆懦弱、憚不ㇾ肯行ㇾ」だったので、俘囚を徴発したところ「特張ㇾ意気ㇾ、一以当ㇾ千」であったことによるものである。こうして俘囚一〇〇人が、五〇人ずつ毎月交替で鴻臚館の警備にあたることになった[30]。第二は、統領・選士の配置換えと加役である。これまで大宰府には、一番あたり統領二人と選士一〇〇人が上番していたが、このうち統領一人と選士四〇人を鴻臚館に配置することになった。さらに、他番の統領二人と選士一〇〇人も鴻臚館の警備にあたることになった[31]。つまり、これまでは統領二人・選士一〇〇人の四番交替だったのが、事実上統領四人・選士二〇〇人の二番交替になり、このうち統領三人・選士一四〇人が鴻臚館に配備されたのである。この他、対馬島に選士五〇人が置かれた[32]。

新羅海賊の動きは一旦は収まるが、寛平五年（八九三）に再び姿を現し、翌年にかけて肥後国、対馬島など北九州の各地を襲った。これに対し、政府は対馬島に「府兵」五〇人を援兵として送るとともに、貞観一八年以降現地の住人を「顧留」して防人に充てていたのをやめて、再び本土から防人を差遣することにした[33]。また、今回の新羅凶賊に対して「赴ㇾ征之兵、勇士猶乏」であったため、博多警固所の俘囚が五〇人増員された[34]。

二度にわたる新羅海賊襲来に対して、兵員面でどのような対策がとられたかをみてきたが、これまでの研究では、「人皆懦弱、憚不ㇾ肯行ㇾ」とあるように、統領・選士が弱体化し、それに代わって俘囚が新たな兵力として登場したことがもっぱら強調されている[35]。しかし、統領・選士のとらえ方にはやや問題があるように思われる。

まず、統領・選士であるが、貞観一一年の新羅海賊襲来後の措置をみると、俘囚の登用だけでなく、大宰府の統領・選士の配置換えや他番統領・選士の利用によって、鴻臚館の警備体制強化がなされていることが注目される。つまり、これまで大宰府警備の統領・選士は一番あたりそれぞれ二人・一〇〇人であったが、以後は四人・二〇〇人（大宰府に一人・六〇人、鴻臚館に三人・一四〇人）となり、実質的な増員がなされているのである。これまでは、俘囚一〇〇人を新たに配置したことばかりが強調されていたが、統領・選士もまた他番者利用による増員がなされているのである[36]。したがって、鴻臚館警備の兵員は一番あたり統領・選士が一四三人なのに対し、俘囚は五〇人であり、少なくとも人数面では統領・選士が警備の中心なのである。もちろん、質の面も考慮せねばならないが、統領・選士が文字通り「懦弱」であったならば、増員をしても意味がないわけであるから、こうしたことは、統領・選士が兵力として十分に機能していたことを示すものではないだろうか[37]。

貞観一一年は博多津で豊前国貢綿船が襲われただけであったが、寛平五、六年の新羅海賊襲来は、寛平五年五月に肥前国松浦郡、同閏五月に肥後国飽田郡、寛平六年三月に「辺島」、同四月に壱岐・対馬島というように長期かつ広範囲に及んでいた[38]。これに対し政府は対馬島へ防人を派遣し、また博多警固所の俘囚を五〇人増員するという対応措置をとった。前者は以前の方式に戻しただけだが、注意すべきは後者の俘囚が増置された場所が博多警固所だったことである。前述したように、寛平五、六年の新羅海賊は九州各地を襲ったのだが、九州本土についていえば、博多警固所以外のところでは特に新たな警備体制はとられていないのである。諸国において新羅海賊と対したのは統領・選士であろうが、こうしたことは諸国の警備体制には特に問題はなかったことを示していよう。俘囚五〇人の加置を認めた官符には「件夷俘徒在₂諸国₁、不ㇾ随₂公役₁、繁息経ㇾ年、其数巨多[39]」とあるので、諸国にも俘囚を配備することは可能であった。しかし、そうはなされてはいないのは、統領や選士だけで防備が十分行うことができたためと考えられるのである。[40]

次に、俘囚であるが、彼らは武芸に優れ、「一以当レ千」の兵力であった。故に、俘囚の兵力としての利用は早くから行われており、大同元年（八〇六）には近江国の俘囚六四〇人が大宰府に送られ防人とされている。[41]しかしその一方で、俘囚は「夷俘之性、異二於平民一、雖レ従二朝化一、未レ亡二野心一」、「俘夷之徒、老少無レ別、放縦為レ事、暴乱任レ意」[42]のため、政府は「心性了レ事、衆所二推服一者」を選んで俘囚長としたり、国司に専当官を置いたりしたが、[43]彼らを統御することは困難であり、その後も反乱が各地で起こった。[44]鴻臚館警備に俘囚を配した翌年の貞観一二年には、俘囚を諸国に置いたのは「縦有二盗賊一、令二其防禦一」のためであったが、彼らは従おうとはせず、逆に「或行レ火焼二民室一、或持レ兵掠二人財物一」という状況になっていて、そのため「凡群盗之徒、自レ此而起」とまで述べられている。[45]鴻臚館警備のため俘囚を置いた時に、大宰府が申請した俘囚の人数を半減し、かつ「宜レ簡下監典有二謀略一者上、令二其勾当一、并統領選士幹レ事者、以為二其長一」[46]としているのは、こうしたことによるものである。したがって、俘囚だけで鴻臚館の警備を行うことはとうてい不可能であった。さらに、一〇世紀になると俘囚の兵士が全国的に史料上にみえなくなるが、これは俘囚が兵力として定着しなかったことを示していよう。[47]俘囚は不安定かつ臨時の兵力でしかなかったのである。

以上、本節では統領・選士の軍事的役割について検討を行った。統領・選士は、先の貞観八年官符において健児とともに、「徒称二爪牙之備一、不レ異二蟷螂之衛一」とその弱体化が指摘されているものである。しかし、その実態を詳細にみれば決して軍事的に無力だったのではなく、十分に軍事的機能を有していたことがわかる。そうすると、健児についても同じことがいえるのではないだろうか。すなわち、統領・選士と同様に健児も十分に軍事的機能を持っていたと考えられるのである。

三　臨時の兵力

前節で述べたように、九世紀の後半になっても、健児制は有名無実化せずに軍事的機能を十分に有していた。したがって、軍団兵士制廃止後の常備兵力は健児のみであるから、国内の治安維持や対外警備は基本的に彼らによってなされていたと考えられる。しかし、国により異なるが健児の員数は数十人のところが多く、大規模な反乱などが起き、健児だけでは兵員が不足する場合にはさまざまな兵力が臨時に組織された。本節では、そうした健児以外の臨時兵力の具体的内容について検討を加えていきたい。

健児以外の兵力が臨時に動員されたことは、延暦一三年（七九四）、同二〇年の蝦夷征討の兵員が「征軍十万」、「征軍四万」[48]であったことから明らかである。これだけの兵士数を陸奥・出羽両国の兵士や諸国の健児だけでまかなうことは不可能であり、東海・東山道諸国などから兵員を徴発していたと考えられる。承和二年（八三五）には、壱岐島で新羅に備えるため傜人三三〇人に兵杖を帯びさせ要害を守らせている[49]。壱岐島には統領・選士が置かれているが、これらとは別に三三〇人の兵員が徴発されたのである。貞観一七年（八七五）には下総国で俘囚の反乱が起き、武蔵・上総・常陸・下野等の国に兵各三〇〇人を発して追討するよう勅符が出され[50]、元慶二年（八七八）には出羽国で起きたいわゆる元慶の乱時に、上野・下野国に対して兵一〇〇〇人を送るよう勅が下されている[51]。これらはいずれもそれぞれの国の健児数を上まわっており、臨時の兵力動員がなされたことを示している。

こうした非常時における兵力の臨時動員が、軍団兵士制の廃止当初からのものであったことは、『類聚三代格』延暦二一年一二月某日官符にも示されている。この官符は、長門国に軍団兵士五〇〇人を復活させることを認めたものだが、その理由としてあげられているのが、天平一一年（七三九）に諸国兵士が廃止された時も、長門国には旧来通り兵士が置かれたことである。注目されるのは、それに続けて「然則此国依レ旧与二大宰府管内一接レ境、勘二過上下雑物一、常共二警虞一、無レ異二辺要一、亦山陰人稀、差発難レ集、若有二機急一、定致二闕怠一」と述べられていることである。つまり、常に警護につとめねばならないが、山が多く人が少ないため差発が困難で機急時には間に合わない、というのである。このように、この史料からは、軍団兵士制廃止後も非常時には兵力の臨時動員が行われていたことが読み取れるのである(52)。

次に、どのような者たちが臨時の兵力動員の対象となったかだが、さまざまな階層の者が動員されたようである。元慶の乱時には、上野・下野両国から各八〇〇人の兵が出羽国に動員されたのだが、それらは上兵と下兵に区分されており、さらにそれとは別に輜重担夫が両国あわせて二〇〇〇余人いた(53)。このうち上兵は軍事的能力の高い者、すなわち弓馬の道に優れた者たちであろうから、地方豪族・有力農民層がその中心であったと考えられる。一方、下兵や輜重担夫は一般公民から差発された者たちであろう。また、貞観四年の瀬戸内海での海賊追捕、元慶七年の上総国での俘囚反乱鎮圧では「人夫」が差発されており、これらも一般公民が動員された可能性が強い(54)。本書第一編第一章で述べたように、八世紀末になると一般公民からなる軍団兵士が弱体化し、政府は「殷富百姓才堪二弓馬一者(55)」などを組織化しようとしていたことを考えると、軍事的能力の点では地方豪族・有力農民層が優っていたであろう。しかし、天長三年（八二六）大宰府に置かれた衛卒には一般公民が充てられ、「追捕拷掠」を任務の一つとしていたことからすれば(56)、一般公民層も兵力となりえたようである。このように、臨時兵力の階層はさまざまであり、その構成や人数も警護・鎮圧の対象や規模により多様であったと考えられる。[57]

そうした臨時動員された者には租税免除措置がとられた。先述した承和二年の壱岐島警備の場合は傜人三三〇人が用いられているが、これは言い換えれば彼らの雑傜が免除されたことになる。また、弘仁三年（八一二）二月には、陸奥国から征夷軍士は四〇日以上を役しているので去年の調庸を免除してほしいとの申請が出され、許可されている。[58]陸奥国には軍団兵士制が存続しているが、ここの軍士は兵士や鎮兵とは別に徴発された一般公民であるので、[59]諸国における臨時の兵力動員でも同様な租税免除措置がとられていたとみてよいであろう。

なお、地方豪族や有力農民に対しては考叙などの措置もとられていたようである。延暦二年に坂東諸国に対して、「散位子、郡司子弟、及浮宕等類、身堪㆓軍士㆒者」を差発せよとの勅が出されているが、その際に「入色之人、便考㆓当国㆒、白丁免㆑傜」とされている。[60]延暦二年はまだ軍団兵士制廃止以前ではあるが、正規の兵士以外の者を動員した時の措置であり、軍団兵士制廃止後の臨時動員の際にも同様の措置がとられていたのではないだろうか。

四　武器と食料

本節では、九世紀の地方軍制を軍備面で保証していた武器[61]と食料について考えてみたい。

最初に、八世紀における国衙での武器生産についてみておくことにする。周知のように、天平六年（七三四）の「尾張国正税帳」、天平九年の「駿河国正税帳」、天平一〇年の「周防国正税帳」などには兵器営造のことがみえ、[62]諸国において武器がつくられていたことがわかる。『延喜式』兵部省諸国器仗条には、各国ごとに武器の種類と数量を列挙したあと、「右毎年所レ造、具依二前件一、其様仗者、色別一箇、附二朝集使一進之」とあり、これらの武器が毎年生産され、そのうちの各一具が様として中央に送られることになっていた。そして、正税帳にみえる武器の種類や数量が『延喜式』兵部省諸国器仗条とほぼ等しいことから、『延喜式』の規定は八世紀にさかのぼるものと考えられる。『続日本紀』霊亀元年五月甲午条に「今六道諸国、営二造器仗一、不二甚牢固一、臨レ事何用、自レ今以後、毎年貢レ様、巡察使出日、細為二校勘一焉」とあるので、こうした国衙での武器生産は、八世紀の当初から行われていたようである。

では、諸国においてなぜ武器が生産されたのであろうか。結論を先にいえば、それは非常時に備えて武器を蓄えるためではないだろうか。

理由の第一は、西海道諸国での武器生産を求めた天平宝字五年（七六一）の西海道巡察使奏言に、「今西海諸国、不レ造二年料器仗一、既曰二辺要一、当レ備二不虞一」とあることである[63]。次に述べるように、西海道諸国ではこの年から武器生産が始まるのだが、それは西海道は辺要地なので不慮の事態に備えるためというのである。この奏言にみえる「当レ備二不虞一」という文言は武器生産の目的を的確に示していよう。なお、「当レ備二不虞一」は西海道だけでなく全国にあてはまるものである。宝亀五年（七七四）からいわゆる三八年戦争が東北地方で始まり、全国から武器が陸奥・出羽国に送られる。宝亀八年五月に相模・武蔵・下総・下野・越後国から甲二〇〇領が出羽国鎮戍に、宝亀一一年五月には京庫および諸国の甲六〇〇領が鎮狄将軍のもとに、さらに宝亀一一年七月には尾張・参河等五か国から甲一〇〇〇領が征東使軍所に送られている[64]。このように、諸国に蓄えられた武器が蝦夷との戦争に用いられており、諸国における武器の生産・貯積が「不虞」に備えるためであったことがわかる。

理由の第二は、畿内と西海道では武器生産が行われていなかったことである。まず西海道であるが、この地域で武器が生産されるようになったのは天平宝字五年のことであり、それまで西海道諸国では武器生産がなされていなかった。また、『延喜式』兵部省諸国器仗条には畿内諸国での武器生産のことはみえず、こうしたことは八世紀以来であった可能性が高い[65]。このように西海道や畿内では武器生産がなされていなかったのだが、西海道と畿内の共通点は、そこには大宰府・京という政治・軍事的中心地があり、大量の武器が集積されていたことである。したがって、西海道や畿内では、あえて武器を生産・貯積する必要がなかったのではないだろうか。大宰府・京が存在する西海道や畿内で武器が生産されなかったのは、武器生産の目的が武器の備蓄にあったとすれば理解しやすいのである[66]。

さて、こうした諸国での武器生産は軍団兵士制廃止後の九世紀になっても続けられる[67]。このことは先の『延喜式』兵部省諸国器仗条だけでなく、『類聚三代格』弘仁一三年閏九月二〇日官符、同寛平七年七月二六日官符から知られる。

前者の弘仁一三年官符は、全国で雑徭が免除されたため、やむをえず公役に従う場合は食粮を給することにし、その平均的な労役内容と人数を下知したもので、当時国郡衙において雑徭が用いられた労役の内容と人数が示されている史料として著名なものである。この史料によると、「造二国料紙一丁」「造レ筆丁」「造二函并札一丁」などとならんで、「造二年料器仗一長国別一人、同丁大国百廿人 上国九十人 中国六十人 下国卅人」があげられている。つまり、当時の諸国では、造年料器仗長のもとで一二〇—三〇人の役丁が毎年武器生産に従事していたのである。

後者の寛平七年官符は、諸国司に対し兵庫にある武器の曝涼と整頓を命じたものである。そこには「牧宰等不レ勤二曝涼一、無レ心二弁置一、満庫擁積、徒致二催損之費一、五兵混淆、難レ応二警急之用一」とあり、保管状態はきわめて不良とされるが、「満庫擁積」とあるように量の面では問題がない様子がうかがわれ、九世紀末になっても武器

表1　兵庫関係記事

年　月　日	国　郡　等　名	内　　容
承和2 (835).3.14	甲斐国	器仗屋一宇災
承和4 (837).3.20	美濃国	兵庫自鳴
承和7 (840).5.2	但馬国養父・気多郡	兵庫鼓鳴
天安2 (858).閏2.24	肥後国菊池城院	兵庫鼓自鳴
天安2 (858).6.20	肥後国菊池城院	兵庫鼓自鳴
天安2 (858).8.4	若狭国	兵庫鳴
貞観1 (859).1.22	筑前国志摩郡	兵庫鼓自鳴、庫中弓矢、有声聞外
貞観8 (866).4.18	若狭国	兵庫鳴
貞観8 (866).9.7	美作国	兵庫鳴
貞観12 (870).6.13	肥前国杵嶋郡	兵庫震動、鼓鳴二声
貞観13 (871).1.15	壱岐島	兵庫鼓鳴
貞観13 (871).4.6	因幡国	兵庫火
貞観13 (871).5.10	佐渡国	兵庫震動
貞観14 (872).7.17	遠江国	兵庫自鳴
元慶3 (879).3.16	肥後国菊池郡城院	兵庫戸自鳴
元慶3 (879).11.4	隠岐国	兵庫震動
元慶4 (880).2.28	隠岐国	兵庫振動、経三日後、庫中鼓自鳴

生産・備蓄が続けられていたことがわかる。

また、『日本後紀』以降の四国史には、諸国での兵庫の鳴動、火災記事が数多くみられる（表1）。こうしたことも諸国に兵庫が存在したこと、すなわち「庫中弓矢」などとあるように、諸国には武器が備蓄されていたことを示すものである。

では、軍団兵士制が廃止された九世紀になっても武器生産が継続された理由は何かだが、それは八世紀と同様武器を貯積して非常時に備えるためであろう。今述べた寛平七年官符には「難レ応ニ警急之用一」と述べられている。また、一〇世紀の平将門の乱時の史料ではあるが、『将門記』には将門が常陸国府を襲撃した時に、常陸国側が「下ニ兵庫器仗戎具并楯等一挑戦」とあり、兵庫に武器が蓄えられ、それが合戦に使用されたことがわかる。

次に、こうした武器の使用主体について考えてみよう。まずあげられるのは、軍団兵士制廃止後唯一の常備軍である健児である。もちろん、健児はその出身階層から考えて武器は自備できたであろうが、非常時には補給用の武器が不可欠であるから、彼らが使用主体とされていたことは間違いない。ただ、毎年の生産量はさほどでなくとも、「満庫擁積」と表現されるように、長年の間にはかなりの量の武器が蓄積されていた。したがって、健児の人数を考えれば、彼らだけのためにそれらの武器が備蓄されていたと考えることは不適当であり、先に述べた臨時兵力の動員を前提に準備されていたとするべきであろう。

九世紀において、諸国の兵庫に集積された武器が非常時に使用されたことをうかがわせるのが、元慶の乱時に動員された上野・下野両国の兵士の武器に対してとられた措置である。元慶二年（八七八）に出羽国で起きた元慶の乱は、三月一五日の夷俘による秋田城攻撃により始まる。翌四月、政府は陸奥国に二〇〇〇人、上野・下野両国には各一〇〇〇人の出兵を命じる。このうち陸奥国兵士はまもなくして秋田城に入るが、城は敵に攻め落とされ、城内の食料・武器はことごとく失われた。上野・下野両国兵士が出羽国に入ったのはその後で、『日本三代実録』元慶二年七月一〇日癸卯条には、上野国兵士は秋田河の南で敵に対峙しているが、下野国兵士はまだ出羽国境に入ったところとある。九月になると陸奥国から援兵が到着し、また夷俘の懐柔も奏功して、乱は次第に収まっていった。そして、翌元慶三年三月に上野・下野両国兵士一六〇〇人は帰国することになったのだが、注目されるのは、この時に「上野下野両国在軍之甲冑器仗」が出羽国に留め置かれたことである[68]。これは、出羽国では国内兵士（例兵）一六〇〇余人が乱後の守備にあたることになったものの、彼らには甲冑器仗がなかったため、両国の甲冑器仗が出羽国に留め付されることになったのである。このように上野・下野両国兵士が自国から持ってきた甲冑器仗は出羽国に残されたのだが、こうしたことはこれらの甲冑器仗が兵士の私有物であったならば考えにくいことである。このような措置が可能となったのは、それら甲冑器仗が国から支給されたものであったからではないだろうか。つまり、上野・下野両国兵士の甲冑器仗はそれぞれの国の兵庫から支給されたものであり、そのため出羽国兵士へ引き渡すことができたと思われるのである[69]。

最後に、食料について簡単に述べておきたい。

諸国の正倉に大量に貯積されていた正税は、八世紀後半以降次第に減少するものの、九世紀においてはまだ中央・地方のさまざまな用途に使用されていた。そして、大規模な軍事行動の際の食料も、この正税から支給がなされた。

東北蝦夷とのいわゆる三八年戦争においては、弘仁元年五月の東山道観察使藤原緒嗣の奏上に「往年毎レ有二征伐一、必仰二軍粮於坂東国一」[70]とあるように、東国を中心とする諸国から大量の軍粮が陸奥国に送られていた。具体的には、延暦七年に東海・東山・北陸道の諸国に糒二万三〇〇〇余石を陸奥国に運ばせ、延暦一〇年には坂東諸国に糒一二万余石を弁備させている[71]。また、元慶の乱の際も、今述べたように上野・下野両国の兵士には国衙から武器が支給されていたのだが、食料も同様であったことは「上野下野両国之軍千六百人、輜重担夫二千余人」[72]とあることから明らかである。このことは、陸奥国について「但軍興之後、府帑無レ余、久動二士衆一、恐費二粮食一」[73]とされていることや、越中・越後両国から米が各々一〇〇〇石ずつ送られ「軍糧」に充てられていること[74]にも示されている。

以上、九世紀の国衙には武器や食料が生産・備蓄されていたことをみてきたが、当時の軍事行動においては、こうした武器や食料の有無が非常に重要な意味を持っていた[75]。たとえば、延暦八年（七八九）の征夷の際には、兵粮補給が困難であることが征夷停止の理由とされている[76]。また、元慶の乱時にさらなる進軍の停止を要請した藤原保則の奏言にも、「当士之卒、縁レ无二甲冑一、不レ能二輙進一」、「軍興以来、運二転軍粮一、去今両年、少時不レ息」と述べられている[77]。

おわりに

これまでの九世紀地方軍制史研究においては健児の評価は低かったが、九世紀の後半になっても健児制は有名無実化しておらず、軍事的機能を十分に有していた。また、大規模な反乱などが起き、健児だけでは兵員が不足する場合は臨時の兵力が組織された。このように、九世紀の地方軍制は健児と臨時の兵力から構成されていた。そして、諸国では武器や食料が生産・備蓄され、軍備面から地方軍制を支えていたのである。

なお、最初に、これまでの九世紀の地方軍制史研究には、郡司の持つ権力・武力を重視する考え方と国衙による兵員の組織化を重視する考え方の二つがあるとしたが、本章から得られた結論は後者に近いものといえよう。もちろん、郡司らが一定の武力を有していたことは事実だが、それがそのまま地方軍制に用いられることは基本的にはなかったと考えられるのである。

註

(1) 戸田芳実「中世成立期の国家と農民」、同「国衙軍制の形成過程」(同『初期中世社会史の研究』、東京大学出版会、一九九一年、初出は一九六八・一九七〇年)、石井進「中世成立期の軍制」(同『鎌倉武士の実像』、平凡社、一九八七年、初出は一九六九・一九七一年)。以下、両氏の説に言及する場合は、いずれもこれらの論文によるものとする。

(2) こうした戸田芳実氏の九世紀地方軍制論に対しては、弓射騎兵は六世紀以来存在する、浪人身分には国郡司に対捍する者が多いので新兵制の供給源となりえたとは考えにくい、などの批判が出されている(近藤好和「武具の中世化と武士の成立」『日本の時代史七　院政の展開と内乱』、吉川弘文館、二〇〇二年、同『騎兵と歩兵の中世史』、吉川弘文館、二〇〇五年、渕原智幸「古代末期の東北支配と軍事力編成―国衙軍制成立史の一断面―」、同『平安期東北支配の研究』、塙書房、二〇一三年、初出は二〇〇八年）。これらの批判は当を得たものであり、さらにいえば、新弩が広く普及して優越した歩兵隊の確保につながったかどうかも疑問である。

（3）森田悌「平安前期東国の軍事問題について」（同『解体期律令政治社会史の研究』、国書刊行会、一九八二年、初出は一九七五年）、吉沢幹夫「九世紀の地方軍制について」（『東北古代史の研究』、吉川弘文館、一九八六年）、平野友彦「健児制成立の背景とその役割」（『日本古代史論考』、吉川弘文館、一九八〇年）、同「律令地方軍制研究の一視点―郡司の武力発動をめぐって―」（『日本古代中世史論考』、吉川弘文館、一九八七年）、渕原智幸註（2）前掲論文。

（4）『日本文徳天皇実録』天安元年六月庚寅条。

（5）『日本三代実録』貞観八年七月九日辛亥条。

（6）下向井龍彦氏は、郡司の武力を重視するこうした説について、「郡司の在地支配秩序にもとづいて動員する体制という図式、逆にその動員体制が郡司の在地支配秩序を補強するなどの役割を果したという図式で理解して」おり、「かかる図式は、かつての武士団研究の図式のアナロジーであり、このような図式的発想は今日では通用しない」と批判されている（同「捕亡令「臨時発兵」規定について―国衙軍制の法的源泉―」『続日本紀研究』二七九、一九九二年）。

（7）村岡薫「延暦十一年、諸国軍団兵士制停廃の一考察」（『民衆史の課題と方向』、三一書房、一九七八年）、永井肇「軍団制停廃後の兵士」（『国学院雑誌』八九―九、一九八八年）、下向井龍彦註（6）前掲論文、同「捕亡令「臨時発兵」規定の適用からみた国衙軍制の形成過程―戦術革命と「武勇輩」の形成―」（『内海文化研究紀要』二二、一九九三年）。

（8）永井肇氏は、一般農民兵士だけでなく、「浪人層や在地の有力者が、おそらくは雇傭関係を結んで、臨戦したことが想像される」とされるが、浪人層については註（2）で述べた通り新兵制の供給源とは考えにくい。

（9）下向井龍彦註（6）（7）前掲論文、同「健児および健児所についての一考察―健児（所）＝国衙軍事警察機構論の検討―」（『研究紀要（修道中・高等学校）』一、一九八三年）など。

（10）たとえば、「勇敢者」たちが国衙に登録されているとする点については、渕原智幸氏の批判がある（同註（2）前掲論文)。

(11) 西岡虎之助「健児について」(同『西岡虎之助著作集　第一巻』、三一書房、一九八二年、初出は一九二二年)、同「騎兵制の発達と武士」(同前書、初出は一九二六年)、同「日本における兵制の発達」(同前書、初出は一九三七年)、川上多助「中古徴兵制度の変遷」(上)(中)(下)(『歴史地理』三五―一・四・五、一九二〇年)、同「武士の勃興」(同『日本古代社会史の研究』、河出書房、一九四七年、初出は一九三四年)、吉田晶「将門の乱に関する二・三の問題」(『日本史研究』五〇、一九六〇年)、山内邦夫「健児制をめぐる諸問題」(『日本古代史論叢』、日本古代史論叢刊行会、一九七〇年)、井上満郎「健児制の成立と展開」(同『平安時代軍事制度の研究』、吉川弘文館、一九八〇年、初出は一九七一年)、下向井龍彦註(9)前掲論文、永井肇「健児制についての再検討―平安期健児制を中心として―」(『史学研究集録』八、一九八三年)、吉沢幹夫註(3)前掲論文、福田豊彦「古代末期の傭兵と傭兵隊長」(同『中世成立期の軍制と内乱』、吉川弘文館、一九九五年、初出は一九八九年)、近藤大典「平安時代の健児制について」(『皇学館論叢』二六―三、一九九三年)など。これに対し、郡司の武力を重視する平野友彦氏は、郡司子弟からなる健児が非常時の兵力動員に重要な意味を持っていたとされ(同註(3)前掲論文)、村岡薫氏も、軍団兵士制の持つ警察的機能が健児に継承され、健児は「恒常的に国内の治安維持にあたる要害地の守衛隊」とされている(同註(7)前掲論文)。また、薗田香融氏、吉川真司氏は、健児を騎兵として積極的に評価され、蝦夷との戦争に用いられたとされている(薗田香融「わが上代の騎兵隊」、同『日本古代の貴族と地方豪族』、塙書房、一九九二年、初出は一九六二年、吉川真司「平安京」『日本の時代史五　平安京』、吉川弘文館、二〇〇二年)。

(12) この他に、健児の差点対象が当初は郡司子弟だったのが、勲位者に変わり、さらに白丁に変わることも健児の軍事的評価が低い理由の一つである。つまり、健児の差点対象が郡司子弟から白丁＝一般公民に変わるので、軍事力としては期待できないというものである。しかし、本書第一編第二章で述べたように、史料には健児の差点対象が勲位から白丁になるとあるが、この白丁が意味するのは非勲位者であって一般公民のことではない。

(13)『日本三代実録』貞観八年二月一四日庚申条、同貞観八年四月一七日辛卯条。

(14) 貞観八年一一月一七日官符は、全国を対象に出された可能性がないわけではないが、その場合でも主たる対象は日本海沿岸諸国であったとしてよいであろう。

(15) 村岡薫氏も、「この記事は健児の国衙支配における役割が重要だからこそ、その実態面を誇張的に表現することによって「応レ選二練健児一事」を命じたものであり、これをもって解体とみることはできない」とされている（同註(7)前掲論文）。なお、下向井龍彦氏は、この史料について、「兵士制廃止後の対外的緊張（＝貞観期の「新羅海賊」の脅威）においては、太政官から地方諸国の唯一の公的武装力としてあらためて期待されさえしている。（ただし、実際の侵寇に対しては全く役に立たなかったらしい。）」とされている（同註(9)前掲論文）。しかし、この勅からは単なる「期待」ではなく、健児が対外警備に動員されていた事実を読み取るべきである。

(16)『日本三代実録』貞観九年五月二六日甲子条、『類聚三代格』貞観一一年三月七日官符所引貞観九年五月二六日符。

(17)『類聚三代格』巻五に弩師設置に関する官符が数多く収載されている。

(18)『日本三代実録』貞観一二年二月一二日甲午条、同貞観一五年三月一九日癸未条、同元慶二年六月二三日丁亥条、同元慶四年二月二八日壬子条、同元慶四年六月一七日己亥条、同仁和元年八月一日癸丑条、『日本紀略』寛平六年四月一七日条。

(19)『日本三代実録』貞観一五年三月一九日癸未条、同元慶二年六月二三日丁亥条、『日本紀略』寛平六年四月一七日条。

(20) 後述するように、非常時には健児だけでなくさまざまな兵力が動員されたので、「人兵」「兵」などとされたのであろう。

(21)『続日本紀』天平一二年九月丁亥条。

(22)『続日本紀』宝亀一一年三月辛巳条。

(23)『続日本紀』延暦二年六月辛亥条。

(24)『類聚三代格』天長三年一一月三日官符。

(25) 先述したように、宝亀末年以降脆弱な軍団兵士に代わって、「殷富百姓才堪二弓馬一者」や「散位子、郡司子弟、及浮宕等類、身堪二軍士一者」の組織化がはかられる。選士も弱体化した軍団兵士に代わって置かれたものであるから、「富饒遊手之児」「弓馬之士」とは、具体的にはこうした者たちを指すとみてよいであろう。故に、健児の場合、その出自は郡司子弟とやや限定的であるが、選士とは階層的には大きな差はないとみてよいであろう。

(26) 統領は大宰府に八人、筑前・筑後・豊前・豊後・肥前・肥後の六国に各四人、日向・大隅・薩摩の三国と壱岐・対馬の二島に各二人が置かれた。九国二島の選士の数が統領の数に比例していたとすると、六国には約一六〇人、三国二島には約八〇人の選士が置かれたことになる。

(27)『類聚三代格』天安三年三月一三日官符所引承和八年八月一七日符、『続日本後紀』承和八年八月丙辰条。壱岐の防人の詳細は不明だが、対馬とだいたい同様であったと考えられる（川添昭二「壱岐・対馬の防人」『海事史研究』二三、一九七四年）。

(28)『日本三代実録』貞観一一年六月一五日辛丑条。

(29)『日本三代実録』貞観一二年二月二三日乙巳条、同貞観一二年三月一六日戊辰条。

(30)『日本三代実録』貞観一一年一二月五日戊子条、『類聚三代格』同日官符。

(31)『日本三代実録』貞観一一年一二月二八日辛亥条、『類聚三代格』同日官符、同貞観一二年正月一五日官符。

(32)『日本三代実録』貞観一二年六月七日戊子条。なお、前述したように、天長三年に対馬にも選士が置かれているので、この時の措置は選士の増置なのか、それとも一旦停廃していた選士が再置されたのかは不明である。

(33)『類聚三代格』寛平六年八月九日官符。

(34)『類聚三代格』寛平七年三月一三日官符。毎月交替であったとすると、一番あたりの人数は二五人となる。

(35) 山内邦夫「選士制とその周辺」（『日本古代史論苑』、国書刊行会、一九八三年）。

(36) 寛平五、六年の新羅海賊襲来時、および襲来後の統領・選士の配備状況は不明である。

(37) 貞観一五年に、俘囚や統領・選士の糧米を得るため警固田が置かれるが（『日本三代実録』貞観一五年一二月一七日戊申条）、そこにも「差二発俘囚一、分番鎮戍、重復分二置統領選士一、備二之警守一」とあり、俘囚と統領・選士がともに警備にあたっていたことがわかる。

(38)『日本紀略』寛平五年五月二二日条、同寛平五年閏五月三日条、同寛平六年三月一三日条、同寛平六年四月一四日条、『扶桑略記』延喜一八年一〇月一五日条。なお、『日本紀略』寛平五年六月二〇日条、同寛平六年二月二二日条に「新羅賊」の飛駅奏上がみえているので、他の地域にも襲来した可能性はある。

(39)『類聚三代格』寛平七年三月一三日官符。なお、『延喜式』主税寮上によると、筑前・筑後・肥前・肥後・豊後・日向国に俘囚料がみえている。

(40)『類聚三代格』寛平七年三月一三日官符には「今新羅凶賊、屢侵二辺境一、赴レ征之兵、勇士猶乏」とあるが、俘囚が増置されたのは博多警固所のみであるから、「勇士猶乏」は主としてその周辺の統領・選士についてのこととすべきであろう。諸国の統領・選士も「勇士猶乏」のところがあったかもしれないが、問題になるほどではなかったものと思われる。

(41)『類聚国史』巻一九〇大同元年一〇月壬戌条。

(42)『類聚国史』巻一九〇弘仁四年一一月庚午条、『日本文徳天皇実録』天安二年五月己卯条。

(43)『日本後紀』弘仁三年六月戊子条、『類聚国史』巻一九〇弘仁四年一一月庚午条、同巻一九〇弘仁一一年四月戊寅条、『日本文徳天皇実録』天安二年五月己卯条。

(44)『続日本後紀』承和一五年二月庚子条、『日本三代実録』貞観一七年五月一〇日辛卯条、同元慶七年二月九日丙午条。

(45)『日本三代実録』貞観一二年一二月二日己卯条。

(46)『日本三代実録』貞観一一年一二月五日戊子条。

(47)瀬戸内海賊追討においても、貞観九年に俘囚が「招募」されているが(『日本三代実録』貞観九年一一月一〇日乙巳条)、元慶七年に備前国に「浪人有二勇幹一者」からなる「禦賊兵士」が置かれており(『日本三代実録』元慶七年一〇月一七日庚戌条)、俘囚が定着していない様子がうかがえる。

(48)『日本後紀』弘仁二年五月壬子条。

(49)『続日本後紀』承和二年三月己未条。

(50)『日本三代実録』貞観一七年五月一〇日辛卯条。

(51)『日本三代実録』元慶二年四月二八日癸巳条。後述するように、実際に動員されたのは両国各八〇〇人である。この他、弘仁一一年に遠江・駿河国で新羅人七〇〇人が反乱を起こし、二国の兵だけでは制圧できなかったので、相模・武蔵等七国の軍兵が発せられている（『日本紀略』弘仁一一年二月一四日条）。承和一五年には上総国で俘囚の反乱が起き、相模・上総・下総等五か国によって討伐がなされている（『続日本後紀』承和一五年二月庚子条）。また、元慶七年には上総国で俘囚の反乱が起き、「諸郡人兵千人」を発して追討している（『日本三代実録』元慶七年二月九日丙午条）。その規模の大きさからみて、これらの反乱ではいずれも臨時の兵力動員がなされたものと思われる。

(52)村岡薫氏も、この史料から軍団兵士制廃止後も「人兵を差発していたことが知られる」とされている（同註(7)前掲論文）。

(53)『日本三代実録』元慶三年三月二日壬辰条。諸国と出羽国の兵のうち一〇〇〇人が上兵で、残りの下兵と担夫は立柵に役すとある。出羽国兵の数が不明なので正確な数値は出せないが、仮に上兵がすべて上野・下野両国の兵だったとしても、六〇〇人は下兵ということになる。

(54)瀬戸内海賊の活動は貞観年間になると活発化し、貞観四年に「人夫」差発による追捕が命じられるが（『日本三代実録』貞観四年五月二〇日丁亥条）、その後も海賊の活動は衰えず、貞観九年になると「人兵」の差発、俘囚の招募が行われることになった（『日本三代実録』貞観九年一一月一〇日乙巳条）。元慶七年の上総国での俘囚反乱は、当初上総国司は「人兵」一〇〇〇人を発し、さらに増員を要請したのだが、反乱者の数はわずか四〇人であるとして、政府からは「人夫」を差発して追捕するよう勅が下された（『日本三代実録』元慶七年二月九日丙午条）。これら二つの事例では、「人夫」と「人兵」の語の使い分けがなされているようにみうけられる。人夫という語は、令や六国史では労役者の意で使用されるのが一般的である。一方、「人兵」は『令義解』捕亡令追捕罪人条によると「人夫及兵士也」とある。また、擅興律擅発兵条は二〇人以上を発兵する時は許可が必要だが、盗賊追捕などのために「人夫」を差す場合はこの限りではないとする。したがって、これらをあわせ考えると、少なくとも先の二つの事例においては、軍事的能力の面で人夫は人兵より劣る存在と位置づけられているように思われる。

(55)『続日本紀』宝亀一一年三月辛巳条。

(56)『類聚三代格』天長三年一一月三日官符。

(57)この他に、臨時兵力としては俘囚と禦賊兵士をあげることができる。このうち俘囚は先述したように臨時兵力としては不安定であり、新羅海賊や瀬戸内海賊の警備・追捕などに用いられてはいるが、限定的なものであったとすべきであろう。次に、禦賊兵士は「浪人有㆓勇幹㆒者」に食料・武器を与えて海賊警備にあたらせるというものである（『日本三代実録』元慶七年一〇月一七日庚戌条）。しかし、禦賊兵士がみえるのはここだけで、その後いつまで置かれたのかも不明であり、また他国に配備された形跡もない。したがって、禦賊兵士も兵力としては一時的なものであった可能性が高いように思われる。

(58)『日本後紀』弘仁三年二月辛卯条。

(59)鈴木拓也「九世紀陸奥国の軍制と支配構造」（同『古代東北の支配構造』、吉川弘文館、一九九八年）。そもそも兵士や鎮兵は最初から徭役・課役免除であるから、調庸免除申請がなされることはない。

(60)『続日本紀』延暦二年六月辛亥条。

(61)甲冑類は正確にいえば武具であるが、ここで武器という場合にはそれらも含むものとする。

(62)『大日本古文書』一―六〇七、同二―六七、同二―一三〇。この他、天平九年の「但馬国正税帳」（同二―五五）、天平一〇年の「駿河国正税帳」（同二―一〇六）、天平一一年の「伊豆国正税帳」（同二―一九二）にも兵器営造のことがみえる。

(63)『続日本紀』天平宝字五年七月甲申条。

(64)『続日本紀』宝亀八年五月乙亥条、同宝亀一一年五月辛未条、同宝亀一一年七月癸未条。

(65)松本政春「延喜兵部省式諸国器仗条をめぐる諸問題」（同『奈良時代軍事制度の研究』、塙書房、二〇〇三年、初出は一九八一年）。

(66) 岡部雄氏、中村光一氏も、諸国で武器生産がなされたのは、蝦夷や新羅に備えるため、「平素より武器を蓄積しておいて一朝事が起きた時に対応する体制を整える」ことが目的であった、とされている（岡部雄「律令国家における武器生産管理」『歴史研究』（愛知教育大学）三六・三七、一九九一年、中村光一「令制下における武器生産について―延喜兵部式諸国器仗条を中心として―」『律令国家の地方支配』、吉川弘文館、一九九五年）。一方、下向井龍彦氏は「廃棄分または破損分の補充を目的とする」、松本政春氏は軍団兵士や防人の武芸訓練のため、とされるが（下向井龍彦「日本律令軍制の基本構造」『史学研究』一七五、一九八七年、松本政春「西海道における諸国器仗制の成立」、同註(65)前掲書、初出は一九八三年）、支持しがたい。なぜなら、国内の軍団などで日常的に使用されるものならば、各国で生産されて然るべきであるが、西海道や畿内ではそうはなっていないからである。

(67) この点については、すでに井上満郎氏の指摘がある（同「律令国家の武器所有について」、同註(11)前掲書）。ただし、井上氏は、九世紀の武器生産の特質は民間での生産が一般化したことにあるとされている。

(68)『日本三代実録』元慶三年三月二日壬辰条。

(69) 天平宝字三年（七五九）にも、雄勝・桃生城に送られた坂東諸国の軍士の器仗が割き留められて両城に蓄えられている（『続日本紀』天平宝字三年九月庚寅条）。この場合も、それらの器仗は国からの支給品だったと思われる。

(70)『類聚国史』巻八四弘仁元年五月辛亥条。

(71)『続日本紀』延暦七年三月庚戌条、同延暦一〇年一一月己未条。なお、「越中国官倉納穀交替記」を分析された渡辺晃宏氏は、天平期・延暦期・寛平期以降の三時期に稲穀蓄積の停滞期がみられ、延暦期のそれは征夷によるものであろうとされている（同「平安時代の不動穀」『史学雑誌』九八―一二、一九八九年）。

(72)『日本三代実録』元慶三年三月二日壬辰条。なお、同元慶二年四月二八日癸巳条には、「其所㆑発之士、各備㆓路粮㆒」とあるので、出羽国に至るまでの食料は兵士各自が用意したようである。

(73)『日本三代実録』元慶二年五月五日庚子条。

(74)『日本三代実録』元慶二年八月四日丁卯条。この他、弓や造襖料の綿も諸国から送られている（同元慶二年五月九日甲辰条、同元慶二年六月二一日乙酉条）。
（75）古代の軍事行動と食料問題については、藤本元啓氏の研究がある（同「古代・中世初期国内遠征軍の食糧問題—遠征軍研究の序説として—」『皇学館論叢』二〇—一、一九八七年）。
（76）『続日本紀』延暦八年六月庚辰条。
（77）『日本三代実録』元慶三年三月二日壬辰条。

第二編　一〇－一一世紀の地方軍制

第一章　一〇―一一世紀の地方軍制

はじめに

平安時代の軍制史研究において、一九六〇年代末から七〇年代初にかけて公表された戸田芳実・石井進両氏[1]の国衙軍制研究が画期的なものであったことは周知の通りである。両氏の研究は、それまでと異なり、武士身分形成における国家の果たした役割を重視し、武士を国家の軍隊として性格づけようとするもので、以降平安時代の軍制史研究や武士論は大きく進展した。しかし、地方軍制史に限っていえば、関係史料が限られていることもあって、その後下向井龍彦氏などによって研究が進められてはいるものの、基本的には大きくは進展していないように思われる。本章は平安時代地方軍制史研究を少しでも前進させるため、これまでとは視角を変え、財政史の観点から一〇―一一世紀の地方軍制について考察を行おうとするものである。

さて、これまでの平安時代地方軍制史研究は、軍制の担い手である兵士の性質や組織形態など、もっぱら人的側面を中心に考察がなされてきた。もちろん、こうした研究方法は正当なものであるが、史料の少ない当該分野にあっては一定の限界があることも事実である。そこで、本章では、軍制を物質面から支えた武器・食料に焦点をあてて考察を行うことにした。いうまでもなく、武器・食料は兵士とともに軍事行動には不可欠のものであり、それらの存在形態が軍制に大きな影響を及ぼしたと考えられるからである。以下では、国衙におけるそれらの存在状況を検討し、そのことを通じて当時の地方軍制について考えてみることにしたい。

一　地方軍制史研究の整理と検討

本章では、戸田芳実・石井進両氏および下向井龍彦氏の研究を中心に、これまでの一〇―一一世紀地方軍制史研究の整理と検討を行いたい。

戸田芳実氏は、一〇世紀の国衙の軍事編成は諸家兵士と諸国兵士という二形態の兵士によって構成されていたとされる。しかし、戸田氏の提起された諸家兵士と諸国兵士の内容については再検討が必要であるように思われる。

まず、諸家兵士であるが、戸田氏によると、それは「武装した党類を構成するような諸国の豪民」が院宮諸家によって組織されたものである。確かに、諸国の豪族や有力農民が中央の院宮諸家と臣従関係を結んで国司に対捍し、また京内での盗人捜索などに院宮諸家の武力が動員されたことは事実である。しかし、地方軍制上において、少なくとも常備的兵力として諸家兵士の存在を想定することは困難であろう。戸田氏は、諸国における諸家兵士の例として、『扶桑略記』承平四年七月二六日条の「兵庫允在原相安、率二諸家兵士并武蔵兵士等一、発下向追二捕海賊一之所上」、および『本朝世紀』天慶二年四月一九日条にみえる「応下国内浪人不レ論二高家雑人一差中充軍役上事」と題する官符をあげられている。しかし、前者については、延喜年間の「東国乱」とならぶ承平年間の「南海賊」という大規模な海賊蜂起時の事例であり[2]、またこれ以外に諸家の兵士が地方に派遣された例はみあたらないので、例外的な事例とすべきである[3]。また、後者はあくまで出羽国という辺境地で起きた俘囚の反乱時の史料である。故に、戸田氏がいうような「地方国衙軍制における諸家への軍役賦課」が常時的に行われていたかどうかは疑問である。

さらに、戸田氏は、国衙軍制において直接に問題になる諸家兵士的軍事組織は平将門などの「地方軍事貴族」であり、彼らは「国衙と同等な一種の公的機関の地位を与えられて」おり、「独自に国衙軍制を補足して反乱鎮定の役割をはたす」とされる。そして戸田氏は、『将門記』において将門が常陸国司から移牒を送られていたことなどをその理由とされている。確かに将門らが中央の有力貴族と私的に従属関係を結び、「国衙の直接指揮下にない独立的軍事権力」であることは事実であろう。しかし、将門らの私的武力が当時の地方軍制において、それを補完する公的武力として位置づけられていたことが論証されているとはいいがたく[4]、一〇世紀段階での彼らと地方軍制との関係については再検討が必要である。

諸国兵士については、戸田氏はそれを追捕兵士と警固兵士に分け、軍役勤仕は臨時公事あるいは恒例の公事・雑役の形態でなされていたとされる。戸田説の特徴は、諸国兵士を石井氏のいわれる「国ノ兵共」に相当するものとする一方で、その中心を浪人身分の住民とすることである。戸田氏はその理由を「当時の「精兵」主義の方針を実現するためには、公民百姓身分の住民よりも浪人身分の住民に主として兵士材料をもとめなければならなかった」ためとされる。しかし、国衙により編成された兵士の存在は認められるとしても、一般公民にも「精兵」は多くいたはずであり、諸国兵士のとらえ方がやや浪人に偏重しているように思われる。

序章でも述べたように、そもそも戸田氏の国衙軍制論は一〇世紀初頭に「国制改革」がなされたという考えにもとづいており、「国制改革」の結果として諸家兵士と諸国兵士からなる軍事組織や将門のような地方軍事貴族が生まれたとするのだが、近年は「国制改革」自体が疑問視されており、こうした点からも戸田説には見直しが必要であろう。

次に、石井進氏の研究であるが、最初に一一—一二世紀における国衙の軍事編成のあり方を示した著名な図式を掲げておく。

- A国司軍
  - a　「館ノ者共」（国司直属軍）
    - α　国司の私的従者
    - α′　在庁官人・書生
  - a′　「国ノ兵共」
- B地方豪族軍
  - b　直属軍
  - b′　同盟軍

これは、『今昔物語集』巻二五—九にみえる平忠常攻撃軍（A源頼信の軍とB平惟基の軍）の構成をもとにしたもので、Aの国司軍はaの「館ノ者共」（国司直属軍）とa′の「国ノ兵共」からなる。aの「館ノ者共」は、さらにα国司の私的従者とα′在庁官人・書生に分けられる。α国司の私的従者は国司が都から引率した私的武力であり、さらに国司直属軍の中核を構成した。α′在庁官人・書生は武士化した在庁官人であるが、石井氏は、さらに国衙内の分課としての健児所や検非違所が国衙在庁の軍事・警察的機能の主たる担い手の一つであったとされている。a′の「国ノ兵共」は、国司の下に組織された地方豪族で、国司の館に結番・参勤し、国司の主催する大狩などへ参加していた。Bの地方豪族軍は、平惟基などの地方軍事貴族軍で、先の『今昔物語集』にみえる平忠常攻撃軍ではむしろ主力となっていたものである。彼ら地方軍事貴族は、中央の有力貴族と私的従属関係を結んでおり、その結果彼らの軍勢は「国司のひきいる軍そのものではなく、いわば国司とは対等の、一応別の系列に属するもの」であった。なお、Bの地方豪族軍もまたその直属軍とその同盟軍によって構成されていた。

以上が石井説の概要であり、一一世紀以降における国衙の軍事編成のあり方として基本的には支持すべきものと考える。ただ、近年鐘江宏之氏は、「当時の国衙をめぐる勢力には、受領の権威の下に受領の任期の間だけ集まった者と、在地の組織として恒常的に機能している国衙機構に所属する者との、二つの立場があ」るとし、そうしたことからすれば、石井氏の図式にみえるα′在庁官人・書生はａの「館ノ者共」に含めて考えることはできず、彼らはむしろａ′「国ノ兵共」の方にあてはまる性格を持っていたとされている。(5) 鐘江氏の考察は軍制に限るものではないが、平安時代中期以降の受領を中心とした勢力の構成として、次のような図式を提示しておられる。

受領─┬─ａ　「館」の者……α　受領の私的従者
　　　└─ａ′「国」の者……α′　在庁官人・書生などの国衙機構の者

私も鐘江氏の見解に賛同するものであり、石井説を一部修正して、氏の図式のα′在庁官人・書生はａ′「国ノ兵共」に含めて理解しておきたい。

最後に下向井龍彦氏の研究であるが、そこでは戸田・石井説を踏まえつつ独自の国衙軍制論が展開されている。(6)下向井氏の国衙軍制に関する数多くの論文の内容をまとめるのは容易ではないが、要点をごく簡単にまとめると、以下のようになろう。

①国衙軍制は、一〇―一二世紀に反国衙武装闘争を鎮圧するため、国衙によって編成された軍事組織である。国衙軍制における軍事動員の法的根拠は追捕官符であり、それにより中央政府は最高軍事指揮権を行使する。

②反国衙武装闘争など重犯の追捕は、諸国追捕使（押領使）を指揮官として行われる。軍勢催促は国内武勇輩（武士）に対して行われ、彼らは奉仕する権利と義務を負う。催促は廻文によりなされ、戦果に応じて勲功賞が与えられる。

③国衙軍制は寛平・延喜の軍制改革により東国でまず成立し、天慶の乱後諸国追捕使が諸国で常置化される。しかし、一一世紀後半以降、荘園公領制の展開のなかで国衙軍制は次第に機能しなくなる。

こうした下向井氏の研究については、髙橋昌明氏、渕原智幸氏によりすでに詳細な批判がなされているが[7]、ここでは行論上必要な点を二つだけ述べておくことにする。一つは、髙橋氏も指摘されているように、下向井説は断片的な史料、あるいは後代の史料から構築されているところが多く、実証面で問題が残ることである。もっともこれは当時の地方軍制に関する史料がきわめて少ないため、やむをえないことではあるが、現段階では下向井説はまだ十分に論証されたものではないといわざるをえない[8]。二つめは、下向井氏の国衙軍制論は、「国衙軍制とは、かかる検断過程の「追捕」を分掌する諸国追捕使を指揮官とする軍事力の組織法をあらわす概念である[9]」という表現にみられるように、諸国追捕使と彼により指揮される国内武勇輩（武士）を中心としており、国衙に常時存在する武力は軽視されていることである。このことは、石井氏が指摘された「国ノ兵共」の国司館への結番について、「個々の武勇輩と国司との個別的・私的関係にすぎ」ない[10]、と評価されていることにも示されている。もちろん、下向井氏は、武勇輩の内容は国司郎等、在庁官人、郡郷司、王臣家人などさまざまであるとし、また軽犯は検非違所官人が郡司や刀禰を指揮して追捕・勘糺するとされているので、国衙に常時存在する武力にも配慮はされているが、氏の国衙軍制論の中心ではない。しかし、当時の地方軍制において、受領や国衙の武力が持つ意味は決して小さくはないように思われる[11]。

以上、三氏の研究を中心に、これまでの一〇―一一世紀の地方軍制史研究についてみてきたが、国衙が一定の軍事組織を有していたとする点では考えが共通するものの、その具体的内容についてはやや違いがあるといえよう。これは当時の地方軍制の全体像を直接に示す史料がないことによるものだが、私としては、一〇世紀前半の地方軍制については、戸田氏および下向井氏の研究にはやや問題があり、改めて考え直す必要があると思う。この点については第二節で検討を行いたい。

次に、一一世紀の地方軍制であるが、基本的には石井説が妥当であり、支持すべき見解と考える。つまり、受領の私的従者と「国ノ兵共」が国衙機構に組織される一方で、大規模な軍事動員が必要な時には地方豪族軍を利用するというのが当時の地方軍制の実態であろう。(12) 第三節では、一一世紀になるとなぜこうした地方軍制が形成されるかについて考えてみたい。

二　一〇世紀前半の地方軍制

先に述べたように（本書第一編第三章）、九世紀には健児だけで兵員が不足する場合には臨時の兵力が組織されたが、諸国には武器や食料が生産・備蓄され、軍備面から地方軍制を支えていた。このことは逆にいうと、九世紀の地方軍制においては武器や食料が不可欠であり、(13) それらを用意できないと国衙は自らの力で大規模な軍事行動を起こすことができなかったことを意味する。(14) したがって、私は、一〇世紀以降の地方軍制において国衙が自ら兵力を組織・動員できたか、あるいは地方豪族の私的武力（兵士だけでなく武器・食料を含めて）に頼らざるをえなかったかは、国衙に武器や食料が存在したか否かが重要なポイントになったと考える。すなわち、元慶の乱時の上野・下野両国のように、国衙が武器や食料を準備できれば、兵力を組織・動員できるが、準備できないとそれらはいずれも困難となり、地方豪族の私的武力に依存せざるをえなくなるのではないだろうか。(15) 故に、一〇世紀前半の地方軍制を考えるにあたっては、まず当時の国衙に武器や食料が存在したかどうかを調べる必要がある。

まず武器だが、一〇世紀前半の国衙には武器が備蓄され、非常時にはそれが兵士に下行されていたようである。そうしたことを示す史料の一つめは、『将門記』の将門による常陸国襲撃時の記述である。天慶二年（九三九）一一月、将門は藤原玄明の要請をうけて常陸国を攻略する。この時の様子を本文は「天慶二年十一月廿一日、渉二於常陸国一、々兼備二警固一、相二待将門一、（中略）仍彼此合戦之程、国軍三千人、如レ員被二討取一也」と簡単に記すが、藤原忠平宛の将門書状のところには「常陸介藤原維幾朝臣息男為憲、偏仮二公威一、只好二冤枉一、爰依二将門従兵藤原玄明之愁一、将門為レ聞二其事一、発二向彼国一、而為憲与二貞盛等一同心、率二三千余之精兵一、恣下二兵庫器仗戎具并楯等一挑戦、於レ是将門励二士卒一起二意気一、討二伏為憲軍兵一已了」とあり、常陸国の兵士を率いていたのは常陸介藤原維幾の男為憲と将門の宿敵平貞盛であったことがわかる。注目したいのは、彼らが将門を迎え撃った際に「兵庫器仗戎具并楯等」を下したとあることである。このことは、当時常陸国には「器仗戎具并楯等」が兵庫に蓄えられ、こうした危急時に実際に用いられていたことを示していよう。

二つめは、『貞信公記』天慶三年二月五日条の「左閤入坐、定二淡路事等一、又有二除目一、淡路解文来、賊徒襲来、奪二取兵器等一」という記述である。前年末に将門が坂東で反乱を起こすと、瀬戸内海では海賊の動きがにわかに活発になった。この記事は海賊が淡路国を襲い、兵器等を奪ったというものである。これだけでは奪取されたのが国衙保有の武器か否かは不明だが、わざわざ解文が出され、またそれをうけて「淡路事等」が定められていることからすれば、多量の兵器が奪われ、かつそれは国衙の武器であった可能性が高い。したがって、ここから当時淡路国にはかなりの量の武器が存在したことがうかがえるのではないだろうか。

三つめは、『九暦』天慶七年三月二日条の「木工寮支度之内、米以二近江国焼亡糒□□□□〔倉兵庫等〕造作料米千二百斛内一可二充行一由」という記述である。(16) これは、近江国の焼亡した糒倉・兵庫等の造作料米一二〇〇石を諸司修理料に充てることにしたというもので、ここから近江国に兵庫が存在していたことが知られる。また、焼亡後造作が計画されていたわけであるから、武器の貯備が今後も続けられる予定であったことがわかる。

四つめは、『本朝世紀』天慶二年七月一八日条の次の記事である。

上卿着二宜陽殿一、有二内外印事一、給二出羽国一官符二枚也、一枚以二国庫納器仗戎具一下二行軍士一可レ充二合戦一事、
并以二正税穀一充二給軍粮一事。

出羽国では天慶二年に俘囚の反乱が起き、四月一九日には「応下国内浪人不レ論二高家雑人一差中充軍役上事」が命じられている。この官符はこうしたなかで出されたもので、「国庫納器仗戎具」を兵士に下行することを命じたものである。もちろん、これは緊張が続く出羽国の事例ではあるが、国衙に武器が蓄積され、それが戦時には使用されていたことを明瞭に示すものである。

次に、食料だが、これも国衙に備蓄され、兵乱時には兵粮として支給されていたようである。まずとりあげたいのが、『類聚符宣抄』巻八勘出事に収載されている天慶八年三月八日付の「応下置二勘出一勘中済前司任中未二弁済一税帳公文紕繆雑怠上事」である。この宣旨は、天慶五年に長門国受領となった橘奉胤から前司任中の正税帳の勘出を置きたい、つまり前司任中の税帳勘出物を棚上げにしたいという申請を認めたもので、そこには天慶元年から四年までの勘出物が列挙されている。このうち注目すべきは、天慶三年の「無レ符立二用兵粮一不動穀頴」一四〇四三〇・二束と天慶四年の「無レ符立二用兵粮一不動」一九五六四・八束、「無レ符立二用兵粮一糒」三〇〇石である。天慶三年の兵粮立用料は米に換算すると約二〇〇〇石、天慶四年は約一二八〇石となる。『続日本紀』延暦八年六月庚辰条によると、兵士一人の一日の食料は二升であるから、同様であったとすると、天慶三年はのべ約一〇万人分、天慶四年はのべ約六万四〇〇〇人分の食料に相当する。

これらは「従二同二年春初一、凶賊乱盛、往還不レ輙、加レ之官符頻下、只営二警固一、進レ官調庸、勘済公文、惣以抛棄、不二勤済一、又無レ符立二用兵粮料一不動穀潁、事依二機急一、且以充下、且以言上」とあるように、天慶二年から三年にかけての藤原純友の乱関係の支出である。藤原純友の乱は天慶三年後半から本格化し、八月には伊予・讃岐国が襲われ、一〇月には大宰府追捕使在原相安の軍が敗れ、一一月には周防国鋳銭司が焼かれる。乱は、翌年五月に大宰府を襲った純友が博多津の戦いで敗れ、その後伊予に戻ったところを討たれて終わるが、その間の「警固」のためにこれらの兵粮が使用されたのである。長門国で兵士がどのように組織・編成されたかは不明だが[17]、この史料から多数の兵士が「警固」のため動員され、兵粮支給がなされていた様子を読み取ることができよう。

二つめは、「出雲国正税返却帳[18]」である。正税返却帳は、税帳勘会の結果勘出されたものを書き記したもので、この史料には延長元年（九二三）から長保五年（一〇〇三）までの勘出物が載せられている。注目したいのは天慶六年[19]の勘出物で、「誤無レ符充二用諸兵粮一」として糒三二六〇・六二石が勘出されている。天慶六年に出雲国でいかなる兵乱があったかは不明だが、この数字が正しいとすると、のべ約一六万三〇〇〇人分の兵士に食料が支出されたことになる[20]。

以上のように、一〇世紀の前半期においては国衙には武器・食料が備蓄されており、兵乱時にはそれらが動員された兵士に支給されていた。したがって、こうしたことからすれば、基本的には国衙は九世紀と同様自ら兵力を組織できたのであり、豪族の私的武力に頼る必要はほとんどなかったのではないだろうか。一〇世紀前半期には、平将門・藤原純友の乱以外にも、藤原秀郷の濫行を糺勘するため諸国に「人兵」の差向を命じるなど、軍事動員がしばしばなされている[21]。史料からは、どのような兵員が差発されたかはうかがえないが、少なくとも次に述べる平将門の乱時を除けば、豪族の私的武力が用いられたことを示す史料はない。したがって、これまでの考察からすれば、九世紀と同様、それらは基本的に健児と臨時兵力からなっていたと考えられるのである。(22)

一〇世紀前半の地方軍制は、基本的に九世紀と同じではないかということを述べてきたが、そうすると問題になるのは、平将門の乱時の藤原秀郷や平貞盛など東国の地方豪族の動きである。戸田氏をはじめとするこれまでの研究では、将門や貞盛などを「地方軍事貴族」とし、彼らの有する私的武力を一〇世紀地方軍制の一環として位置づけるのが一般的であったが、そうした考え方には疑問があることは先述した通りである。しかし、平将門の乱においては、将門が藤原秀郷と平貞盛に討ち取られたことは事実であり、これまではそうしたこともあって、当時の地方軍制においては地方豪族の私的武力が大きな意味を持つとされることが多かった。しかし、平将門の乱における地方豪族の活躍と地方軍制のあり方とは分けて考える必要があるのではないだろうか。

まず藤原秀郷だが、彼などの場合は、将門を討った者には不次の賞を与えるとした天慶三年正月の官符(23)に応じて将門と戦ったと考えられる。そして、国家がこうした褒賞を条件として私的武力を動員することはこれまでにもみられることなのである。たとえば、天平一二年（七四〇）の藤原広嗣の乱の際には、広嗣を討った者には褒賞を与えるとの勅符が出されている。(24)また、天平宝字八年（七六四）の藤原仲麻呂の乱時には、もし「勇士」が仲麻呂を討てば「重賞」とするとの勅が出されている。(25)さらに、宝亀一一年（七八〇）の征夷の際には、広く「進士」が募られ、「平定之後、擢以㆓不次㆒」とされている。(26)

このように、大規模な戦乱時には恩賞を条件に私的武力の発動を呼びかけるのが八世紀以来の通例なのである。したがって、藤原秀郷らが将門鎮圧に活躍したことをもって、直ちに当時の地方軍制に地方豪族の私的武力が組み込まれていたとすることはできないのである。

次に、平貞盛や将門追捕のため東国の掾となった平公雅（平良兼男）[27]らであるが、彼らは長年将門とは敵対しており、その関係で政府側に味方したことは間違いない。つまり、彼らと将門との戦いは、以前から続く東国平氏間の「私闘」の延長であり、彼らが私的武力を用いたとしても、それはやはり当時の地方軍制とは別個に考える必要があろう。もちろん、藤原秀郷は官符によって、また平公雅は追捕使として戦ったわけであるから、彼らの私的武力が公的武力として用いられたことは事実である。しかし、それは将門の乱によって国衙機能が麻痺し、地方軍制も正常に機能しないなかでの非常的な措置であって、それを当時の地方軍制に一般化することはできないのではないだろうか[28]。

以上のように、平将門の乱時の私的武力の利用は、当時の地方軍制においては例外的事例とみなされるのである。

三　一一世紀前半の地方軍制

前節では、一〇世紀前半の国衙には武器や食料が備蓄され、兵乱時にはそれらが兵士に下行されていたことから、一〇世紀前半の地方軍制は基本的には九世紀と同じと考えられることを述べたが、国衙の武器や食料はその後次第に減少し、一一世紀になるとほとんど失われてしまう。本節ではまずこの点を明らかにしておきたい。

まず武器であるが、当時の国衙における武器の存在状況が最もよくわかるのは「上野国交替実録帳[29]」である。この史料は長元三年（一〇三〇）ころに作成された不与解由状草案で、国衙の所有物、国郡官舎、国分寺など当時の上野国の諸状況がわかる貴重な史料である。この史料の残存部分の最後に器仗についての記載がある。そこには無実と破損に分けて多くの武器その他が列挙され、破損には「焼損不㆑中㆑用」「同前」との注記がなされている。このうち無実は長徳三年（九九七）の交替の時にすでに失われていたもの、また破損はすでに破損していたものが長徳三年正月一一日に焼損して使用不能となったものである。(30) 表1は、そのうちの主な武器の種類と数量をまとめたものである。表1のなかで当時の主要戦闘武器である弓と矢についてみると、弓は無実が一七四〇枝、破損が六四一枝、矢は箭の無実が一八一一七隻、破損が四六五九隻、樋箭の無実が二〇〇〇隻となっている。『延喜式』兵部省諸国器仗条によると、上野国の年料器仗は弓四〇張、征箭四〇具（二〇〇〇隻）なので、弓はその約六〇年分、矢は約一二年分が存在していたことになる。ところが、長徳三年までに弓は七割余、矢は八割余がすでに失われ、その残りも破損していて、かつ同年に焼損し使用不能となっているのである。(31) ただ、「上野国交替実録帳」は、あくまで不与解由状であることには留意しておかねばならない。つまり、不与解由状は「勘㆓発無実㆒之状」(32)、つまり無実を告発するものであって、そこには現存物は記されないのである。したがって、ここの記載とは別に国衙に武器が存在したかもしれないのである。しかし、他の正税官物の状況をみれば、その可能性はきわめて低いといわざるをえない。なぜなら、次に述べるように、官物の中心である正税は一一世紀になると無実化している。他の官物も同様に無実化が進んでおり(33)、そのなかで武器だけが多数残されていたとはとうてい考えられない。このように、上野国では一〇世紀末までに武器の大半が失われ、残されたものも一〇世紀末に使用不能状態になっているのである。

次に、『小右記』長徳三年六月一三日条をみてみたい。

表1　「上野国交替実録帳」にみえる主な武器

	無実	破損
槍	22柄	40柄
鉾	(39柄)	40柄
弓	1740枝	641枝
手弩	25具	
鉄冑	23領	32領
樋箭	2000隻	
箭	18117隻	4659隻
鉄甲	120領	
革甲		5領
大刀		221柄

大宰申請四ヶ条、九国戎兵具皆悉無実、可レ令二国司修補一事、若其無二其勤一、雖レ有二他功一不レ可レ預二勧賞一者、定申云、先可レ造二要須戎具一也、不レ可レ申二止勧賞事一。

これは、高麗国牒状に日本を辱める文があったため、大宰府に要害警固と諸神祈禱が命じられた時の史料である。[34]注目されるのは、大宰府の申請四ヶ条のなかに「九国戎兵具皆悉無実」という文言があり、かつ公卿の定でも「先可レ造二要須戎具一也」とされていることである。これは、大宰管内諸国でも国衙の武器が無実化していたことを示すものである。もっとも、大宰府の申請文のなかに「可レ令二国司修補一事」とあるので、武器が全く存在しなかったわけではなく、修理すれば使用できるものもあったようである。しかし、「九国戎兵具皆悉無実」といわれるまでに、国衙所有の武器の無実化が進んでいたことは間違いないといえよう。

最後に、『朝野群載』巻二二の「国務条々事」をとりあげたい。

一　択二吉日一、可レ度二雑公文一由、牒二送前司一事

(中略)次巡二検諸郡糒塩穀頴及雑官舎五行器等一、若有二不動穀一者、依二丈尺一商二勘之一、其動用穀者、簸二棄土石一、以レ実受領、次勘二官舎一神社、学校、孔子廟堂并祭器、国庁院、共郡庫院、駅館、厨家及諸郡院、別院、駅家、仏像、国分二寺堂塔、経論等。

周知のように、「国務条々事」は、受領としての心得や政務の要綱をまとめたものである。[35]この条文は、交替時に引き継がれる公文や正税官物の勘検のことを述べたものだが、注目されるのは武器類、すなわち器仗のことが全く触れられていないことである。『延喜交替式』に「凡諸国官舎正倉器仗池堰国分寺神社等類、交替之日、所レ有破損、令三後任加二修造一(後略)」とあるように、器仗は受領交替時の重要種目で、「勘解由使勘判抄」にも「一、器仗戎具事」[36]などと独立した項目が立てられている。ところが、「国務条々事」の先の条文には器仗のことが全くみえず、器仗が交替時の勘検の対象になっていないのであり、このことはそれが無実化していることを示

すものであろう(37)。

一一世紀になると国衙の武器がなくなっている様子をみてきたが、食料についても同様のことがいえる。なぜなら、食料は正税から支出されるのだが、その正税が一一世紀になると無実化するからである。

正税のうち正税稲が無実化していることは、先にも触れた「上野国交替実録帳」に示されている。それによると、ほとんどの出挙稲が無実化するなかで、康保三年（九六六）以降、正税稲一一万九〇〇〇余束だけが見稲で分付・受領されてきたのだが、長和年間（一〇一二―一〇一七）に受領であった維叙の時にその稲も失われ、全く無実化してしまうのである。一方、稲穀は一〇世紀になると動用穀はもちろんのこと不動穀も種々の方面に使用されて乏少化する。たとえば、観音像と大般若経の供養を命じた『類聚符宣抄』長徳元年四月二七日官符に「其料用二正税一、若無二正税一用二不動穀一、且申二開用一、且以充行、不動正税共以用尽、申二請所在官物一」とあり(38)、一〇世紀末になると不動穀が減少するだけでなく、「不動正税共以用尽」の国も出てくる。こうしたなかで、一〇世紀後半に新たに新委不動穀が設けられ、受領は毎年一定量の稲穀を確保することになったが、その受領の任中にその大半が費消されてしまうのが実状で、後司に分付されることはほとんどなかった(39)。

このように、一一世紀になると正税の無実化が進み、国郡衙の倉庫にはかつてのように頴稲や稲穀が貯積されてはいなかったのである。

以上のように、一一世紀になると国衙には武器・食料はほとんど存在しなくなるのである。したがって、一〇世紀前半までの地方軍制、とりわけ臨時兵力の組織・動員が武器・食料の備蓄を前提としていたとすると、それはもはやできなくなったといわねばならない。

一一世紀の地方軍制は、基本的には石井進氏のいわれるように受領の私的従者、「国ノ兵共」、地方豪族軍の三者からなるとみてよいであろう。つまり、受領の私的従者と「国ノ兵共」が国衙機構に組織され、日常的な国衙の警備や国内の治安維持にあたる一方で、大規模な軍事動員が必要な時には地方豪族の私的武力が利用されていたのである。以下では、これらについてもう少し詳しく述べてみたいと思う。

　まず、受領の私的従者は受領が都から引き連れてきた従者・郎等であり、「尾張国郡司百姓等解[40]」にみえる「不レ異二夷狄一、猶如二豺狼一」とされた子弟郎等などがこれにあたる。そしてこうしたことは、『朝野群載』巻二二「国務条々事」に「可レ随二身堪能武者一両人一事」とあるように、当時においては一般的なことであった[41]。こうした私的従者は、一〇世紀後期以降受領支配が強化されるなかで現れたもので、受領との私的・個人的関係が強く、数は少ないが受領にとって最も信頼に足る軍事警察力であった。

　次に、「国ノ兵共」であるが、それらは国内の諸豪族からなり、地位的には在庁官人、あるいは健児所・検非違所の官人として国衙に属していたであろう。彼らは平時は受領や国衙の警備にあたっていたが、「一朝ことあるときに戦闘への参加となることは当然[42]」であり、治安維持にも従事していた。こうした「国ノ兵共」については、すでに石井進氏が「健児制の延長線上に、「国ノ兵共」の組織法をおいてみることは十分に可能である」と述べておられるように、健児の変容したものが「国ノ兵共」とみてよいであろう[43]。健児は当初郡司子弟からなるものであったが、次第に国内の他の豪族に構成員が拡大していったのであろう。しかし、国衙機構に組織され、国衙の警備や国内の治安維持にあたっていた点は同じであり、九世紀から一一世紀に至るまで、数はさほど多くはないにしても、国衙は国内の諸豪族を軍事警察力として編成していたのである[44]。

　最後に、地方豪族軍であるが、これは受領の私的従者や「国ノ兵共」だけでは兵力が不足する時に編成されるもので、大規模な軍事動員の際には主力となるものである。こうした臨時の兵力は、国衙に武器や食料が存在した一〇世紀前半までは国衙自らが組織・動員できたのだが、一一世紀になるとそうしたことができなくなり、地方豪族[45]の私的武力に頼らざるをえなくなるのである。こうした地方豪族の軍勢は、国司の率いる軍そのものではなく、国司とは対等の関係にあるものであった[46]。したがって、国衙が大規模な軍事動員ができるか否かは地方豪族の動向にかかっていた。

延久元年（一〇六九）大和国河俣山に籠った強盗紀為房以下が追討された。この時大将軍検非違使左衛門尉源家宗は大和国から、副将軍前駿河守平維盛は伊勢国飯高郡から兵を進めたが、平維盛が率いた兵員は「随兵三千余人也、於二歩兵一者不レ知二其数一也[47]」とある。維盛は伊勢平氏平正度の子で、少なくとも「随兵三千余人」は、彼が地盤とする伊賀・伊勢国から動員した私的武力とみてよいであろう[48]。

このように、在地勢力の協力が得られれば大規模な軍事動員が可能となるのだが、そうでない場合、国衙は大量の兵士を動かすことができなかった。その一例が前九年の役の際の諸国の対応であろう。源頼義は、天喜五年（一〇五七）九月に東海・東山諸国に兵士徴発と兵粮運納を命じる官符を出すよう政府に申請して認められるのだが、諸国は一二月になっても「諸国兵粮兵士、雖レ有二徴発之名一、無二到来之実一」という状況であった[49]。また、安部貞任等を討つために出羽守となった源斉頼も出兵しなかった。このため頼義は数年間は何もできず、康平五年（一〇六二）になって、ようやく清原氏の援軍を得て安倍貞任等を討つことができたのである。これらのことは、国衙がかつてのように自ら兵力を組織・動員できず、また地方豪族の協力も得られなかった結果であろう[50]。

こうしたことは、九世紀後半に出羽国で起きた元慶の乱の際の諸国の対応と対照的である。先述したように、元慶の乱時には、陸奥国はもとより上野・下野国からも「上野下野両国之軍千六百人、輜重担夫二千余人[51]」が派遣されている。しかし、約二〇〇年後の前九年の役時には「諸国軍兵々粮、頻雖レ賜二官符一、不レ到二彼国一[52]」という状況となっているのである。故に、一一世紀になると地方豪族の私的武力を地方軍制の一環として位置づけることができるとはいえ、その内実はきわめて不安定なものだったのである[53]。

おわりに

本章では、財政史の観点から一〇—一一世紀の地方軍制に考察を加え、一〇世紀前半までは国衙に武器や食料が存在したので、健児と臨時兵力からなる地方軍制が続いたが、一一世紀になると国衙の武器や食料がなくなったため、受領の私的従者と「国ノ兵共」は国衙機構により編成されているが、臨時の兵力は地方豪族の私的武力に頼らざるをえなくなったことを明らかにした。したがって、第一編第三章で得た結論と合わせると、平安時代の地方軍制は、一〇世紀前半までと一一世紀以降との間に大きな違いがあり、それには国衙財政の変容が深く関わっていたのである。

註

（1）戸田芳実「中世成立期の国家と農民」、同「国衙軍制の形成過程」（同『初期中世社会史の研究』、東京大学出版会、一九九一年、初出は一九六八年・一九七〇年）、石井進「中世成立期の軍制」（同『鎌倉武士の実像』、平凡社、一九八七年、初出は一九六九年・一九七一年）。以下、両氏の説に言及する場合は、いずれもこれらの論文によるものとする。

（2）『本朝世紀』天慶二年五月一五日条。

（3）なお、征夷をひかえた延暦一〇年（七九一）三月にも、右大臣以下五位以上の者に甲を造るよう勅が出されている（『続日本紀』延暦一〇年三月丁丑条）。大規模な軍事行動がなされる際の中央諸家への臨時的な軍役負担は、これまでにもみられることである。

（4）川端新氏は『将門記』にみえる移牒について、「「国衙と同等」か、また「公的機関」といえるかどうかは別にしても、この「移牒」の語も玄明や将門の自立的な立場を物語るものということはできる」と慎重な言い方をされている（同「荘園制的文書体系の成立まで―牒・告書・下文―」、同『荘園制成立史の研究』、思文閣出版、二〇〇〇年、初出は一九九八年）。したがって、将門が国衙から自立的な軍事権力であることは間違いないとしても、将門が国司から移牒を送られていたことをもって、「国衙と同等」や「公的機関」とまでいえるかどうかについては問題が残るといわざるをえない。また、戸田芳実氏や高田実氏（同「一〇世紀の社会変革」『講座日本歴史　二』、東京大学出版会、一九七〇年）は、東国の平氏は、九世紀末以来の群党蜂起鎮圧兵力として東国に配置され、その一定の成功にもとづいて辺境軍事貴族の地位を確立したのではないか、とされているが、これも推測の域を出るものではない（森田悌「平安前期東国の軍事問題について」、同『解体期律令政治社会史の研究』、国書刊行会、一九八二年、初出は一九七五年）。

（5）同「平安時代の「国」と「館」―地方における権威をめぐって―」（『城と館を掘る・読む―古代から中世へ―』、山川出版社、一九九四年）。

（6）下向井氏の国衙軍制に関する論文は数多いが、主なものとして、同「王朝国家国衙軍制の成立―延喜の「軍制改革」について―」（『史学研究』一四四、一九七九年）、同「王朝国家国衙軍制の構造と展開」（『史学研究』一五一、一九八一年）、同「押領使・追捕使の諸類型」（『ヒストリア』九四、一九八二年）、同「王朝国家軍制研究の基本的視角―「追捕官符」を中心に―」（『王朝国家国政史の研究』、吉川弘文館、一九八七年）、同「国衙と武士」（『岩波講座日本通史　古代五』、岩波書店、一九九五年）などがある。

（7）髙橋昌明「武士発生論と武の性格・機能をめぐって―諸氏の批判に応える―」（同『武士の成立　武士像の創出』、東京大学出版会、一九九九年）、渕原智幸「古代末期の東北支配と軍事力編成―国衙軍制成立史の一断面―」（同『平安期東北支配の研究』、塙書房、二〇一三年、初出は二〇〇八年）。

（8）下向井氏は、先掲した石井氏の国衙軍制の図式について、「国衙軍の最大限動員された状態を示すもので、いかにして動員したかという軍勢催促の具体的形式とその条件を示すものではなかった」（同「王朝国家国衙軍制の構造と展開」（註（6）前掲論文））とされている。こうした問題意識はきわめて正当かつ的確であるが、実証面ではやや問題があるように思われる。

（9）同「王朝国家国衙軍制の構造と展開」（註（6）前掲論文）。

（10）同「王朝国家国衙軍制の構造と展開」（註（6）前掲論文）。

（11）この他、福田豊彦氏は、天慶の乱以降の地方軍事警察力として、（イ）押領使・追捕使などの官制的武力、（ロ）受領の私的武力、（ハ）地方の武者の三つがあるとした上で、（ハ）の地方の武者をいかに組織するかに地方軍制の重点があった、とされている（同「王朝軍事機構と内乱」、同『中世成立期の軍制と内乱』、吉川弘文館、一九九五年、初出は一九七六年）。また、髙橋昌明氏は、「摂関期においては、まだ国守個人がしたがえる武力の比重が、相対的に大きかったのではないかと思われる」（同註（7）前掲論文）、国衙の軍事力は「国司を中心とし、在地有力豪族が随時協力する形であったと考えている。その際武力の中核として重視すべきは、受領の国内支配の手足となった、都からともなってきた彼の郎等たちで」ある（同「中世成立期における国家・社会と武力」、同註（7）前掲書、初出は一九九八年）、とされている。

（12）石井氏は先掲の図式に関して、「一国の軍事力を結集して出撃した際の、いわば最高の動員形態を表現したものであり、当時の軍事力がつねにこうした形態をとって発動されていたことを示すものではない。たとえば国衙・国司の館や、その他の要地を防備するためには、平常はａ「国司直属軍」やａ′「国ノ兵共」の動員による結番・防備でこと足りたであろう。」とされている。なお、下向井氏も、国内の重犯者追捕は追捕使を指揮官として行われるが、軽犯者は検非違所官人が郡司刀禰を指揮して追捕・勘糺するとされており、考え方に一定の共通点があるといえよう。

（13）軍防令の規定によれば、兵士は各自で弓矢・刀や糒を準備することになっているが、必要最小限のものであり、八世紀の律令軍団兵士制でも状況は同じである。なお、古代の主要戦闘武器は弓矢であったが（近藤好和『弓矢と刀剣』、吉川弘文館、一九九七年）、弓矢は消耗品であり、食料と同様その補給は不可欠であった。

（14）『延喜式』民部省上によると、健児は徭役などが免除され、食料には健児田などからの収入が充てられた。しかし、大規模な軍事動員においては人数的には臨時兵力の占める割合が大きいので、とりわけ臨時兵力を組織・動員する上で武器・食料は不可欠であった。

（15）もちろんこれは二者択一ではなく、その中間にさまざまな形態が想定できることはいうまでもない。また、国衙による武器や食料の準備と兵士の動員とは別個の問題だが、後述する長門国の事例からすれば、少なくとも一〇世紀前半には国衙による兵士の動員は行われていたといえる。なお、国衙が武器や食料を用意できれば、兵士を組織・動員し、その指揮・管理下に置くことができたであろうが、逆に、兵士だけでなく武器や食料も地方豪族に依存したとすれば、国衙の統制下に置くことは不可能であり、石井進氏のいわれる国司から自立した「地方豪族軍」となろう。

（16）同五月五日条に「以二近江国焼亡糒倉・兵庫等代所レ進米千二百石之内一」とあるので、欠字部分は「倉兵庫等」であったとして間違いはないであろう。

（17）長門国は九世紀になっても軍団兵士制が存続し、貞観一一年（八六九）には軍毅と兵士（員数は四〇〇人カ）が分番配置され（『類聚三代格』貞観一一年九月二七日官符）、仁和二年（八八六）には軍毅と主帳に職田が支給されている（『日本三代実録』仁和二年一一月一一日丙戌条）。したがって、長門国ではこのころまで軍団兵士がいた可能性がないわけではない。しかし、仮に軍団兵士制が存続していたとしても、彼らに対する通常の食料支給は「無レ符立用」とはならないはずであるから、何らかの臨時兵力動員がなされていたことは間違いない。

（18）『平安遺文』三―一一六一。

（19）史料には「延長六年」とあるが、これは「天慶六年」の誤りとすべきである（高橋崇「出雲国正税返却帳の基礎的研究」『東北大学教養部文科紀要』九、一九六二年）。

（20）この他、先掲の『九暦』天慶七年三月二日条、同天慶七年五月五日条から近江国には「糒倉」があったことがわかるが、古代の史料ではほとんどの場合は糒＝兵粮なので、近江国でも兵粮が備蓄されていたといえよう。また、出羽国の例であるが、先掲の『本朝世紀』天慶二年七月一八日条に「以二正税穀一充二給軍粮一事」とある。

（21）『扶桑略記』延長七年五月二〇日条。この他、延喜一五年には上野介を殺害した下手人三人が武蔵国で捕えられ（『日本紀略』延喜一五年三月二五日条）、天慶元年五月には橘近保の追捕官符が武蔵国および隣国に出され（『貞信公記』天慶元年五月二三日条）、同年一一月には平将武の追捕官符が伊豆以下の諸国に出されている（『本朝世紀』天慶元年一一月三日条）。

(22) 健児については、『本朝世紀』天慶四年九月一九日条に、藤原純友配下の藤原文元が備前国に来着したことを知らせる馳駅使として健児額田弘則がみえている。また、保安元年（一一二〇）の「摂津国大計帳案」（『平安遺文』補—四四）に健児がみえている。大帳制度の形骸化が一〇世紀後半だとすると、このことも一〇世紀前半に摂津国に健児がいたことの傍証となろう。

(23) 『本朝文粋』巻二天慶三年正月一一日官符、『日本紀略』同日条。

(24) 『続日本紀』天平一二年九月癸丑条。なお、広嗣を討ったのは「進士」の阿部黒麻呂である（同天平一二年一一月丙戌条）。

(25) 『続日本紀』天平宝字八年九月丙午条。同天平神護二年九月己未条には、官軍を助けた近江国の僧らに賜物されたことがみえている。

(26) 『続日本紀』宝亀一一年五月己卯条。なお、同延暦八年六月甲戌条には、「進士」の高田道成らが戦死したとある。

(27) 『貞信公記』天慶三年正月一四日条。『日本紀略』同日条には「任二追捕凶賊使等一」とある。なお、福田豊彦氏は、この時平貞盛、藤原秀郷も掾になったと推定されている（同『平将門の乱』一七〇頁、岩波書店、一九八一年）。

(28) 坂東諸国の国衙機能が麻痺していたことは、川尻秋生氏がすでに指摘されている（同『戦争の日本史四　平将門の乱』一〇一頁、吉川弘文館、二〇〇七年）。なお、上横手雅敬氏は、将門の乱の解決はほとんどを在地勢力に負うているのに対し、純友の乱では中央軍の活躍が著しく、博多津の戦などは古代国家の組織的兵力によってはじめて可能となったとされている（同「平将門の乱」、同『日本中世政治史研究』、塙書房、一九七〇年）。当時の地方軍制においては、純友の乱の鎮圧方法が本来的なものであったといえよう。

(29) 『平安遺文』九—四六〇九。

(30) 田図も無実と破損に分けられているが、後者は「以上件破損文簿、去長□〔徳〕参年正月十一日焼亡无実」とあり、すでに破損していたものが長徳三年の火事により無実となったことがわかる。したがって、器仗の破損も、「已上破損雑具、長徳三年正月十一日焼損不レ中レ用」とあるので、長徳三年の火事で破損したのではなく、すでに破損していたものが同年の火事で焼損して使用不能になったと解すべきである。なお、破損のうちいくつかのものには「不レ中レ用」の注記がないが、それらだけ焼損しなかったとは考えがたく、また「已上破損雑具、長徳三年正月十一日焼損不レ中レ用」と明記されているので、注記漏れとすべきであろう。

(31) 刀剣・甲冑などは、弓矢に比べると無実の割合がやや低い。

(32)『北山抄』巻一〇実録帳事。

(33) たとえば、国分僧寺は金堂とそのなかの仏像は残されているものの、南大門、僧房、築垣などはすでに失われている。また、諸郡の官舎はどの郡においても無実化が進行している（『群馬県史　通史編二』第四章第四節、一九九一年）。

(34) 長徳三年の高麗国牒状問題については、渡邊誠「平安貴族の対外意識と異国牒状問題」（『歴史学研究』八二三、二〇〇七年）で詳しく論じられている。

(35)『朝野群載』の成立は一二世紀だが、「国務条々事」には受領が現地で国務を遂行する際の心得その他が詳細に記されている。受領は一一世紀後期になると現地で国務に当たることは次第に少なくなるので、「国務条々事」は一一世紀半ばまでには成立していたと考えられる。

(36)『政事要略』巻五四交替雑事（器仗戎具）。

(37) 先に引用した「国務条々事」の条文に、「共郡庫院」というやや意味の取りにくい語句がある（生島修平・染井千佳・森公章「『朝野群載』巻二十二「国務条々」校訂文（案）と略註」『白山史学』四六、二〇一〇年、『朝野群載　巻二十二校訂と註釈』、吉川弘文館、二〇一五年では、「共〔并カ〕」、「「并」の誤りか」としている）。クラを表す文字のうち、「兵器および文書を収めるクラには庫の字を用いるのが普通であっ」たとすると（日本思想大系『律令』六七二頁、岩波書店、一九七六年）、あるいは兵庫と関係するものかもしれない。しかし、「庫は、兵器や文書をおさめるクラだけでなく、調・庸の絹・布、その他の雑物・器物をもおさめるクラでもあり」（平野邦雄「クラ（倉・庫・蔵）の研究―大宰府、郡家の発掘調査によせて―」『大宰府古文化論叢』上巻、吉川弘文館、一九八三年）、またこの割書のなかには「祭器」「仏像」「経論」など官舎以外のものもみられるが、武器関係のものはみあたらないことからすれば、その可能性は低いのではないだろうか。

(38) 同様の表現は『日本紀略』永祚元年八月一四日条にもみえる。

(39) 渡辺晃宏「平安時代の不動穀」（『史学雑誌』九八―一二、一九八九年）、拙稿「受領考課制度の変容」（同『受領制の研究』、塙書房、二〇〇四年、初出は一九九七年）。なお、先掲の「国務条々事」に「次巡検諸郡糒塩穀頴」とあるので、穀・頴・糒がすべてなくなったわけではないが、「若有二不動穀一者、依二丈尺一商二勘之一、其動用穀者、簸二棄土石一、以レ実受領」という記述からすれば、それらが多量に残っていたとは考えにくい。

(40)『平安遺文』二―三三九。

(41) 受領が武人である場合は彼の従者をそのまま引き連れたであろうが、そうでない場合は武芸に優れた郎等を臨時に雇い入れたのであろう。この点については、福田豊彦「古代末期の傭兵と傭兵隊長」（同註(11)前掲書、初出は一九八九年）に詳しい。

(42) 石井進註(1)前掲論文。

(43) 寛弘二年（一〇〇五）に、藤原実資は近江国で健児に国符を持たせて下人とともに追捕を行わせている（『小右記』寛弘二年五月一三日条）。また、治安三年（一〇二三）には、但馬国の坪付帳使として健児池田利光がみえている（『小右記』治安三年一〇月二三日条）。このように一一世紀になっても史料には健児の名称がみえているが、このころになると、受領の私的従者が現れるなど国衙内部の軍事力編成のあり方が大きく変わるので、ここでは「国ノ兵共」と称することにする。

(44) 受領の私的従者、在庁官人、「国ノ兵共」などの収入源としては、「国司館田」「在庁名田」（『平安遺文』八―三九九八）、「御館分」（『平安遺文』一〇―補一二）、「御館分田」（『平安遺文』五―二〇五八）などがあった。また、「医心房裏文書」（『加能史料　平安Ⅳ』、一九八九年）の「可注進雑事」にみえる「国佃事」「郷保司佃并得分国人・御館人」「御館分田」もこれらと同様のものであろう。彼らの食料など必要費用は、こうしたところからの収入、さらには受領私富によってまかなわれていたと考えられる。

(45) こうした地方豪族やその子弟が、日常的には「国ノ兵共」として国衙に仕えていた場合も少なくはなかったであろう。ただその場合は、本人と一部の従者だけであったと考えられる。

(46) 石井進註(1)前掲論文。

(47)『太神宮諸雑事記』延久元年七月二〇日条、『扶桑略記』延久元年八月一日条、同延久元年閏一〇月四日条。

(48) この河俣山の強盗追討については、髙橋昌明『清盛以前』（平凡社、一九八四年）、元木泰雄「十一世紀末期の河内源氏」（『後期摂関時代史の研究』、吉川弘文館、一九九〇年）を参照した。なお、髙橋昌明氏は河俣山を飯高郡とされている。

(49)『陸奥話記』、『扶桑略記』天喜五年八月一〇日条、同天喜五年九月二日条、同天喜五年一二月条、同天喜五年一二月二五日条。兵粮が運納されなかったのは、先述したように諸国の国衙に食料がなくなっていたためであろう。

(50) 前年の天喜四年に、頼義が兵を動かすと「坂東猛士」が集まったとあるので（『陸奥話記』）、すべての豪族が非協力であったというわけではない。しかし、それらは頼義と私的関係にある一部の豪族だけで、ほとんどの豪族は官符に応じることはなかったのである。なお、平忠常の乱時にも、東海・東山・北陸諸国に追討官符が出されているが（『小右記』長元二年二月一日条、『日本紀略』同年二月五日条）、諸国がどのように対応したかは明らかでない点が多く、その解明は今後の課題としたい。

(51)『日本三代実録』元慶三年三月二日壬辰条。

(52)『扶桑略記』天喜五年一二月二五日条。

(53) 石井進氏も、『今昔物語集』巻二五―九の説話、すなわち常陸守源頼信が下総国の平忠常を攻撃したという話のなかで、常陸国の豪族平惟基が源頼信に加勢したのは、忠常と惟基が「先祖ノ敵」であったことがその理由であることから、「地方豪族の利害が国司のそれと一致したとき、上に示したような図式（第一節に前掲の図―寺内註）が全体として機能しえたのである」とされている（同註（1）前掲論文）。

第二章　押領使・追捕使関係史料の一考察

はじめに

押領使・追捕使が、平安時代の軍事制度を考察する上で重要なものであることは改めていうまでもないことである。こうしたことから、押領使・追捕使については戦前より研究がなされているが[1]、戦後本格的にそれらについて検討を加えられたのが井上満郎氏[2]と下向井龍彦氏[3]である。

井上満郎氏は、押領使を、第一期：延暦ころから一〇世紀中葉まで、第二期：承平・天慶年間の内乱の時期、第三期：天暦期以降、の三段階に分け、第一期は兵員の統率が主たる任務で多くは国司が任じられていたが、第二期になると在地豪族が任じられて戦闘行為にも携わるようになり、第三期以降は国司兼帯のものがみられる一方で第二期の傾向が定着するとされる。次に、追捕使については、承平・天慶期に成立し、その活動範囲は各道が単位となっていたが、その後補任・行動の範囲は一国単位となって国衙との関係が強くなり、その性格は押領使とほとんど同じになるとされている。

下向井龍彦氏は、押領使を段階別ではなく類型別に把握すべきとされ、名称は同じでも押領使には、（一）軍行押領使、（二）諸陣押領使、（三）運上物押領使、（四）諸国押領使、（五）荘押領使の五つの類型があり、それぞれ性質、役割、成立事情が異なるとされる。また、追捕使については、諸国追捕使は畿内近国を中心に配置され、諸国押領使と同一性格であるが、道単位の追捕使は中央から派遣される追討使のなかに含めるべきで、追討使自体は平安時代を通じて存在しているとされる(4)。

　九―一一世紀の史料にみえる押領使・追捕使にはさまざまな性格のものがあり、私は基本的には下向井氏の理解の仕方が適当と考える。ただ、押領使・追捕使については未解明の点も多く、今後は個々の関係史料をさらに詳細に分析していく必要があろう。本章は、こうした問題関心から押領使・追捕使に関する二つの史料について考察を試みようとするものである。

一　天暦六年の追捕使・押領使

申レ停二追捕使押領使一
越前国司解申請官裁事
　請レ被レ停二止追捕使押領使等一状
右在京雑掌申云々、今件随兵士卒、非二必其人一、或借二威使勢一、横二行所部一、或寄二事有レ犯、脅二略人民一、所部不レ静、還致二愁歎一、望請官裁、被レ停二止件使一、若猶郡司之力不レ及、国宰之勤難レ堪、須下随二事状一申中請件使上、仍録二事状一、謹解。
　　天暦六年三月二日
　同年十一月八日右大臣宣、奉レ勅、依レ請。

これは、『朝野群載』巻二二所収の史料で、天暦六年（九五二）に越前国司が追捕使・押領使等の停止を求めたものである。これまでの研究では、この史料にみえる追捕使・押領使は国単位に置かれたものであり、それらの「随兵士卒」が濫行をなすので、追捕使・押領使の停止を越前国司が要求したのであると解されている。しかし、そのように解釈すると不可解な点がいくつか出てくる。

まず一つめは、停止の対象が「追捕使押領使等」とされていることである。下向井氏が明らかにされたように、一国単位で設置される追捕使・押領使は、前者が畿内近国に多く、後者が東海・東山・山陰・西海の諸道に多いという分布上の特徴はあるが、「一国に同時に両者が併存することはなく、押領使または追捕使が一員だけ補任されていた(5)」のである。したがって、この時越前国に置かれていたのも追捕使か押領使かのどちらかであるはずだが、停止の対象は「追捕使押領使等」となっているのである。さらにいえば、停止の対象が「追捕使押領使等」とされていて、具体的人名がみえないことも不可解である。『朝野群載』などに収載されている諸国追捕使・押領使の設置を求める国解には、必ず追捕使や押領使の人名が記されている(6)。故に、停止を求めるのであれば、その追捕使・押領使の名前が記されていて然るべきであるのに、なぜかここにはそれがみえないのである(7)。

二つめは、本文冒頭に「右在京雑掌申云々」とあることである。雑掌は「雑掌所レ職、専在二公文一(8)」とあるように、財政関係公文を中心に諸司との交渉にあたる者で、地方軍制とは本来関係のない立場である。雑掌の上申内容が省略されているので不明な点も多いが、諸国の追捕使・押領使の停止に、なぜ在京雑掌が関与するのか理解しがたいといわざるをえない(9)。

このように、天暦六年の越前国司解にみえる追捕使・押領使を、国単位に置かれた追捕使・押領使とすると、理解しにくい点がいくつもみられるのである。では、ここの追捕使・押領使をどのように考えればよいかだが、結論を先にいえば、これらは中央政府から群盗や海賊などを追捕するために派遣された追捕使・押領使ではないだろうか。

追捕使が諸国に派遣された例はいくつもみられる。たとえば、承平二年（九三二）、同四年には「追捕海賊使」のことが定められ[10]、天慶三年（九四〇）正月一日には、東海・東山・山陽道の追捕使が任じられている[11]。また、永観二年（九八四）には「東国追捕使」が入京し[12]、寛和元年（九八五）には「追捕左兵衛尉藤原斉明使」が帰参している[13]。

次に、押領使であるが、『将門記』に「海道撃手将軍兼刑部大輔藤原忠舒、下総権少掾平公連、為二押領使一以二四月八日一入部、即尋二撃謀叛之類一」とある。いうまでもなく、藤原忠舒や平公連は平将門を討つために東国に下った者たちであり、ここでは彼らを押領使と称している。また、『貞信公記』天慶三年正月一三日条には「是秀随兵百人、押領使十五人参上状申」とある。この押領使も時期的にみて、将門あるいは瀬戸内海賊追討のため遣わされたものであろう[14]。

天暦六年の越前国司解にみえる追捕使・押領使が、群盗などを追捕するために派遣されたものだったとすると、それらが発遣されると「随兵士卒」の濫行によって「所部不レ静、還致二愁歎一」となることが、追捕使・押領使停止の理由だったことになる。この点については、検非違使の派遣停止を求めた永承五年七月二二日官符所引の[15]和泉国奏状が参考となろう。

太政官符　和泉国司

雑事二箇条

一応レ停三止暴悪不善輩居二住部内一事

（中略）

一応下停レ遣二検非違使一、偏国司令レ勘中糺言上部内盗犯嫌疑人等上事
右、得二同前奏状一偁、謹検二案内一、当国之民、隣境之人、成二其犯一之者、指二同類一之間、不二必実一、或有二阿党一、爰検非違使来向糺捕之間、供給雑事、其煩繁多、人民騒動、悉迷二山野一、実犯之者、同類之輩、若暗レ跡逃脱之時、尋二捕所由者一之所、依二一人之犯一、致二百姓之愁一、国郡之煩、莫レ大二於斯一、望請官裁、給二官符一、停レ遣二検非違使一、偏付二国司一令二追捕勘糺一、但国司有下不レ堪二勘糺一之輩上、別注二事状一、将以言上者、
同宣、奉レ勅、依レ請、但至二于急速之事一者此〔非脱カ〕限者。
以前条事如レ件、国宜二承知、依レ宣行レ之、府〔符〕到奉行。
正四位下行権中将兼伊予介藤原朝臣　正五位下行左大史兼備前介小槻宿禰
永承五年七月廿二日

これによると、検非違使が「盗犯嫌疑人等」を捕らえるために下向すると、「供給雑事」が負担となっただけでなく、追捕活動自体が「百姓之愁」「国郡之煩」となっていたのである。そのため、和泉国司は検非違使の派遣停止を求めたのである。

なお、検非違使は府生以上の官人と看督長以下の雑任からなるが、諸国に派遣された検非違使の例をみると、官人は少数で多くは雑任である。たとえば、万寿二年（一〇二五）に強盗追捕のため大和国に発遣された検非違使の構成は、官人二人、看督長二人、火長四人、従者八人となっている。(16) したがって、追捕活動の主体となり、「百姓之愁」「国郡之煩」とされたのも雑任であったことになろう。

地方に派遣された検非違使の濫行は、寛和二年の備前国鹿田荘をめぐる国司と荘園側との紛争の際にもみられる。この時、検非違使尉藤原為長らは国守や鹿田荘焼亡犯人を勘糺するために遣わされたのだが、(17)「件為長等不

レ勤二其節一、多責二凌人民一、及煩二鹿田御庄一、所二徴取一米及二一千余石一」という事態を引き起こすのである(18)。

諸国の追捕活動ではなく大宰府警固の例であるが、随行者の濫行は九世紀においてもみられる。貞観一一年（八六九）新羅海賊が博多津の貢綿船を襲撃すると、政府は坂上瀧守、ついで藤原房雄を大宰少弐として遣わし警固にあたらせた。そして彼らには「随身近衛」を多数随行させたのだが、藤原房雄の時に彼らの濫行が問題化する。具体的には、「随身近衛、多致二陵暴一、其魁首左近衛采女益継狡猾尤甚、房雄殺レ之、警候不レ厳、民謡間発(19)」となり、房雄はそのため肥後守に左遷されてしまうのである。

なお、中央から派遣された使による濫行といえば、すぐに想起されるのが院宮王臣家の使であろう。「為レ使之人、多率二従類一、追喚之間、酷加二陵轢一(20)」、「諸司諸院諸宮諸家使等、随二身火長各三四人一、或載二注牒中一、或徒然相従、即其所レ行、非法無道(21)」などとあるように、院宮王臣家の使は多くの従者を引き連れ、非法を働くことが多かった。もちろん、検非違使などの官使と院宮王臣家の使を同列に扱うことはできないが、使の権威を背景に従者たちが国内を騒擾させていた点では共通するものがあるように思われる。

以上のように、検非違使など追捕、勘糺、警固のために遣わされた使の従者が濫行をなし、使が逆に諸国の愁となることは当時よくみられたことなのである。

群盗追捕等のために追捕使や押領使が諸国に派遣されていたこと、また検非違使など諸国に遣わされた使の従者の濫行が問題となっていたことなどを述べてきたが、ここで天暦六年の越前国司解の追捕使・押領使が諸国に置かれたものではなく、政府から派遣された追捕使・押領使としてよいかどうかについて改めて考えてみたい。

まず、最初に引用されている在京雑掌の申上だが、諸国の追捕使・押領使だとすると不可解であることは先述した通りである。しかし、京から派遣される追捕使・押領使とすれば理解が可能である。すなわち、在京の雑掌から越前国司に追捕使あるいは押領使が派遣されようとしている旨の連絡があったのであろう。このころ越前国で治安が悪化していたのか、それとも犯罪者が越前国に逃亡したのか、詳細な事情は不明だが、何らかの理由で追捕使・押領使が遣わされようとしていたのであろう。これに対し、越前国では追捕使や押領使が下向すると「随兵士卒」の濫行が予想されるので、その停止を求めたものと思われる。なお、越前国解の最後に「若猶郡司之力不レ及、国宰之勤難レ堪、須下随二事状一申中請件使上」とあるが、検非違使派遣の停止を要請した先の永承五年の和泉国奏状にも「但国司有下不レ堪二勘糺一之輩上、別注二事状一、将以言上」という類似の文言があり、こうしたことも越前国解が追捕使・押領使の派遣停止を求めたものであることの傍証となろう。

次に、停止の対象が「追捕使押領使等」となっていることだが、これもそうした使がこれから派遣されようとしていたとすれば説明ができよう。つまり、具体的にどういう名称の使が出されるのか不明なので、「追捕使押領使等」と記されたのであろう。追捕使・押領使の具体的人名が記されていないことも同様の事情によるものであろう。

これまで、天暦六年の越前国司解の追捕使・押領使は諸国に置かれたものとされてきた。しかし、それは政府から派遣される追捕使・押領使だったと考えられるのである。

二　長保五年の押領使

本節では、次の『権記』長保五年四月二三日条にみえる押領使について検討を加えたい。

詣左府、参内、参東宮、亦参左府、奉越後守為文申停押領使惟風著任後追捕平維良文、光圓申七十天供度告

文、金峯山中奉造三昧堂奉安置釈迦・普賢・文殊文。(22)

これは、長保五年（一〇〇三）に起きた平維良の乱に関係するものであるが、史料の検討に入る前に、この乱の経過を簡単に述べておくことにする。(23)

平維良の乱のことが最初に報告されたのは、下総・武蔵国の解状によってであった。『小記目録』長保五年正月一六日条にみえる「下総・武蔵国司、依二維良兵乱一、言二上解状一事」がそれである。その後『小記目録』同年二月八日条に「被レ定下可レ追二討平維良一使上事」、『百錬抄』同日条に「諸卿定下申下総守義行言上平佐〔維〕良焼二亡府館一掠二虜官物一事上」とあり、平維良は府館の焼亡や官物の掠虜をなしたため、追討使のことが定められた。そして先掲の史料にあるように、この時武蔵守であった藤原惟風が「惟風著任後追捕平維良」とされた。惟風はもと検非違使であり、その経歴が買われて追捕に関わることになったのであろう。『小記目録』同年五月三日条に「追二捕平維良一事」とあり、同九月五日条には「平維良焼二下総国庁一事」とあって、維良は国庁も焼き討ちしたらしい。しかし、惟風のその後の対応は不明瞭で、『権記』長保五年九月五日条には次のように述べられている。

参レ衙、有レ政、参レ内、左大臣被レ定二申惟風朝臣言上平維良所レ犯弁定事一、惟風言上之旨、専非二官府〔符〕之意一、先向二事発所一、弁二定理非一可二言上一、偏以二義行等申状一為レ実、是非レ可レ為二証拠一、次問下上〔凡カ〕総国司及加レ押二署於義行解文一之者等上、依二其紕繆一可レ知二実否一、又受二勘問一者与レ使共不レ可レ署二於日記一、風又焼亡処之事実者、慥注二其数一及二子細一可二言上一也、使解状者〔脱アルカ〕

これによると、惟風は事件の現場に赴くことなく、下総前守宮道義行の言い分をそのまま言上するなど、官符の指示と異なる報告をしていたようである。惟風は事実関係の調査すらまともにしなかったのである。これ以後、惟風の動きは不明である。

なお、平維良はその後復権し、鎮守府将軍に任じられるまでになる。陸奥国から戻り、藤原道長に多くの財物を献上した時の様子を、藤原実資は次のように記している。

　今日将軍維良自二奥州一参上、（中略）件維良初蒙二追捕官符一、不レ経レ幾関二栄爵一、又任二将軍一、財貨之力也、外土狼戻輩弥濫貯二財宝一、企二買官爵一之計歟、悲代也々々。(24)

追捕官符を蒙りながら、財貨の力によって栄爵に関わり、さらには将軍の地位をも得たというのである。なお、平維良が復権できたのは財力だけでなく、平維叙、同維時、同維衡など中央政界に進出していた平貞盛の子孫が摂関家などに働きかけた結果でもあった。

さて、話題を『権記』長保五年四月二三日条に戻すが、この条について野口実氏は、「朝廷では藤原惟風を押領使に任じて維良を追捕させた。維良は越後国に逃走し、これを追跡した惟風と同国内で衝突して騒擾を招いたらしく、同年四月、越後国守為文は自分の着任後には惟風による追討が停止されることを朝廷に申請している。」と解釈されている。なお、維良と越後国の関係については、維良と同一人と考えられる維茂の子孫が「越後国奥山庄を本拠として城氏を称し、源平争乱期に資永が越後守に任じて木曾義仲に対抗したことは周知の通りである。」とされている。しかし、先述したように、官符の指示通りの報告すらしていない惟風が越後国まで出向いて維良を追捕したとは考えにくい。もちろん、惟風が実際に維良を追捕したことを示す史料はない。

一方、川尻秋生氏は、この条を「難解な一文」としつつ「越後守源為文が、押領使藤原惟風の着任後、平維良を追捕することを停止するよう求めるよう申請している」とされ、野口氏とはやや異なる解釈をされている。また、維良（＝維茂）の後裔を称する城氏が越後国に盤踞していたことから、「越後守源為文が関与しているのは、維良が越後国とも密接な関係を有していたからではあるまいか」と述べられている。確かに両氏が指摘されるように、維良の子孫が越後国に勢力を有したことは事実であろう。しかし、この時点で維良が越後国と関係があったことは確認できず、川尻氏のように解釈してみても、なぜ越後守が維良の追捕停止を求めたのかが明確に説明ができないように思われるのである。

このように、『権記』長保五年四月二三日条は「難解な一文」であり、このままでは明解な解釈ができないのである。私は、問題の箇所、すなわち「越後守為文申停押領使惟風著任後追捕平維良文」は、「越後守為文申レ停二押領使一」と「惟風著任後追二捕平維良一文」の二つに分けて解釈すべきではないかと考える。さらにいえば、本来は「押領使」の次に「文」の字があり、「越後守為文申レ停二押領使一文、惟風著任後追二捕平維良一文」だったのではないだろうか。(25)このように考えれば、この一文は理解が容易となり、また越後国と平維良を無理に結びつける必要もなくなる。

まず、前半の「越後守為文申レ停二押領使一」であるが、これは越後守源為文が押領使の停止を求めたものである。ただし、前節で検討したことと同様に、越後守が押領使の派遣停止を求めたものなのか、それとも越後国に置かれていた押領使の停止を求めたもの（新しい押領使に交替させるなどの理由により）かは、この短い一文からだけでは不明とせざるをえない。

次に、後半の「惟風著任後追二捕平維良一文」であるが、受領の場合、「著任（着任）」は新司が任に着くことをいう場合が多い。(26)この時武蔵守藤原惟風は任期四年目である。(27)一方、下総守は宮道義行の任期が長保四年で終わり、長保五年春に新司の藤原為度に交替している。(28)(29)もちろん、この「著任」を、一旦京に戻っていた惟風が帰国するの意に解せなくもないが、他の用例からすれば、やはり「著任」の主語は惟風ではなく為度とするのがより妥当であろう。すなわち、下総国新守為度の着任後に、惟風が為度とともに平維良を追捕するというのがここの意味ではないだろうか。しかし、下総守は八月に源忠良に再び替わっている。おそらく為度は維良の乱による国内混乱を忌避して赴任せず[30]、元検非違使であった忠良が新守となったのであろう[31]。惟風が維良を追捕した形跡がなく、また先掲の『権記』長保五年九月五日条のように官符の指示と異なる報告をしているのは、こうした下総国守をめぐる混乱があるいは関係していたのかもしれない。

以上、本節は、「越後守為文申停押領使惟風著任後追捕平維良文」の内容を二つに分けて解釈してみたものである。もちろん、憶測の域を出るものではないが、一つの試案として提示することにしたい。

おわりに

本章は、押領使・追捕使に関する二つの史料、すなわち『朝野群載』巻二二天暦六年越前国司解の追捕使・押領使と、『権記』長保五年四月二三日条の押領使について考察を加えたものである。いずれもこれまでとは異なる解釈を行う結果となったが、あくまで試論であり、今後も十分な検討を重ねる必要があろう。

註

（1）和田英松「押領使考」（同『国史説苑』、明治書院、一九三九年、初出は一八八八年）、同「追捕使考」（『如蘭社話』巻二七、一八九一年、『国書逸文研究』八、一九八二年に再録）、星野恒「守護地頭考」（『史学会雑誌』二五・二六、一八九一・一八九二年）、谷森饒男『検非違使を中心としたる平安時代の警察状態』（柏書房、一九八〇年、初刊は一九二一年）、竹内理三「在庁官人の武士化」（同『律令制と貴族政権』第Ⅱ部、御茶の水書房、一九五八年、初出は一九三七年）など。

（2）井上満郎「押領使の研究」（同『平安時代軍事制度の研究』、吉川弘文館、一九八〇年、初出は一九六八年）、同「追捕使の研究」（同前書、初出は一九六九年）。

（3）下向井龍彦「押領使・追捕使の諸類型」（『ヒストリア』九四、一九八二年）、同「諸国押領使・追捕使史料集成　付諸国押領使・追捕使について」（『広島大学文学部紀要』四五、一九八六年）。なお、以下では前者を下向井(A)論文、後者を同(B)論文とする。

（4）この他、平安時代中期の押領使・追捕使に関説したものとして、戸田芳実「国衙軍制の形成過程」（同『初期中世社会史の研究』、東京大学出版会、一九九一年、初出は一九七〇年）、福田豊彦「王朝軍事機構と内乱」（同『中世成立期の軍制と内乱』、吉川弘文館、一九九五年、初出は一九七六年）、堀内和明「平安中期検非違使の武力について」（『論究日本古代史』、学生社、一九七九年）、泉谷康夫「平安時代の諸国検断について」（同『日本中世社会成立史の研究』、髙科書店、一九九二年、初出は一九八四年）などがある。最近では、『朝野群載　巻二十二　校訂と註釈』（吉川弘文館、二〇一五年）が関係史料に詳しい校訂と注釈を施しており、有用である。

（5）下向井註(3)前掲(B)論文。

（6）『朝野群載』巻二二天暦六年一一月九日官符、同天暦一〇年六月一三日官符、同寛弘三年四月一一日官符、『類聚符宣抄』正暦三年一〇月二八日官符、同寛弘三年三月九日官符など。

（7）この時点では、越前国には追捕使や押領使が置かれていないため、停止の対象が「追捕使押領使等」とされ、また人名も記されていないと考えられなくもない。しかし、追捕使や押領使が未設置なら設置の申請をしなければいいのであって、あえて停止を求める必要はないであろう。なお、下向井龍彦氏は「追捕使押領使等」とある点について、「押領使・追捕使を具体的に特定しているのではなく、押領使とか追捕使とかいう職を越前では停止したい、という意に解することができるだろう」とされているが（下向井註(3)前掲(B)論文）、「押領使とか追捕使とかいう職」の具体的内容が不明である。

（8）『類聚三代格』寛平三年五月二九日官符。

(9) 泉谷康夫氏も、「この国解で不可解なのは、在京雑掌の申状が引用されている点である」とし、「国解を矛盾なく理解しようとすれば、押領使も在京することがあったと考えなければならない」とされている（同註(4)前掲論文）。泉谷氏のこの見解は、諸国押領使と運上物押領使を同一とする立場によるものだが、下向井龍彦氏のいわれるように両者はやはり区別すべきであり（下向井註(3)前掲(A)論文）、泉谷氏の見解は支持できない。

(10)『貞信公記』承平二年四月二八日条、『日本紀略』承平四年一〇月二一日条。

(11)『貞信公記』天慶三年正月一日条、『日本紀略』同日条。

(12)『小記目録』永観二年四月二八日条。

(13)『小右記』寛和元年三月二七日条。

(14) 下向井龍彦氏はここの押領使一五人を、『日本紀略』天慶三年正月一日条の「任二東海東山山陽道等追捕使以下十五人一」に対応するものとされるが（下向井註(3)前掲(A)論文）、「随兵百人」の次に書かれてあるのがやや気になるところである。

(15)『平安遺文』三―六八二。『権記』長保二年九月四日条にも「近江国申下遣二検非違使一停止上」とあり、近江国から検非違使派遣停止の要請がなされている。

(16)『朝野群載』巻一一万寿二年五月三日宣旨。なお、同巻のこの史料の前にみえる検非違使発遣に関する史料（年月日は不詳だが、一一世紀前半と推定される）でも、構成はほぼ同じである。

(17)『本朝世紀』寛和二年三月四日条によると、この時遣わされたのは「左衛門大尉藤原為長、少志多米国遠、看督一人、火長三人等」であるが、註(16)前掲史料からすれば、この他に多数の従者が随行したものと思われる。

(18)『本朝世紀』寛和二年四月二八日条、同寛和二年六月一九日条、『日本紀略』寛和二年四月二八日条など。なお、万寿二年に、某国守の「愁申事」により検非違使に帰京が命じられている（『朝野群載』巻一一万寿二年某月某日宣旨）。あるいはこれも検非違使が何か問題を起こしたことによる措置かもしれない。

(19)『日本三代実録』元慶四年五月二三日丙子条。

(20)『類聚三代格』延喜五年八月二五日官符。

(21)『類聚三代格』延喜元年一二月二一日官符。

(22)史料纂集『権記』による。

(23)平維良およびその乱については、野口実「平維茂と平維良」（同『中世東国武士団の研究』、高科書店、一九九四年、初出は一九七八年）、川尻秋生「平維良の乱」（同『古代東国史の基礎的研究』、塙書房、二〇〇三年、初出は一九九二年）を参照した。以下で、両氏の説に言及する場合は、いずれもこの論文によるものとする。なお、西岡虎之助「坂東八ヵ国における武士領荘園の発達」（同『荘園史の研究』下巻一、岩波書店、一九五六年）もこの乱に触れている。

(24)『小右記』長和三年二月七日条。

(25)筆写の過程で「文」の字が脱したのではないだろうか。なお、このように考えた場合、左大臣道長には四つの文が奉られたことになる。ところが、四つの文のうち、三つは「某申」という形式であるのに、「惟風著任後追捕平維良文」だけがそうでないことになる。しかし、『権記』の他の事例をみてみると、「参二左府一、奉二維摩会廻文一」（長徳四年九月二四日条）、「入レ夜参二左府一、（中略）又覧二左看督長春延罪名文一」（長保二年一二月二八日条）、「詣二左府一、帰レ宅、奉下先日所二下給一秀才挙周課試勘例文上」（長保三年九月二六日条）、「詣二左大殿御宿所一、（中略）又奉二円教寺三綱等覆勘五大堂文一」（長保三年一〇月三日条）など、奉られた文のすべてが「某申」という形式ではないことがわかるので、特に問題とする必要はないであろう。

(26)『小右記』正暦元年八月三〇日条、同長和三年正月一二日条、『類聚符宣抄』正暦五年一二月二九日官符、『朝野群載』巻二六万寿二年五月三日官符など。

(27)宮崎康充編『国司補任』第四（続群書類従完成会、一九九〇年）によると、長徳二年（九九六）正月に藤原寧親が武蔵守に任じられ、藤原寧親は長保元年に武蔵守、長保二年には前武蔵守とみえている。藤原惟風は長保二年に検非違使新叙で任受領を申請し（『権記』同年正月二二日条）、寛弘二年（一〇〇五）正月には前武蔵守として受領功過定をうけている。また、寛弘元年には平行義が武蔵守としてみえている。こうしたことから、藤原惟風の武蔵守としての任期は、長保二年―五年とすることができよう。

(28) 史料纂集『権記』長保五年四月二六日条によると、底本は「為重」であるが、ここでは校訂に従い「為度」とする。なお、『小右記』長和五年四月二八日条、同寛仁二年閏四月二九日条に某為重がみえるので、「為重」の可能性もある。ちなみに、藤原為度、某為重ともに武官あるいは武人であったことを示す史料はない。武蔵守藤原惟風とともに維良を追捕することになったのは、こうした経歴によるものであろう。

(29)『国司補任』第四（註(27)前掲書）によると、長保元年一二月に宮道義行が、長保五年四月に藤原為度が下総守としてみえるので、宮道義行の任期は長保元―四年であったとすることができよう。

(30)『権記』長保五年九月一日条に「参レ衙、不堪申文日也、（中略）下総国不二言上一、是国司未二下向一之間頻任替歟」とあるので、新司為度は赴任しないまま忠良に交替したようである。

(31)『陸奥話記』には「今年、朝廷雖レ補二新司一、聞二合戦告一、辞退不二赴任一、因レ之更重二任頼義朝臣一、猶令レ遂二征伐一」とあり、陸奥国に新司を任じたものの、合戦のことを聞き辞退して赴任しなかったため、源頼義が重任されたとある。また、長徳三年に大宰府管内に要害警固が命じられた際、対馬守高橋仲堪は「非レ文非レ武、智略又乏」のため、大監平中方を対馬に派遣したいとの大宰府の要請に対し、公卿たちは「令レ尋二先例一、如レ此之時改二任堪能武者一、非レ無二蹤跡一、雖レ然忽被二改任一如何」と定めている（『小右記』長徳三年六月一三日条）。さらに、治安二年（一〇二二）には対馬守紀数遠が赴任しないため、「彼嶋住人数少、亡弊殊甚、敵国之危朝夕怖、被レ任二武芸者一、令レ禦二敵国之兵帥一」との大宰帥の要請により、藤原蔵規が対馬守に任じられている（『小右記』治安二年四月三日条）。このように、軍事的緊張が高まった時には、受領が赴任しなかったり、「堪能武者」「武芸者」が新司に任じられたりしたようである。

第三章　平安時代の武人と武力

はじめに

平安時代の軍事警察力の担い手である武人[1]については、これまで中世武士の成立過程を論ずるなかでとりあげられることが多かった。そして、そこでは代々武人を輩出した氏族、すなわち九―一〇世紀前半においては小野・坂上・紀・大伴氏などの伝統的軍事氏族の人物に、天慶の乱を経た一〇世紀後半から一一世紀にかけては源氏、平氏、秀郷流藤原氏の人物にもっぱら焦点があてられていた。しかし、平安時代の武人にはそうした者たちだけでなく、さまざまな氏族の出身者がいた[2]。本章では、そのようなさまざまな氏族出身の武人をとりあげ、当時の武人のあり方について考えていきたい。

次に、そうした武人の持つ武力について考えていきたい。これまで武人の持つ武力については、一〇世紀後半になると衛府などの公的武力の機能が低下し、次第に武人の私的武力が必要とされるようになるとされてきた。このこと自体に大きな誤りはないが、平安時代における武人の持つ武力、公的武力と私的武力の関係については考察が不十分であったように思われる。以下では、この点についても検討を加えていきたい。

一　九—一〇世紀前半の武人

本節では、九—一〇世紀前半における小野・坂上・紀・大伴氏などの伝統的軍事氏族以外の武人を、藤原氏中心に述べていくことにしたい。

（一）黒麻呂流藤原氏

黒麻呂は藤原南家武智麻呂の孫で、上総介、右中弁、刑部大輔などを歴任して、弘仁元年（八一〇）六月に従四位下で卒している。その男の春継は「従五位上常陸介」とみえるが、晩年は父黒麻呂が設けた上総国藻原庄で起居し、そこで亡くなった[3]。その男良尚は都で武官として活躍し、右近衛権将監、左近衛少将、左近衛権中将を経て、元慶元年（八七七）に従四位上右兵衛督兼相模守で卒した。卒伝には「美㆓姿容㆒、好㆓武芸㆒、膂力過㆑人、甚有㆓膽気㆒」とあるが、これは母が「常陸大目坂上盛女」であり、「幼少のころ東国初期荘園の世界で育ったことと関係があるかもしれない[4]」。

『尊卑分脈』には、良尚の男として菅根、真興、顕相、当幹、真能守の五人がみえるが、子孫が続くのは菅根の系統のみである。菅根は父と異なり文人貴族として立身出世し、文章博士、侍読、蔵人頭を経て、延喜八年（九〇八）に従四位上参議で卒した。父の血を継いだのは真興と当幹で、真興は左衛門権佐、陸奥守、当幹は左衛門尉、左衛門権佐となっている。

菅根の男元方は父と同じく文章得業生、式部大輔を経て天慶二年（九三九）に参議となり、天暦七年（九五三）

に正三位大納言で薨じている。しかし一方で、平将門の乱に際して大将軍の候補となった話、女祐姫の生んだ広平親王が即位できなかったので怨霊となった話なども残されている[5]。

黒麻呂―春継―良尚┬菅根―元方
　　　　　　　　　├真興
　　　　　　　　　├顕相
　　　　　　　　　├当幹
　　　　　　　　　└真能守

（二）百川流藤原氏

藤原式家の百川は光仁天皇擁立の中心人物の一人で、検校兵庫副将軍、左大弁、右兵衛督などを経て参議となり、宝亀一〇年（七七九）に従三位参議中衛大将式部卿で薨じた。百川の男緒嗣は、中衛少将、衛門督、右衛士督、中納言、右大臣などを経て天長九年（八三二）に左大臣となり、承和一〇年（八四三）に七〇歳で薨じた。

百川と緒嗣はともに武官歴はあるものの、特に武人的な様相はみられないが、緒嗣の男家雄は、右近衛少将、左兵衛督の経歴を持つだけでなく、薨卒伝に「兼善㆓歩射㆒」[6]とあり、武芸に秀でていた。また弟の春津も、左近衛将監、右馬頭を経るとともに、「唯馬是好、時々観之」[7]とあり、武人的な人物であったと思われる。

春津の男枝良は、左少弁、修理大夫などを経て、延喜一三年に参議となり、同一七年に従四位上参議で薨じた。なお、『尊卑分脈』には右馬頭の経歴があるが、『公卿補任』にはみえない。

枝良の男忠文は、左馬頭、左衛門権佐、右少将などを経て天慶二年に参議となっている。そして、天慶の乱が起きると、征東大将軍、征西大将軍に任じられる。忠文については、鷹を好んでいた話や馬助であった時に暴れ馬を静めた話なども残されている[8]。

忠文の弟の忠舒も、天慶の乱時に東海道追捕使、さらに兄の忠文が征東大将軍に任じられるとその副将軍となり、将門の死後は「押領使」となって、平公連とともに残敵掃討にあたっている[9]。なお、忠文の男滋望は右衛門権佐を経て陸奥守に、滋望の男相親も左衛門佐になっているが[10]、百川流藤原氏は相親の代で途絶えている。

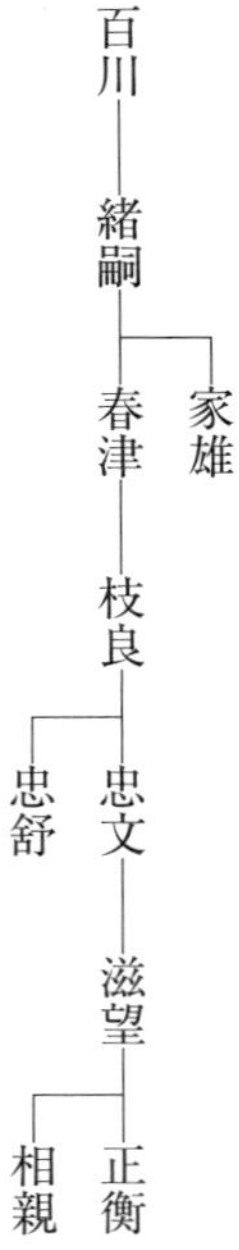

(三)　真作流藤原氏

藤原南家真作の男村田は、弘仁七年に従五位下に叙せられ、天長四年に肥後守となっている。村田の経歴等の詳細は不明だが、注意されるのは『尊卑分脈』に村田の母が「常陸那賀郡人」と記されていることである。以下にみるように、村田の子孫には武人が多く出ており、先述した黒麻呂流藤原氏の良尚と同様、あるいは村田も武人的な人物だったのかもしれない。

村田の男富士麻呂は、近衛権将監、近衛少将、近衛中将を経て陸奥出羽按察使となっている。卒伝には「天性温雅、兼使㆓弓馬㆒」、「久在㆓宿衛㆒、能得㆓士卒之歓心㆒、天皇謂有㆓将帥之才㆒」とあり、承和の変事には「勇敢近衛等」を率いて伴健岑・橘逸勢の私盧を囲み、その身を捕らえている[11]。

富士麻呂の同母兄弟の達良麻呂の経歴等は不明だが、その男が房雄である。房雄は、新羅との緊張が高まっていた元慶二年に警固のため大宰府に遣わされた。しかし、「随身近衛、多致二陵暴一」したため、その首領采女益継を殺し、それにより肥後国に左遷される(12)。

村田のもう一人の男興世は、右衛門権佐を経て陸奥守となり、その後いくつかの国の国守をつとめ、元慶元年には出羽守としてみえている。その翌年に起きたのが元慶の乱であり、興世は政府から派遣された藤原保則らが到着するまで指揮にあたった。

興世の男滋実は、元慶の乱時左馬允の地位にあったが、父に従って出羽に在国しており、元慶二年七月に雄勝城に派遣されている。その後右近衛少将で検非違使となり、延喜元年に陸奥守で卒している。「昌泰元年歳次戊午十月廿日競狩記(13)」には、宇多上皇の片野鷹狩の際に番子となったが、乗馬が倒れたため「武勇之名」を墜とすを慙じたとある。

滋実の男良風は、春宮帯刀、右衛門尉などを経て、延長四年（九二六）に出羽城介になっている。興世のもう一人の男房守は、貞観一四年（八七二）藤原良房が薨じた時に近衛・兵衛を率いて右馬寮の監護にあたっている。

真作の男百城、その男安城の経歴の詳細は不明だが、安城の男統行は元慶二年に出羽権介となった。そして、元慶の乱では秋田城で敵と戦って敗れ、その男は戦死している。戦後は出羽国府を守衛する兵力の統率にあたった。なお、『尊卑分脈』には統行の母は「陸奥人」とある。

真作の男三成は、特に武官歴はみえないが、その男岳雄は承和の変時は左衛門権佐の地位にあり、近衛を率いて大納言藤原愛発らを召喚している。また、承和一〇年に文室宮田麻呂の謀反が発覚した際には、宮田麻呂を推問している。

岳雄の男正範は、左馬允、右衛門大尉を経て上総介となり、元慶七年に起きた俘囚の反乱を鎮圧している。同じく岳雄の男有式は、元慶の乱時出羽国権掾で、乱後雄勝城司となっている。

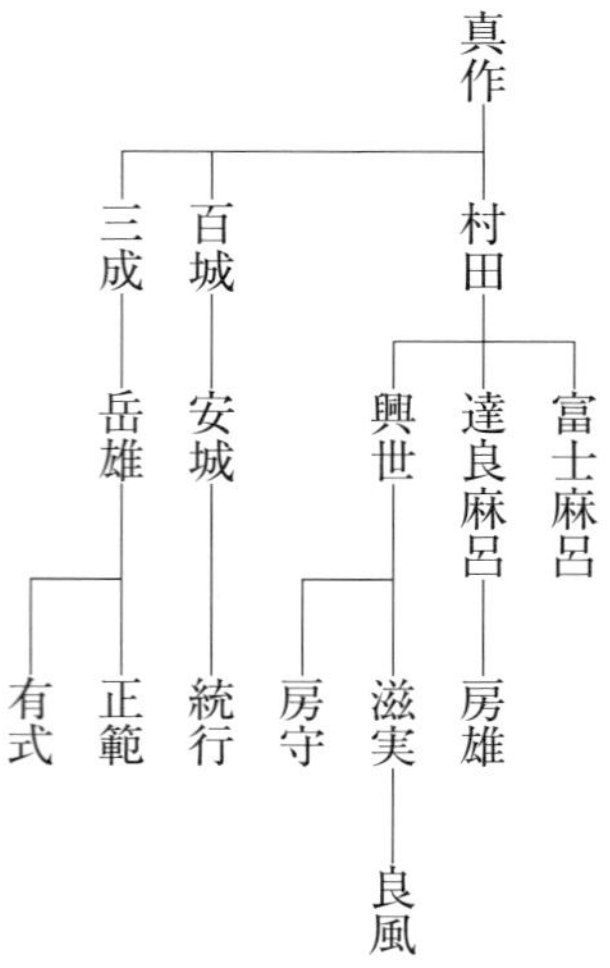

（四）魚名流藤原氏

藤原北家魚名の男真鷲は、蝦夷征討をひかえた延暦一〇年（七九一）に、「簡㆓閲軍士㆒、兼検㆓戎具㆒」[14]のため東山道に遣わされている。なお、この時東海道に遣わされたのは、後に征夷副使となった百済王俊哲、征夷大将軍となった坂上田村麻呂である。

魚名の男鷹取は、左兵衛督になった以外は特段の武官歴等はないが、その男真雄は、近衛少将から左馬頭となり、「勇力過㆑人、頻有㆓武芸㆒」「身帯㆓弓剣㆒、常侍㆓朱鉤㆒」[15]とされている。

魚名の男鷲取、鷲取の男藤嗣は、藤嗣が右近衛中将、右衛門督となった程度であるが、藤嗣の男高房は「身長六尺、膂力過レ人、甚有二意気一、不レ拘二細忌一」という人物であった。高房が美濃国司になると、「発二擿奸伏一、境無二盗賊一」であり、妖巫がいると「高房単騎入部、追二捕其類一」したとされている。[16]

高房の男で唯一公卿になったのが山蔭だが、山蔭には特に武官歴等はない。山蔭の男のうち言行も左近衛少将とみえる程度だが、その男惟条は承平三年（九三三）に朱雀院秩父牧別当となり、天慶二年には上野権介となって群盗追捕が命じられている。また、山蔭の男兼三は陸奥守、その男国幹は天慶の乱時に征夷副将軍となっている。高房のもう一人の男時長は特に武官歴はみえないが、その男が鎮守府将軍藤原利仁である。

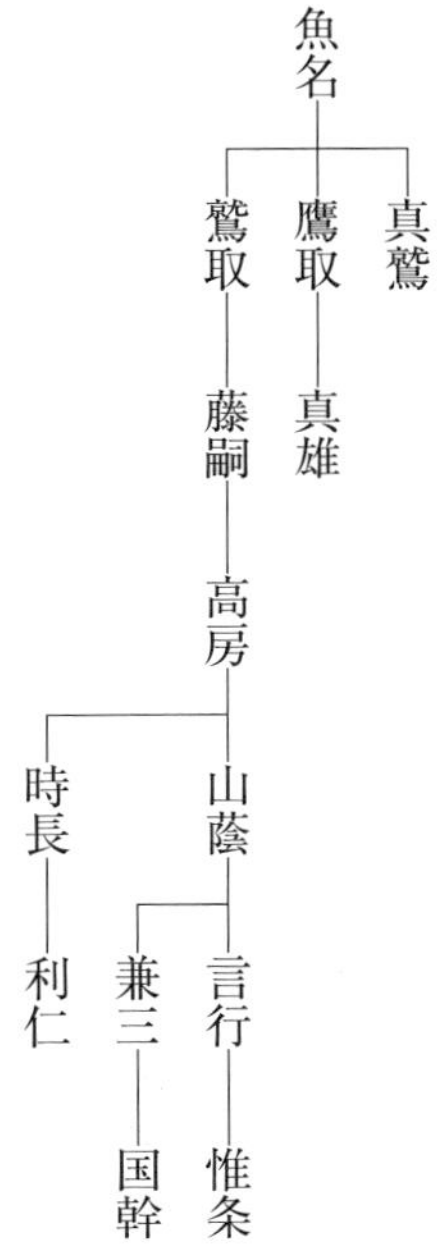

（五）内麻呂流藤原氏

藤原北家の内麻呂は、弘仁三年に右大臣で薨じた官僚政治家であるが、その男長岡と大津は武人であった。長岡は左兵衛少尉、右衛門佐、右馬頭などの武官を歴任し、卒伝には「最長二武芸一、五箇年間、供二歩騎両射之節一、無レ有二過差一」とある。[17]なお、「坂上系図」には長岡の母は坂上苅田麻呂の女とある。[18]大津は、右近衛将監、左馬助、陸奥守、左衛門佐などを歴任し、承和の変時には神祇大副であったが、遣わされて宇治橋の警固にあたっている。卒伝には「大津身長短小、而意気難レ奪、尤善二歩射一、頗超二等輩一」とある。[19]

内麻呂—┬—長岡
　　　　└—大津

この他には、大同二年（八〇七）に巨勢野足とともに兵一四〇人を率いて伊予親王第を囲み、卒伝に「乏レ文堪レ武、性好レ犬[20]」とある安倍兄雄、「頗善二騎射一、軽捷如レ飛、夜追二捕偸児一、還為レ傷レ胸、明日尋逐、捕二賊山真山一[21]」とされた安倍氏主、近衛将監、出羽権介などを経て、出羽守、鎮守府将軍となり、貞観一四年九月に藤原良房が薨じ「諸衛陣兵戒厳[22]」の時に左馬寮を監した安倍比高、陸奥守の時に援兵一〇〇〇人を調発し、承和の変時には諸兵を率いて内裏を警護した良岑木連、「不レ解二文書一、好在二鷹犬一、年至二八十一、漁猟無レ息[23]」とされた橘百枝、承和の変時に諸衛府を率いて兵庫を警護し、文室宮田麻呂の謀反が発覚した際には、宮田麻呂宅を捜査した清滝河根、承和の変時に大原道を警護、武蔵守の時に「所部曠遠、盗賊充レ阡、門成下レ車、未レ幾、風俗粛清、奸猾斂レ手[24]」とされた丹比門成などがいる。

このように九—一〇世紀前半には、伝統的軍事氏族だけでなく、藤原氏のいくつかの門流やその他の氏族も多くの武人を輩出していた。藤原氏の門流の場合は、父祖が必ずしも武人ではないが、その門流から比較的多くの武人が出ているのが特徴である。九—一〇世紀前半の軍事警察は、こうしたさまざまな武人たちによって担われていたのである。

ただ、一〇世紀後半になると、黒麻呂流藤原氏を除けば、伝統的軍事氏族とともに、これら武人の多くは姿を消してしまう。これは一〇世紀以降伝統的古代貴族が衰退し、藤原氏にあっても北家忠平流の摂関家とそれに関係する家系以外は勢力を失うという貴族社会全体の動きによるものであろう[25]。

二　一〇世紀後半―一一世紀に活躍した源氏・平氏以外の武人

本節では、一〇世紀後半―一一世紀に活躍した源氏・平氏以外の武人についてみていくことにする。

(六) 藤原保昌

藤原保昌は黒麻呂流藤原氏で、祖父が元方、父が致忠である。致忠は備後守、右衛門権佐、陸奥守を経て右馬権頭となるが、長保元年(九九九)に美濃国で前相模介橘輔政の子と郎等を殺害したことにより、佐渡国に流されている。

保昌は日向・肥後・大和・丹後・摂津国の受領、左馬権頭をつとめ、藤原道長の家司、藤原実資の家人でもあった。保昌は武人として著名であり、『尊卑分脈』に「勇士武略之長」とあり、『今昔物語集』には「露家ノ兵ニモ不劣トシテ心太ク、手聞キ、強力ニシテ、思量ノ有ル事モ微妙ナレバ、公モ此ノ人ヲ兵ノ道ニ被仕ルニ、聊心モト無キ事無キ」(二五―七)、「兵ノ家ニテ非ズト云ヘドモ、心猛クシテ弓箭ノ道ニ達レリ」[26](一九―七)とみえている。また、『二中歴』第一三には「武者」として名前があげられ、『十訓抄』三―一一には源頼信、平維衡、平致頼とともに「世に勝れたる四人の武士」とされている。最初の大和守の任期を終えた寛仁元年(一〇一七)には、郎等の清原致信が「乗馬兵七八騎、歩者十余人許」に殺害されるという事件が起きる[27]。これは源頼親が命じたもので、頼親の従者当麻為頼が殺されたことの報復であった。殺害されたのが大和の在地豪族と考えられる当麻為頼で、源頼親も以前に大和守をつとめているので、大和国をめぐって保昌と頼親が対立していたのであろう。また長和二年（一〇一三）には従者を殺害し、長元七年（一〇三四）には従者が犬を殺したため内裏に死穢が発生した。

なお、大江匡衡を傷つけて検非違使に追われ、近江国で惟文王によって射殺された藤原斉明、『宇治拾遺物語』など多くの説話集に盗賊としてみえ、「強盗張本、本朝第一武略」（『尊卑分脈』）とされた藤原保輔は兄弟である（本書第四編第四章参照）。また、致忠の女は源満仲の妻となり、その間に生まれたのが頼信である。『尊卑分脈』によると、保昌には僧侶となった男と女がいるだけで、系統はそこで途絶えている。

元方――致忠┬保昌
　　　　　　├斉明
　　　　　　└保輔

（七）源忠良

源忠良は文徳源氏である。その父仲連は右衛門尉、祖父当季は左近衛少将とみえるが、その他の経歴等は不詳である。源忠良は、寛和元年（九八五）に検非違使として藤原斉明・保輔の追捕にあたった。その際、保輔郎等の自白により、忠良の「因縁」である平維時の殺害計画が明らかになった[28]。忠良と平維時は「因縁」、すなわち何らかの婚姻関係にあったらしい。

正暦三年（九九二）七月、阿波国で海賊が蜂起し、国守藤原嘉時が虜掠された。この時追討使となったのが源忠良である。忠良は海賊追討に成功し、一一月には海賊首一六人を斬り、降人二〇余人を獄に下した。この功により忠良は嘉時に替わって阿波守に任じられた。

長保五年正月、下総国で平維良が府館を焼亡させるという事件が起きた。政府は武蔵国守藤原惟風に維良の追討を命じたが、惟風は事実関係の調査すらまともに行わず、この事件はうやむやのうちに終わり、維良はその後復権していく。[29] 長保五年の下総国は国守交替の年で、任期を終えた宮道義行に替わって藤原為度が新守に任じられた。しかし、為度は国内の混乱を忌避して赴任せず、新たに下総国守に任じられたのが忠良である。忠良が新司とされたのは、武人である彼に混乱の収拾を期待してのことであろう。また、この事件がうやむやに処理されたのは、平維叙、同維時、同維衡など中央政界に進出していた平貞盛の子孫が摂関家などに働きかけたことが大きく関わっていたと推測されるが、そうすると忠良と平維時が「因縁」であったこともあるいは配慮されたのかもしれない。

忠良の従兄弟には検非違使となった者もいるが、代々武人を輩出した家系では決してない。なお、『尊卑分脈』によると忠良には子や兄弟はいない。

当季――仲連――忠良

（八）藤原惟風

藤原惟風は長良流藤原氏で、祖父忠幹には特に武官歴はないが、父文信は『尊卑分脈』によると鎮守府将軍・右馬権頭である。文信は天元四年（九八一）一〇月筑後守になっている。永祚元年（九八九）、文信は金峰山からの帰途敵に襲われる。犯人は「鎮西」で文信のために父母兄弟姉妹を殺され、その復讐のために襲ったのであった。[30] また、『小記目録』永延二年正月九日条に「筑後守文信濫行事」とみえるが、詳細は不明である。このように、文信は武人的な人物だったようである。

惟風は寛和元年二月に右衛門尉とみえ、永祚元年正月に検非違使となっている。同年四月に先述した父文信の襲撃犯人を受け取り、その左右手指を切って足を折り、一一月には大原野祭での濫行を取り締まっている。長保二年正月、検非違使巡により武蔵守となる。任期四年目の長保五年、隣国の下総国で平維良の府館焼き討ち事件が起き、惟風に維良の追捕が命じられる。しかし、先述したように惟風は十分な調査をせず、事件はうやむやのうちに終わってしまった。

寛弘七年（一〇一〇）、惟風は備前守に任じられる。この年、前出羽介源信親が射られるという事件が起き、その犯人平季忠を惟風が捕進した。共犯者と思われる季久が病のため国に留め置かれ、褒賞は季久を進めてからとされているので、備前国に逃亡した犯人を惟風が捕らえたのであろう(31)。

惟風の男惟佐は帯刀長を経て検非違使になっているが、治安元年（一〇二一）には、殺害犯左衛門尉平致経の関係者として検非違使の取り調べをうけている。もう一人の男惟兼は中宮侍長で、長和二年に殺人事件を起こしている。この二人は惟風や文信の血を引いているが、系統は途絶えている。惟風の跡を継いだのは惟経である。ただし、惟経の系統からはその後武人は出ていない。なお、惟風は清和源氏と姻戚関係を結んでおり、その女は源満仲男の頼平の室となっている。また、『尊卑分脈』によると、惟風弟惟忠の男則経は源頼信の郎従で、頼信の命により藤原公則の養子となった。

忠幹―文信―┬惟風―┬惟佐
　　　　　　│　　　├惟兼
　　　　　　│　　　└惟経
　　　　　　└惟忠―則経

（九）橘則光

橘則光は橘広相の子孫で、父敏政、祖父好古は特に武人としてはみえない。則光は花山天皇の乳母子で、検非違使を経て、土佐守、陸奥守となっている。

則光の剛勇については、斉信宅の牧童を追いかけて同家に乱入した狂悪法師を、たまたま居合わせた則光が取り押さえたことが『権記』長徳四年一一月八日条にみえている。[32] また則光が深夜に盗賊を打ち倒した話があり、そこでは「兵ノ家ニ非ネドモ、心極テ太クテ思量賢ク、身ノ力ナドゾ極テ強カリケル」と評されている。[33]

一族の同世代には武人が多い。則光男の季通は、『今昔物語集』二三―一六に「思量リ賢ク力ナドゾ極ク強カリケル」とある。則光の兄弟行平は因幡守在任時に介因幡千兼を殺害し、従兄弟惟頼（輔政男）とその従者は長保元年に藤原致忠に殺されている。惟頼の兄弟惟通の男好則は、陸奥国での平維茂と藤原諸任の死闘を描いた説話に「長武者」として登場している。[34] ただ、世代が下ると武人的な人物はみえなくなる。なお、則光の女は郎等を殺して非難された藤原範基の妻となっている。また、山城国乙訓郡富坂庄は橘則光の私領であった。[35]

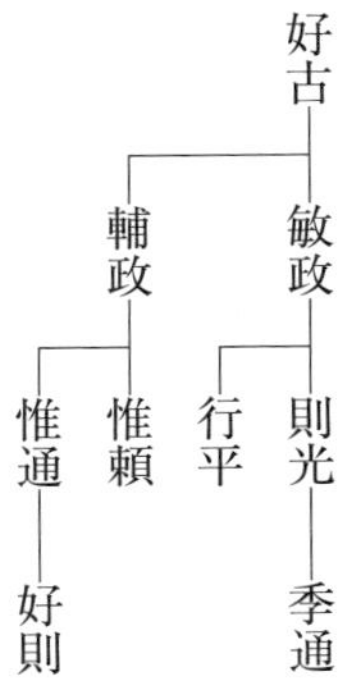

（一〇）菅原董宣

菅原董宣（忠信）[36]は菅原道真の曽孫にあたり、父雅規は文章生を経て藤原実頼の侍読となっている。兄弟の資忠、叔父の文時はともに文章博士・大学頭である。このように董宣の家系は文人で占められているが、董宣のみは武人であった。長徳二年（九九六）に長徳の変（藤原伊周・隆家左遷事件）が起きた時、「精兵」が隠し置かれているとの疑いで伊周家司の董宣宅を検非違使が捜索し、八人の郎等を捕らえ、弓矢を押収した[37]。

これより先、天元四年に董宣は筑前守となった。その時の様子は、『天満宮託宣記』永観二年六月二九日戊申に「抑当土大災是兵乱也、此事只忠信朝臣之所レ為、仰二出敵人一、常為二彼人一致二忿怒詞一、又発二国中兵士一、多令レ成二公損一、毎レ聞二此由一、隣国又々不レ静、依二一国乱一成二他境謗一、各所二謀計一、已似二謀反一、府官可二諷諫一也、若不レ随二制止一、早可二言上一也、忠信朝臣館中所レ集之凶党群、不レ可二勝計一、件不善輩所行云々」とみえている。詳細は不明だが、筑前守の時にも多くの「凶党」を集め、兵乱を起こしていたらしい。

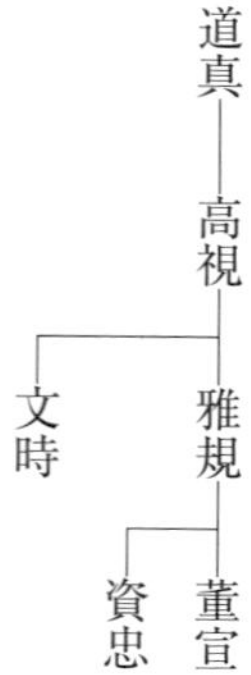

一〇世紀後半―一一世紀に武人として活躍した五人についてみてきたが、黒麻呂流藤原氏の藤原保昌を除けば、いずれも代々武人を輩出した家系ではない。そして、源忠良、藤原保昌、菅原董宣はその代で、残りの二人も数代後には武人はみえなくなっている。また、彼らはいずれも受領となっており、権力者と近い関係の者も多い。藤原保昌は藤原道長の家司でかつ藤原実資の家人、菅原董宣は藤原伊周家司、橘則光は藤原斉信の家司的人物であり、藤原惟風も敦成親王家別当、中宮（妍子）亮になっていて道長に近い人物であった。さらに、これら武人たちと源氏・平氏とは複雑な婚姻関係を結んでいる。源忠良と平維時は「因縁」の関係にあり、藤原惟風の女は源満仲男の頼平の室、藤原保昌の姉妹は源満仲の室であった。彼らは婚姻関係などによって相互に結びつきつつ

も、その一方で激しく競い合いながら当時の軍事警察を担っていたのである。(38)

三　平安時代の武人と私的武力

九世紀の平安京における日常的な治安維持、群盗が横行した時の大規模な捜索活動（大索・捜盗）や夜間巡回（夜行）には検非違使や衛府・馬寮があたっていた。(39) また、承和の変などの政変や天皇・上皇の薨去の際に、内裏などの警備にあたったのも衛府の舎人（近衛・兵衛）たちであった。たとえば、承和七年（八四〇）には、群盗横行のため六衛府を分遣して京中の盗賊を捜捕させ、天安元年（八五七）には、左右近衛・左右兵衛・検非違使・左右馬寮を京南に遣わして群盗を捕らえさせている。(40) 承和の変の際には、藤原富士麻呂らが勇敢近衛等を率いて逸勢を捕縛し、藤原良相が近衛四〇人を率いて皇太子直曹を囲んでいる。(41)『延喜式』によると、近衛府には近衛が左右各六〇〇人、兵衛府には兵衛が左右各四〇〇人、衛門府には衛士が左右各六〇〇人おり、これらが中央軍事警察力を構成していた。

こうした衛府や馬寮の官人となり、舎人たちを率いたのが先述した武人たちである。なお、承和の変時に左中弁良岑木連が諸兵を率いて内裏を警護し、少納言清滝河根が諸衛府を率いて兵庫を警衛したように、(42) 危急時には武官だけでなく非武官の武人も官職に関わりなく動員されていた。(43)

このように九世紀の中央軍事警察力は、武人が率いる近衛や兵衛などの公的武力によって担われていたのだが、このことは武人たちが私的武力を有しなかったことを意味するわけではない。当時の武人には一定の所領と従者を持つ者が多くいた。(44) 藤原長岡は大和守の任期を終えた後に宇智郡の「山家」に隠居し、橘百枝は「家在二大和国山辺郡一」とあり、「頒使二鷹犬一、以為二養痾之資一」とされた百済王勝義は「閑二居河内国讃良郡山畔一」とある。[45]また、当然のことながら、武人の従者には「弓馬の士」が多くいた。武人は鷹狩や狩猟を好んだのだが、国司や諸人の鷹狩を禁じた官符には、従者である「猟徒」が「縦二横部内一、強二取民馬一、乗騎駆馳」[46]とあり、戸田芳実氏はこの「猟徒」を「弓馬の士」としている。[47]また、狩猟の際に従者たちは「悉着二武装一、帯二弓矢一」[48]びていた。先の薨卒伝には、橘百枝、百済王勝義は鷹狩や狩猟を好んでいたとあり、彼らにはこうした「弓馬の士」が従っていたのである。

このことは、当時の武人は規模は小さいであろうが、私的な武力を有していたことを意味する。左大臣源信は、対立する大納言伴善男によって左大臣家に仕えていた家人清原春瀧、左馬少属土師忠道、左衛門府生日下部遠藤を遠ざけられるのだが、彼らはいずれも「便二於拠レ鞍引一レ弓者」[49]であった。これは伴善男が清原春瀧らの持つ武力を恐れたためであり、彼ら武人たちの保持する私的武力が無視できないものであったことを示している。清原春瀧らは下級官人であるから、先述した四・五位クラスの武人たちはそれらを上まわる私的武力を有していたとすることができよう。[50]ただし、先述したように、九世紀には都城の警備や盗賊追捕などには衛府・馬寮といった公的な武力が用いられていた。武人たちは私的武力を持ってはいたが、それが中央軍事警察力として使われることはなかった。

一〇世紀も半ばになると、中央軍事警察の中心であった衛府の機能が低下する。天暦二年（九四八）に群盗が宮城に入った際に欠番していた諸陣官人が、永祚元年（九八九）、正暦四年（九九三）には宿直を怠った諸衛官人が解任されている。[51]また、寛弘七年（一〇一〇）に宿直を懈怠した諸陣官人を奏上させ、長和四年（一〇一五）には諸衛官人が三度以上宿直を怠れば重勘に処すなど、こうした衛府の宿直・警備の怠慢がたびたび問題となる。[52]

一方、大粮米は衛府の重要な財源であったが、次第に納入されなくなり、天延三年（九七五）には六衛府の官人が大粮米の下行を求めて愁訴を行い、長元九年（一〇三六）にも「諸衛諸司等大粮不㆑弁」が「愁申」されている。[53]このように一〇世紀半ば以降、衛府は人的にも物的にも弱体化していくのである。[54]

こうしたなかで、大規模な盗賊捜索や政変時の警備に武人が動員されるようになる。『西宮記』巻一二捜盗事に「諸司官人堪㆓武芸㆒者」を催すとあり、『北山抄』巻四大索事には盗賊捜索に衛府・馬寮の官人や舎人とともに「諸司官人堪㆓武芸㆒者」を加えるとある。[55]正暦五年の捜盗時には、「武勇人」「武者」として源満政・源頼親・源頼信・平維時らが召されている。[56]また、安和の変、長徳の変時にも武人が鳥曹司へ集められ、[57]『栄花物語』巻五には後者の際に源頼光・源頼親・平維叙・平維時らが陣にひかえていたとある。この他、天延元年に強盗が源満仲宅を襲った時には「堪㆓武芸㆒之輩」を陣頭に召し、貞元元年（九七六）の捜盗時には「諸衛佐已下舎人已上」を「本陣」に、「堪㆓武勇㆒五位已下」を「局辺」に候させ、永祚元年に起きた殺人事件の際には検非違使と「武芸人」等が追捕に遣わされている。[58]

そして武人だけでなく、『栄花物語』巻五に「おのおのつはものどもを数知らず多く候ふ」とあるように、武人の従者たちも多く動員されていた。つまり、武人の持つ私的武力が用いられるようになったのである。先述したように、九世紀においても危急時には非武官の武人が官職に関わりなく動員されていたが、率いるのは近衛や兵衛などの公的武力であり、彼らが持つ私的武力が使われることはなかった。しかし、一〇世紀半ば以降は、衛府の機能低下により、武人だけでなくその私的武力も用いられるようになるのである。

ただ、武人たちの役割が臨時的・補助的なものだった点には注意する必要がある。『北山抄』巻四大索事によると、盗賊捜索の中心はあくまで衛府・馬寮の官人や舎人であり、「諸司官人堪㆓武芸㆒者」については「召加」

えられただけである。たとえば、天暦二年（九四八）、応和元年（九六一）の捜盗で命をうけたのは「諸衛官人」「諸衛馬寮等」「諸衛馬寮兵庫等官人」だけであり[59]、武人の招集はあくまで臨時的なものであった。また、盗賊捜索は左右京だけでなく周辺の山々に及ぶことがあり、『北山抄』巻四大索事には京中の捜索後に周辺の山々を踏索するとあるが、正暦五年の捜盗時に衛府・馬寮が担当したのが左右京であるのに対し、「武勇人」「武者」は山々であり、盗賊捜索の主体が衛府や馬寮であったことがわかる[60]。さらに、大索・捜盗は数年に一度行われるだけであり、それも一一世紀になると途絶する。夜行は一一世紀も続くが、担当していたのは検非違使、衛府、馬寮であり、武人はみえない。したがって、武人の保有する私的な武力が盗賊捜索や内裏警備などに使われるようになったこと自体は重要なことだが、この段階ではまだ臨時的・補助的なものに留まっていたのである。

武人の私的な武力が政府にとって不可欠なものとなるのは、次の院政期になってからのことである。院政期になると大寺社による強訴が相次ぎ、京内警備等での武人の動員回数が増え、率いる郎等たちの数も多くなり、武人の私的武力への依存度が高まることは周知の通りである。そうすると、長暦三年（一〇三九）の延暦寺僧徒による強訴はその最初期のものといえよう。これは、天台座主の任命をめぐり関白藤原頼通の高倉第に押し寄せた延暦寺僧徒「三千余人」を、頼通が能登守平直方に命じて防がせ、「官兵衆徒、死傷両多」となったものである[61]。平直方は、頼通の推薦で検非違使になるなど頼通側近の武人であるが[62]、「三千余人」の僧徒を防禦するためには多数の郎等が動員されたものと思われる。一一世紀前半においてはこうした事例はこれのみだが、院政期になると増加し、武人の私的武力の利用が日常化していくのである。

おわりに

第一節、第二節では、これまであまり注目されなかった伝統的軍事氏族および源氏・平氏以外の武人について述べてきた。武芸に練達した武人になるためには世襲が必要のように思われるが、当時は必ずしもそうではなく、多様な出自の武人が存在していた。ただ、そうした武人の家系においては、武人の輩出は短い世代で終わる場合が多かったようである。もっとも、坂上氏・紀氏などの伝統的軍事氏族も一〇世紀後半までは続かず、源氏・平氏も一〇世紀後半―一一世紀前半にあっては多くいる武人の一部であった。一一世紀後半以降は源氏・平氏が多くを占めるようになるが、それまでの武人の存在形態は多様的・流動的な側面を有していたのである。

第三節では、武人の持つ私的武力について述べた。平安時代の武人たちは私的武力を保持していたが、九―一〇世紀前半においては、都城の警備や盗賊追捕などにそうした私的武力が使われることはなかった。一〇世紀後半になると、衛府の機能低下により武人の持つ私的武力が盗賊捜索や内裏警備などに使われるようになるが、あくまで臨時的・補助的なものであった。このため、武人の武的性格が表面化することは少なく、一般貴族との違いはあまりなかった。この点が次の院政期との相違である。つまり、院政期になると京の軍事的緊張が高まる一方で衛府の軍事警察機能が失われていく。このため武人たちの京内警備等での動員回数が増え、率いる郎等たちの数も多くなり、その私的武力への依存度が高まる。その結果日常的にその武的性格が現れ、彼らは武士として貴族と区別される存在となる[63]。また、先述した藤原保昌以下の武人が姿を消し、源氏・平氏にほぼ限られるようになる。したがって、軍事や武芸を専門業として世襲し、警備や追捕等をその私的武力によって中心的に担い、一般貴族と識別される存在を武士とするならば、その京における成立は院政期であったとすべきであろう。

註

（1）九―一一世紀における軍事・武芸に秀でた者の呼称は、「武芸者」「武勇人」「武者」「武士」などさまざまだが、中世の武士と区別するため、ここではそうした者を武人と呼ぶことにする。なお、以下では、主に四位・五位クラスの武人を考察対象とする。

（2）福田豊彦氏、野口実氏は、藤原保昌、源忠良、藤原惟風らは源氏・平氏と同様「都の武者の家柄」であり、また「十一世紀初頭の頃まで武家は流動的側面をもっていた」とされるが、とりあげられているのは黒麻呂流藤原氏のみであり、それ以外の武人についての詳しい考察はなされていない（福田豊彦「王朝軍事機構と内乱」、同『中世成立期の軍制と内乱』、吉川弘文館、一九九五年、初出は一九七六年、野口実「南家黒麻呂流藤原氏の上総留住と「兵家」化」『政治経済史学』三六三、一九九六年）。

（3）『尊卑分脈』、「藤原良尚藤子菅根等連署庄園施入帳」（『朝野群載』巻一七）。

（4）『日本三代実録』元慶元年三月一〇日辛亥条。戸田芳実「九世紀東国荘園とその交通形態」（同『初期中世社会史の研究』、東京大学出版会、一九九一年、初出は一九七五年）。黒麻呂流藤原氏については、戸田論文のほか、加藤友康「上総国藻原庄について―「施入帳」の検討を中心として―」（『千葉県史研究』三、一九九五年）、野口実註（2）前掲論文を参照した。

（5）『江談抄』二―四四、『栄花物語』巻第一。なお、『江談抄』は新日本古典文学大系本によった。

（6）『類聚国史』巻六六天長九年三月癸丑条。

（7）『日本三代実録』貞観元年七月一三日丙寅条。

（8）『江談抄』一―一六、同二―四二、同三―二二。

（9）『日本紀略』天慶三年正月一日条、『扶桑略記』天慶三年二月八日条、『将門記』。
（10）「大蔵氏系図」（『続群書類従』七下）の春実の傍注に、「天慶三年五月三日賜二錦御旗天国刀一、追二罰藤原純友一、其時大将四人、所謂大蔵春実、小野好古、橘遠保、藤原正衡也」とあるが、滋望男の正衡があるいはこの藤原正衡かもしれない。
（11）『続日本後紀』承和九年七月己酉条、同嘉祥三年二月乙丑条。
（12）『日本三代実録』元慶四年五月二三日丙子条。
（13）『図書寮叢刊　平安鎌倉未刊詩集』（明治書院、一九七二年）。
（14）『続日本紀』延暦一〇年正月己卯条。
（15）『日本後紀』弘仁二年七月庚子条。
（16）『日本文徳天皇実録』仁寿二年二月壬戌条。
（17）『続日本後紀』嘉祥二年二月辛卯条。
（18）『続群書類従』七下。『尊卑分脈』には長岡の母のことは書かれておらず、兄弟の福当麿の母を坂上苅田麻呂の女とする。
（19）『日本文徳天皇実録』斉衡元年一〇月庚申条。
（20）『日本後紀』大同三年一〇月丁卯条。
（21）『日本文徳天皇実録』天安二年六月甲辰条。
（22）『日本三代実録』貞観一四年九月四日辛未条。
（23）『日本文徳天皇実録』斉衡元年四月丙辰条。
（24）『日本文徳天皇実録』仁寿三年三月壬子条。
（25）長山泰孝「古代貴族の終焉」（同『古代国家と王権』、吉川弘文館、一九九二年、初出は一九八一年）、佐藤圭「永承二（一〇四七）年における五位以上の藤原氏の構成」（『年報中世史研究』八、一九八三年）、髙橋昌明「近衛府と武官系武士」（同『武士の成立　武士像の創出』、東京大学出版会、一九九九年）など。なお、黒麻呂流藤原氏は、元方の子懐忠

（九三五―一〇二〇）、その子重尹（九八四―一〇五一）まで公卿を出している。
(26)（九）に述べる橘則光も「兵ノ家ニ非ネドモ」とされているが、これは野口実氏が指摘されるように、「『今昔物語集』が武士の「家」が確立した十二世紀の所産であることに基づく結果論」であろう（同註(2)前掲論文）。
(27)『御堂関白記』寛仁元年三月一一日条。
(28)『小右記』永延二年閏五月九日条。
(29)平維良の事件については、本書第二編第二章を参照のこと。
(30)『小右記』永祚元年四月四日・五日・六日条。
(31)『御堂関白記』寛弘七年六月二〇日・二一日条。なお、『小記目録』寛弘七年二月九日条に「頼親郎等射二信親一事」とある。ここにみえる信親が源信親であったとすると、犯人の平季忠は源頼親の郎等ということになる。
(32)則光を「勇力軼人」と評している『江談抄』三―二五「橘則光搦盗事」は、この事件をもとにしたものであろう。
(33)『今昔物語集』二三―一五。
(34)『今昔物語集』二五―五。
(35)『平安遺文』五―一九二六・一九九七。
(36)『権記』長保元年一二月一日条に「紀伊前守董宣宅」が焼亡とあるが、『小右記』同日条には「前紀伊守忠信朝臣宅焼亡」とあり、董宣は忠信とも表記されていたことがわかる。
(37)『小右記』長徳二年二月五日条、同長徳二年五月六日条、『百練抄』長徳二年二月五日条。
(38)福田豊彦註(2)前掲論文、同「古代末期の傭兵と傭兵隊長」（同註(2)前掲書、初出は一九八九年）。
(39)山田充昭「検非違使成立期前後の京中警備の実態」（『日本史研究』四〇六、一九九六年）、髙橋昌明註(25)前掲論文、小坂慶介「九世紀における衛府による京内追捕活動の展開」（『続日本紀研究』三三五、二〇〇一年）など。
(40)『続日本後紀』承和七年二月己未条、同承和七年三月壬午条、『日本文徳天皇実録』天安元年三月癸丑条。
(41)『続日本後紀』承和九年七月己酉条・乙卯条。

(42)『続日本後紀』承和九年七月丁未条。

(43) こうしたことは八世紀からみられ、藤原仲麻呂の乱時には非武官の藤原蔵下麻呂らが兵を率いて参戦している（『続日本紀』天平宝字八年九月壬子条）。

(44) 戸田芳実氏は、文室宮田麻呂などを例に、当時の五位クラスの官人の土地所有について分析し、とりわけ国司については「その任中に、広く山林原野を占取し、田家を設け、良田を囲い込んで営田を行なう動向は禁じ難いものがあった」としている（同「領主的土地所有の先駆形態」、同『日本領主制成立史の研究』、岩波書店、一九六七年）。したがって、当時の五位クラスの官人の土地所有は、武人だけではなく一般的なことであった。

(45)『続日本後紀』嘉祥二年二月辛卯条、『日本文徳天皇実録』斉衡元年四月丙辰条、同斉衡二年七月戊寅条。

(46)『類聚三代格』貞観五年三月一五日官符。

(47) 戸田芳実「国衙軍制の形成過程」（同註(4)前掲書、初出は一九七〇年）。

(48)『扶桑略記』寛平元年一二月二日条。

(49)『日本三代実録』貞観一〇年閏一二月二八日丁巳条。

(50) 藤原広嗣の乱時の聖武天皇伊勢行幸に際して、「騎兵東西史部秦忌寸等惣四百人」が徴発され（『続日本紀』天平一二年一〇月丙子条）、橘奈良麻呂の変時には秦氏が奈良麻呂に雇われ（『続日本紀』天平宝字元年八月庚辰条）、藤原仲麻呂の乱時には「宿㆓衛内裏㆒檜前忌寸二百卅六人、守㆓衛北門㆒秦忌寸卅一人」に加階がなされるなど（『続日本紀』天平神護元年二月乙丑条）、八世紀においても渡来系氏族を中心に私的武力が存在していた。

(51)『貞信公記』天暦二年一二月一四日・一五日条、『小右記』永祚元年六月一二日条、『本朝世紀』正暦四年七月二一日条。

(52)『御堂関白記』寛弘七年六月一日条、『小右記』長和四年八月一三日条。この他に、『御堂関白記』長和五年一〇月三日条、同寛仁元年正月二二日条でも諸衛官人の懈怠が問題となっている。また、治安三年（一〇二三）には諸衛の「未到不上」「城外不仕者」を勘申させ、長元四年には「諸衛不仕城外官人」を解却するとしている（『小右記』治安三年八月一七日条、同治安三年閏九月二三日条、同治安三年一〇月二二日条、『左経記』長元四年六月二七日条）。

(53)『日本紀略』天延三年六月一六日条、『範国記』長元九年六月一四日条。
(54) 笹山晴生「平安前期の左右近衛府に関する考察」（同『日本古代衛府制度の研究』、東京大学出版会、一九八五年、初出は一九六二年）、髙橋昌明註(25)前掲論文。
(55)『侍中群要』第七京中大索事にも「応レ召二武者五位六位一、或着レ冠或烏帽也」とある。
(56)『日本紀略』正暦五年三月六日条、『本朝世紀』同日条。
(57)『日本紀略』安和二年三月二六日条、『小右記』長徳二年四月二四日条。
(58)『日本紀略』天延元年四月二四日条、『日本紀略』貞元元年三月二七日条、『小右記』永祚元年七月二一日条。
(59)『日本紀略』天暦二年六月一六日条、『貞信公記』同日条、『西宮記』巻九外衛佐事。
(60) 政変時も同様であり、諸陣の警固は衛府によってなされているので、武人の鳥曹司への招集は予備的なものであろう。なお、大索・捜盗については、髙橋昌明「武官系武士から軍事貴族へ」（同註(25)前掲書）、下向井龍彦「大索と在京武士招集―王朝国家軍制の一側面」（『摂関期の国家と社会』、山川出版社、二〇一六年）などを参照。
(61)『扶桑略記』長暦三年二月一八日条、『百練抄』同日条、『元亨釈書』同日条など。なお、『古今著聞集』一―八には平直方と平繁貞が防禦にあたったとある。
(62)『小右記』治安三年四月一一日条。長元元年の平忠常の乱に際して、公卿たちが源頼信を推したにもかかわらず、直方が追討使に任じられたのも頼通の意向によるものであろう（『左経記』長元元年六月二一日条）。
(63) 元木泰雄『武士の成立』第五章（吉川弘文館、一九九四年）。

第三編　天慶の乱

第一章　藤原純友と紀淑人

はじめに

平安時代中期の承平年間（九三一―九三八）に、東国では平氏一族の内紛、瀬戸内海では海賊の蜂起が起こり、それがやがて平将門・藤原純友の乱（天慶の乱）に発展して、都の人々を震撼させたことは周知の通りである。ただ、平将門の乱に比べると、藤原純友の乱の研究はかなり少ないように思われる。これにはいろいろな理由が考えられるが、最大の要因はやはり藤原純友の乱についての史料がきわめて少ないことにある。一〇世紀前期は概して史料が少ない時代だが、そうしたなかにあって、平将門の乱については『将門記』という良質かつ分量も多い史料が残存している。これに対し、藤原純友の乱の場合は『扶桑略記』所引の「純友追討記」があるが、分量はごくわずかであり、しかも乱後かなりの時間が経ってから書かれたものと考えられるため信憑性も低い。この他、藤原純友の乱関係の史料は『日本紀略』などの編纂史料や当時の貴族の日記が少しあるだけで、こうした関係史料の少なさが藤原純友の乱研究を妨げている最大の要因である。このため藤原純友の乱については不明な点が多いというのが現状であろう。もちろん、諸先学の努力により研究水準は次第に向上してはいるが、それでも平将門の乱に比べると未解明の点は数多いといわざるをえない。

藤原純友の乱研究の現状は以上の通りだが、以下ではこれまで知られていなかった史料の紹介を兼ねて、承平年間の藤原純友および紀淑人について論じていくことにしたい。

本節では、承平年間における純友の立場について私見を述べておきたいと思う。まず最初に関係史料を掲げておく。

一　承平年間の純友

(ア)『日本紀略』承平六年六月条

南海賊徒首藤原純友、結レ党屯二聚伊予国日振島一、設二千余艘一、抄二劫官物私財一、爰以二紀淑人一任二伊予守一、令レ兼二行追捕事一、賊徒聞二其寛仁一、二千五百余人、悔レ過就レ刑、魁帥小野氏彦、紀秋茂、津時成等、合卅余人、束レ手進二交名一帰降、即給二衣食田畠一、行二種子一、令レ勧二農業一、号二之前海賊一。

(イ)『扶桑略記』承平六年六月条

南海道賊、船千余艘、浮二於海上一、強二取官物一、殺二害人命一、仍上下往来、人物不レ通、勅以二従四位下紀朝臣淑仁〔人〕一、補二賊地伊予国大介一、令レ兼二行海賊追捕事一、賊徒聞二其寛仁、泛愛之状一、二千五百余人、悔レ過就レ刑、魁帥小野氏寛、紀秋茂、津時成等、合卅余人、束レ手進二夾名一、降請二帰伏一、時淑仁〔人〕朝臣、皆施二寛恕一、賜以二衣食一、班二給田疇一、下二行種子一、就レ耕教レ農、民烟漸静、郡国興復。

（ウ）『本朝世紀』天慶二年一二月二一日条

今日、伊予国進二解状一、前掾藤純友、去承平六年、可レ追二捕海賊一之由、蒙二宣旨一。（後略）

（エ）『吏部王記』承平六年三月某日条

是日、伊与前掾藤原純共〔友〕、聚レ党向二伊与一、留二連河尻掠内一。

かつては（ア）の史料、とりわけ「南海賊徒首藤原純友」をもとに、承平年間から純友は海賊の首領であったとするのが通説であった。[1] しかし、こうした考えに疑問を投げかけ、承平年間の純友はむしろ海賊を討伐する側にいたとする新たな説を出されたのが小林昌二氏、さらには下向井龍彦氏である。両氏は、（ウ）に「前掾藤純友、去承平六年、可レ追二捕海賊一之由、蒙二宣旨一」とあり、純友は承平段階では明らかに追討する側にいたと考えられること、（イ）には（ア）とほぼ同様の記事がみえるが、そこには「南海道賊、船千余艘、浮二於海上一、強二取官物一、殺二害人命一」とあるだけで純友の名前はみえないこと、（ア）（イ）ともに帰降した海賊のなかに純友の名がみえないこと、などから、（ア）の「南海賊徒首藤原純友」の文言は後に付加されたものであり、承平年間の純友は海賊の首領ではなく討伐する立場にいたとされた。[2] これに対し福田豊彦氏は、小林・下向井説を評価しつつも、（エ）の『吏部王記』の記事を新たに紹介し、承平六年伊予に下った純友は海賊活動を開始したが、純友に追捕宣旨を与えるという紀淑人の高度の政治工作によって純友配下の海賊は投降したのであり、（ア）（イ）（ウ）の史料はそのままで矛盾なく理解できるとされた。[3]

このように承平六年における純友の立場については相異なる見解が出されているのだが、私見では小林・下向井説が妥当と考える。なぜなら、福田説は（エ）にみえる「河尻」の所在地を伊予国、「掠内」を侵攻の意とし、それは「聚レ党向二伊予一、留二連河尻掠内一」の箇所を、純友が「党を集めて伊予に下り、河尻で蜂起した」、「党を集め河尻によって、内陸部への侵攻を始めていた」と解されたことによるものだが、その後下向井・小林両氏が批判されたように、[4]「河尻」は摂津の河尻、「掠内」は掠の内すなわち港内と解すべきである。したがって、（エ）の「聚レ党向二伊予一、留二連河尻掠内一」は、純友は伊予に向かったが摂津の河尻港内で逗留しているという意になり、福田説は成り立ちがたいといわねばならない。また、福田氏は、純友は三月に伊予に下って蜂起するが、六月に紀淑人が海賊追捕に乗り出すと、政府は純友に追捕宣旨を与えて懐柔したとされる。しかし、この考えにも賛成できない。承平年間に入ると海賊の活動が活発化し、政府は海賊討伐に力を注いできた。このことは都にいた純友には十分わかっていたはずである。にもかかわらず、純友が承平六年三月に伊予に下って蜂起したとすると、それは確信的行為であるとともに明確な国家への反逆である。そうした純友に懐柔のため政府が追捕宣旨を与えたとはとうてい考えられないのである。福田説は（ア）の『日本紀略』の記事をできるだけ生かそうとするものだが、純友はやはり追討する側にいたとすべきであり、（ア）の「南海賊徒首藤原純友」は後世の付加と考えるのが妥当であろう。

二　紀淑人

承平年間の純友は海賊を討伐する側にいたことを述べたが、その時に純友とともに海賊を討ったのが紀淑人である。紀淑人は追捕南海道使、さらには伊予守になるのだが、本節では紀淑人が伊予守になったのはいつなのか、またその理由は何かについて考察を行っていきたい。

紀淑人の経歴については、次の『古今和歌集目録』が詳しい。

（オ）『古今和歌集目録』

紀淑人　従三位中納言長谷雄卿二男、母□、延喜九年正月十一日、任㆓左近将監㆒、閏八月廿三日補㆓蔵人㆒、十一年正月十三日、兼㆓備前権大掾㆒、十三年正月七日、叙㆓従五位下㆒近衛労、廿一年八月十九日、任㆓右兵衛佐㆒、延長三年正月七日、叙㆓従五位上㆒、六月九日、任㆓左衛門権佐㆒、承平五年正月廿三日、任㆓河内守㆒、六年五月廿六日、依㆑為㆓追捕南海道使㆒、任㆓伊予守㆒兼㆓左衛門権佐㆒、天慶六年二月廿六日、任㆓丹波守㆒、天暦二年正月卅日、又任㆓河内守㆒。

紀淑人が伊予守になったことは先の（ア）（イ）にもみえるが、この史料によると、それは承平六年五月二六日のことであった。また、ここではその理由を「依㆑為㆓追捕南海道使㆒」とし、淑人が追捕南海道使であったことが知られる。ところで、紀淑人の伊予守補任についてはこれまで知られていない史料が一つある。次に掲げる陽明文庫所蔵の『勘例』がそれである。

（カ）『勘例』一三函二〇号

廷尉佐兼受領例

紀淑人　承平六年五月任㆓伊予守㆒　左衛門権介如㆑元

藤顕頼　元永二年四月任㆓右衛門権佐㆒　丹波守如㆑元

表1　承平年間の海賊の動きと政府の対応

1年1月	藤原忠平が海賊のことを奏上する（貞信公記）
2年4月	藤原忠平が追捕海賊使を定め行うべきことを命じる（貞信公記）
12月	備前国が海賊のことを申上する（貞信公記）
3年12月	南海諸国に海賊が遍満しているので、国々に警固使を定め遣わす（扶桑略記）
4年4月	海賊のことで諸社に奉幣する（扶桑略記）
5月	山陽・南海道諸国の諸神に海賊平定を祈る（日本紀略・扶桑略記）
6月	海賊の所に遣わすため、右衛門志比部貞直らに弩を試みさせる（扶桑略記）
7月	兵庫允在原相安が諸家兵士と武蔵兵士を率いて海賊追捕に向かう（扶桑略記）
10月	追捕海賊使等を定める（日本紀略）
年末	海賊が伊予国喜多郡の不動穀三千余石を奪う（扶桑略記）
5年6月	京中の諸社、山陽・南海道の名神に奉幣して海賊平定を祈る（日本紀略・本朝世紀）
6年3月	海賊平定のため太元帥法を行う（日本紀略） 前伊予掾藤原純友が伊予国に向かう（吏部王記）
5月	紀淑人を伊予守とする（古今和歌集目録・勘例）

同長房　文治□年四月任㆓右衛門権佐㆒　和泉守如㆑元

『勘例』は、「一四世紀後半に編集された、一三世紀から正中元年（一三二四）までの時期に作成された勘文や先例を集成した政務の先例集」で、(5) 私見では史料としての信憑性は決して低くはないものである。承平六年五月に紀淑人が伊予守に任命されたことはここにもみえており、先の『古今和歌集目録』の「六年五月廿六日、依㆑為㆓追捕南海道使㆒、任㆓伊予守㆒兼㆓左衛門権佐㆒」という記載が信頼できるものであることを示している。また「左衛門権介如㆑元」とあることから、淑人は以前から左衛門権介であったことがわかる。

さて、ここで問題にしたいのは、紀淑人がなぜ伊予守に任じられたかである。この点についてこれまでの研究は、（ア）（イ）によりいずれも海賊討伐のためとしている。しかし、はたして本当にそうであろうか。表1をみてもらいたい。これは承平年間の海賊の動き、政府の対応などをまとめたものである。これによると海賊の活動のピークは承平四、五年あたりで、承平六年になると三月に純友が伊予国に下り、太元帥法が行われて以降は関係記事がみえず、海賊の動きが次第に収まっていった様子を示している。

また、（ア）（イ）の史料が承平六年六月条とされていることも注意されよう。この史料は海賊の蜂起から鎮圧までの過程をまとめて記したものだが、通常はこうした記事は海賊の活動が終わった時点に置かれるものである。したがって、六月までには海賊の活動は収まっていたのではないだろうか。とすると、五月末という時期に海賊を討つため紀淑人が伊予守に任じられたというのは、時期的にみて遅いように思われるのである。さらに、海賊討伐者である紀淑人の任じられたポストが伊予守というのもやや気になるところである。なぜなら、次に述べるように、承平・天慶年間において海賊や群盗を討つ者が任命されるポストは追捕使あるいは警固使・押領使であり、それが受領に任じられた例は他にはみあたらないからである。

このように、海賊を討つために紀淑人を伊予守にしたとする（ア）（イ）の記述には疑問が持たれるのだが、そうすると注目されるのは、（オ）の「六年五月廿六日、依レ為二追捕南海道使一、任二伊予守一兼二左衛門権佐一」という記述である。そこで次に、（オ）のこの部分の意味するところを考えてみたい。このうち「依レ為二追捕南海道使一、任二伊予守一」の部分は、（A）追捕南海道使となすにより伊予守に任ず、（B）追捕南海道使たるにより伊予守に任ず、の二つの読み方が可能であろう。[6]（A）の読み方によると、追捕南海道使にするために伊予守に任じた、あるいは追捕南海道使にしたので伊予守に任じた、の意になり、単に追捕南海道使と伊予守に補任したというだけでなく、両者が不可分の関係にあったことになる。しかし、これは次に述べるように当時の実態にはそぐわないのである。

承平・天慶年間は海賊あるいは群盗の活動が活発な時期なのだが、政府がその対策として設置したのが国単位の警固使・押領使と道単位の追捕使である。[7]このうち前者の警固使・押領使は国ごとに置かれ、受領の下で軍事行動を指揮した。承平年間の瀬戸内では三年の一二月に諸国の警固使が定め遣わされている。[8]一方、後者はそれらを全体として統轄する任務を負っていたと考えられる。承平年間では南海道追捕使紀淑人が知られるだけだが、天慶年間になると三年正月一日に藤原忠舒が東海道追捕使に、小野維幹が東山道追捕使に、小野好古が山陽道追捕使になり[9]、八月には長官小野好古、次官源経基、判官藤原慶幸、主典大蔵春実からなる追捕山陽南海両道凶賊使が任じられている[10]。このように騒乱が大規模な場合は道追捕使が置かれるのだが、道追捕使になった者を調べてみると、少なくとも天慶年間には追捕使で任地の受領を兼ねた者はいない。道追捕使は道全体の統轄者であるので、特定国の受領にならないのはある意味では当然のことであろう。したがって、承平年間の南海道追捕使紀淑人も任地の受領を兼ねてはいなかった可能性が高いと考えられる。

このように、当時は道追捕使は任地の受領を兼ねることはなかったのであり、したがって、追捕南海道使にするために伊予守に任じた、あるいは追捕南海道使にしたので伊予守に任じた、の意になる（A）の読み方は不適切ということになろう。ここは（B）の読み方、すなわち、追捕南海道使たるにより伊予守に任ず、と読むべきである。この読み方によると、追捕南海道使であるので伊予守に任じたという意味になる。ここからまずわかることは、淑人はこれ以前から追捕南海道使となっていたことである。淑人がいつ追捕南海道使になったかについては、伊予守に任じられる前とするか、伊予守に任じられた時とするかで意見が分かれているが[11]、（B）の読み方による限りは前者をとるべきであろう[12]。

次に問題となるのは、なぜ追捕南海道使であることによって伊予守に任じられたかである。結論を先にいえば、それは追捕南海道使として海賊を討伐した功績によるものであろう。先述したように、追捕南海道使は伊予守を兼ねないとすると、伊予守に任じられた時に淑人は追捕南海道使を止めていたことになるが、海賊追討の中心人物である淑人が追捕南海道使の地位を去るのは、その時点で海賊活動は鎮圧されていたことを意味する。すなわち、淑人は海賊追討を終え、追捕南海道使の任を解かれ、そして伊予守に任じられたのである。とすると、淑人が伊予守になった理由はもはや明らかであろう。それは追捕南海道使として海賊を討伐した功績によるものであり、さらには海賊追討後の伊予国の統治を彼に委ねるためであろう。正暦三年（九九二）には、阿波国の海賊を討った源忠良が前守に替わって阿波国守になっており、海賊追討者がその国の受領になることは決して不自然なことではない。東国の例ではあるが、将門を討った藤原秀郷もその後下野国守になっている。このように、追捕南海道使として海賊を追討した勲功により、淑人は伊予守に任じられたと考えられるのである(13)。

　これまでの説と異なり、淑人が伊予守に任命されたのは海賊追討功によるものではないかとしたが、こう考えると、先にやや不審とした五月末という任命の時期も理解しやすい。つまり、この時には海賊活動は鎮圧され、伊予守補任が追討賞であったとすると、伊予守に任じられた時期として決して遅くはないのである。

　従来は（ア）（イ）の史料により、淑人が伊予守に任じられて海賊追討にあたったとされていたのだが、（オ）の「六年五月廿六日、依レ為二追捕南海道使一、任二伊予守一兼二左衛門権佐一」という記述により、淑人は追捕南海道使に任じられて海賊の鎮圧にあたり、その功績によって伊予守に任じられたと考えた方が合理的であることを述べた。したがって、（ア）の「以二紀淑人一任二伊予守一、令レ兼二行海賊追捕事一」、（イ）の「以二従四位下紀朝臣淑仁〔人〕一、補二賊地伊与国大介一、令レ兼二行海賊追捕事一」という記述は正確性に欠けるといわざるをえない。（ア）（イ）は内容が類似しているので、おそらくは共通の原史料から書かれたものであろう。その原史料が、なぜ淑人が伊予守に任じられて海賊追討にあたったとしたのかは別に考えねばならない問題だが、この記事は海賊蜂起から国内興復に至るまでの長期間の出来事を一括して簡略に記したものなので、原史料がまとめられる段階で何らかの誤りが生じたものと今のところは考えておきたい。

　以上のように五月末には海賊活動は収まっていたと考えられるのだが、そうすると三月に伊予国へ下向した純友は海賊追討においていかなる役割を果たしたのであろうか。これには二通りの考え方が可能であろう。一つは純友が加わったことにより海賊追討が一挙に進んだとする見方で、純友の果たした役割を大きく評価する考え方である。もう一つは、純友が伊予に出向いたころには海賊活動は終息に近づいており、純友は海賊追討にあまり関わっていないとする考え方である。私はどちらかといえば後者の考え方をとりたいと思う。なぜなら、まず第一に、純友が海賊追討に関わった時間があまりに短かすぎることである。（エ）の『吏部王記』は三月のいつの記事かは不明だが、「留二連河尻掠内一」したことからすれば、純友が伊予に着いたのは早くとも三月の後半以降であろう。そうすると純友の活動期間は長くみても二か月程度しかなく、このような短期間で何年も続いた海賊活動を鎮圧することができたかどうか疑問である。第二に、もし長期にわたった海賊活動が純友により短期間で鎮圧されたとすると、海賊追討の最大の功績者は純友ということになろう。とすると、純友には淑人以上の追討賞が与えられて然るべきであり、天慶年間の例からすれば、純友は叙爵されたり衛府の官人に任命されたりしたはずである[14]。ところが、その後純友は叙爵されておらず、身分も前伊予掾のままである[15]。故に、こうした点からも、伊予下向後に純友が海賊追討で重要な働きをしたとは考えられないのである。

おわりに

本章では、紀淑人が伊予守に任じられたのは海賊追討を行うためではなく、海賊を討った功績によるものであること、承平年間の藤原純友は海賊を追討する側にいたが、あまり大きな役割は果たしていないと考えられること、などを述べた。前者の点が従来の説と異なるものであることは本論で述べた通りだが、後者の点についても、承平年間の海賊追討に純友が活躍したとするのがこれまでの通説であり、私見との違いは大きい。この承平年間の純友の動向は、次の天慶年間に起きる藤原純友の乱の要因・過程と密接に関わる問題である。つまり、従来の研究では海賊追討を契機に純友と海賊との結合が深まり、それが天慶年間の反乱につながるとされているのである。しかし、本章で述べたことが正しいとすると、純友が反乱を起こすに至る要因・過程については再検討が必要となろう[16]。

註

（1）主なものとして、河合正治「海賊の系譜」（『古代の日本四　中国・四国』、角川書店、一九七〇年）、北山茂夫『王朝政治史論』（岩波書店、一九七〇年）、林陸朗『古代末期の反乱』（教育社、一九七七年）などがある。

（2）小林昌二「藤原純友の乱」（『古代の地方史二　山陰・山陽・南海編』、朝倉書店、一九七七年）、同「藤原純友と水軍」（『地方文化の日本史二　古代文化と地方』、文一総合出版、一九七八年）、同「藤原純友の乱研究の一視点」（『地方史研究』一七二、一九八一年）、同「藤原純友の乱と伊予地域」（『瀬戸内社会の形成と展開』、雄山閣出版、一九八三年）、下向井龍彦「警固使藤原純友―承平六年における藤原純友の立場の再検討を通じて―」（『芸備地方史研究』一三三、一九八一年）。『愛媛県史　古代Ⅱ・中世』（一九八四年、執筆は岡田利文氏）、松原弘宣「漁民・海賊、純友の乱」（同『古代の地方豪族』、吉川弘文館、一九八八年、初出は一九八七年）、同『藤原純友』（吉川弘文館、一九九九年）も基本的には小林・下向井両氏の説と同じ考えである。

（3）福田豊彦「藤原純友とその乱」（同『中世成立期の軍制と内乱』、吉川弘文館、一九九五年、初出は一九八七年）。

（4）下向井龍彦「「藤原純友の乱」再検討のための一史料」（『日本歴史』四九五、一九八九年）、小林昌二「藤原純友の乱再論」（『日本歴史』四九九、一九八九年）。

（5）『山口県史　史料編古代』解題（二〇〇一年）。なお、山口県県史編さん室による陽明文庫史料調査に際しては名和修氏のお世話になった。

(6) この部分がどのように読まれてきたかを含めて、承平年間の紀淑人と藤原純友については、下向井龍彦氏が的確に整理されているので参照されたい（同「承平六年の紀淑人と承平南海賊の平定―寺内・岡田両氏の研究に接して―」『史学研究』二七四、二〇一一年）。

(7) 警固使、押領使、追捕使については、下向井龍彦「王朝国家国衙軍制の成立―延喜の「軍制改革」について―」（『史学研究』一四四、一九七九年）、同註(2)前掲論文、同「諸国押領使・追捕使史料集成　付諸国押領使・追捕使について」（『広島大学文学部紀要』四五、一九八六年）を参照した。

(8)『扶桑略記』承平三年一二月一七日条。

(9)『日本紀略』天慶三年正月一日条。

(10)『扶桑略記』天慶三年一一月二一日条所引「純友追討記」、『師守記』貞和三年一二月一七日条。

(11) 小林昌二氏（註(4)前掲論文）、松原弘宣氏（註(2)前掲書）、岡田利文氏（註(2)前掲書）は、紀淑人が追捕南海道使になったのは伊予守に任じられる前、福田豊彦氏（註(3)前掲論文）、下向井龍彦氏（註(4)前掲論文）は、伊予守に任じられた時とされている。

(12) 淑人が追捕南海道使になった時期については、『日本紀略』承平四年一〇月二二日条の「定二追捕海賊使等一」という記事が注目される。しかし、『古今和歌集目録』によると淑人は承平五年正月に河内守に任じられている。この河内守が受領であったとすると、追捕南海道使として海賊追討にあたっていた人物をことさらに国守にしたとはやや考えにくい。したがって、淑人は承平五年正月以降、河内守を辞めて追捕南海道使になった可能性が高いように思われる。なお、左衛門権介が受領を兼ねた例はあるので（天慶二年に左衛門権介平随時が丹波守を兼ねている）、淑人は延長三年以降ずっと左衛門権介の地位にいたものと思われる。

(13)『尊卑分脈』の紀淑人の項には「承平六正七従四下、依レ搦二捕海賊一也」と記されている。小林昌二氏はこの記載を事実とされるが（同註(4)前掲論文）、その理由が「搦二捕海賊一」であるならばやや早すぎるように思われる。なお、純友が討たれる直前の天慶四年五月七日に、追捕凶賊使小野好古が従四位下に叙されている（『公卿補任』）例があるので（『公忠集』によると少将の労）、「搦二捕海賊一」以外の理由で紀淑人が従四下に叙された可能性はあろう。

(14) 平将門を討った藤原秀郷、平貞盛はそれぞれ従四位下、従五位下に叙されている。また、『本朝世紀』天慶五年六月二一日条に「去年依二勲功一拝二諸衛一之人々」とある。

(15) 純友が叙爵されたのは天慶三年二月三日である（『貞信公記』同日条）。また（ウ）の史料に「前掾」、『日本紀略』天慶二年一二月二六日条、『本朝世紀』同日条に「前伊予掾」とある。

(16) たとえば、下向井龍彦氏は、淑人が赴任直後に海賊を投降させることができたのは、純友があらかじめ「おぜんだて」をしていたからであり、海賊鎮圧の「実質上の最高勲功者」は純友であったが、淑人が勲功賞を独り占めしてしまい、そのことが天慶二年末の純友の蜂起の要因の一つになったとされている（同註(4)前掲論文、同「部内居住衛府舎人問題と承平南海賊―王朝国家への転換と天慶二年純友の乱を媒介するもの―」『内海文化研究紀要』一八・一九、一九九〇年、同「天慶藤原純友の乱についての政治史的考察」『日本史研究』三四八、一九九一年）。しかし、こうした考えには賛成できない。下向井氏は、『貞信公記』天慶三年正月三日条の「聊有二除目一、海賊時申二軍功一人等也」という記載にみえる除目を「三年以上も前の承平海賊の恩賞」とし、そこから淑人以外には勲功賞が与えられなかったとされるのだが、この除目は二日前に東海・東山・山陽道の追捕使が任命されていることからすれば、承平年間の海賊平定に功績のあった人物を追討に登用するための措置とみるべきであろう。この除目を「三年以上も前の承平海賊の恩賞」とする必然性はないように思われる。もちろん、簡単な記事なので私見が正しいとはいいきれないが、少なくとも海賊平定の恩賞が「純友を含むそのほかの勲功者には与えられなかった」ことは、「天慶三年正月になって、承平海賊のときに「軍功」を申請した人々に対してあわただしく「除目」をおこなっていることから明らかである」とするのはやや無理があるのではないだろうか。なお、川尻秋生氏も、『貞信公記』天慶三年正月三日条の除目には、遠方・成康・文元といった承平の海賊鎮圧者は含まれていなかったとする点から、それを承平の海賊鎮圧者への除目とする下向井説に批判を加えておられる（同「武門の形成」『日本の時代史六　摂関政治と王朝文化』、吉川弘文館、二〇〇二年）。

次に、純友は承平の海賊平定後伊予国に留まるのだが、下向井氏は純友と伊予守になった淑人とは「親密な関係」にあり、「純友は淑人の国衙支配に協力していたのだろう」とされる。しかし、承平の海賊平定の最高勲功者であるにもかかわらず、純友には恩賞が与えられなかったとすると、その彼が勲功賞を独り占めした淑人と「親密な関係」を結ぶことがはたしてありえたであろうか。淑人が勲功賞を独占したため、「土着承平勲功者」が「勲功賞問題で政府に強い不満をいだいていた」とする一方で、その「土着承平勲功者」の代表人物である純友が伊予に居住し、淑人と親密な関係にあったとするのはやや矛盾するように思われるのである。

〔補記〕

本章については、下向井龍彦氏より批判をいただいているが（同註(6)前掲論文、同「「承平六年の紀淑人と承平南海賊の平定」再論―寺内浩氏の批判と疑問に答える―」『史学研究』二八四、二〇一四年）、今のところ本章の内容に修正を加える必要はないと考えている。詳細は、拙稿「承平六年の紀淑人をめぐって」（『人文学論叢』一五、二〇一三年）を参照されたい。

第二章　藤原純友の乱後の伊予国と東国

はじめに

天慶四年（九四一）六月、博多津の戦で政府軍に敗れて伊予国に戻った藤原純友は、伊予国警固使橘遠保に討ち取られ、純友の部下もその後次々に討たれて、瀬戸内海の海賊の大規模な蜂起である藤原純友の乱は終結した。

その後、半世紀あまりたった寛仁二年（一〇一八）六月、伊予守源頼光が新造された藤原道長の上東門第に「家中雑具皆悉献之」[1]じ、京中の人々を驚かせた。これは当時の受領の富裕さを示すエピソードとして著名なものだが、とりわけ伊予守は受領収入の多いポストと目されており、天皇や摂関家の関係者が数多く任じられ[2]、その見返りとして道長などに盛んに経済的奉仕を行った。さらに、院政期になると伊予守には受領の最上級である四位上臈が任命されるようになり、播磨国と並んで最も格式の高い国となった[3]。このように、摂関・院政期の伊予国は受領収入の多い大国だったのだが、国が豊かでないと莫大な受領収入は得られないわけであるから、それは当時において伊予国が生産力の高い国であったことを示すものといえよう。

一方、平将門の乱により国土が荒廃した東国[4]は、一一世紀以降も生産力の低い「亡弊国[5]」とみなされていた。当時、亡弊の国には給復が認められたのだが、『北山抄』巻一〇によると、相模・安房・上総・下総・常陸の五か国は恒常的に二年の給復が許された「済二ヶ年事国」であった[6]。

このように、同じく平将門・藤原純友の乱の舞台となり、戦乱によって大きな被害を被りながら、伊予国と東国とではその後の国の状況には大きな違いがあった。以下では、伊予国を中心に乱後の両地域の状況を具体的に検討するとともに、なぜこうした違いが生じたのかについても考えていくことにしたい。

一　伊予国と国宛

藤原純友の乱により伊予国が大きな被害をうけたことは容易に想像できるが、本節では伊予国がいつごろ乱の打撃から立ち直ったかを考えてみることにしたい。

『権記』長保四年（一〇〇二）四月一〇日条に次のような記事がある。

伊予守申二給復一事、彼国元来無下申二給復一之例上、而依二前司知章朝臣任中疫癘一人民死亡、田畝減少、仍前司兼資朝臣申請之日、殊賜二裁許一、任間漸施二治術一、殊無二亡弊之聞一、偏以レ有二前任之例一、不レ可二必申請一歟。

これは、この年伊予守になった高階明順のいわゆる諸国申請雑事である。明順は、前任者の源兼資に倣って給復を申請したのだが、伊予国はすでに亡弊国ではないので給復申請は認められないというものである。「謹検二案内一、亡弊之国、或給二複〔復〕調庸一、或被レ免二半租一、是承前之例也」[7]とあるように、当時は疫病・戦乱などにより亡弊となった国には給復、すなわち租税免除の措置がとられることが多かった。ここの場合は、藤原知章の任中に、疫病のため「人民死亡、田畝減少」となったので、次司の源兼資が給復を申請し、認められたのである。

この条で注目したいのは、「彼国元来無下申二給復一之例上」、すなわち伊予国はこれまで給復を申請していないとしている点である。そうすると、亡弊国には給復を申請・認可されることが多かったわけであるから、逆にこのことは、伊予国はこれまで亡弊国ではなかったことを示しているのではないだろうか。もちろん「元来」とあるだけで、具体的にいつの時点からそうであったかは不明だが、かなり以前から伊予国は給復を申請する必要のない状態の国であったことは間違いないといえよう。

次に、天徳四年（九六〇）九月二八日、五日前に焼亡した内裏の殿舎門廊を造営する諸司（修理職・木工寮）・諸国（二七か国）とその分担が定められ、伊予国は四面廊の南面を担当することになった(8)。さらにその一三年後の天延元年（九七三）五月三日、その年の二月に焼亡した薬師寺の造営国一〇か国が定められ、この時も伊予国は東南僧坊の造営を担当することになった(9)。

大規模な造営事業が続くなかで、こうして伊予国には連続して国宛がなされたのだが、当時国宛はその国の国力に応じて課されるのが一般的であった。たとえば、長和三年（一〇一四）の造内裏定では、「諸卿相共定二宛殿舎・門廊等一、依二国之興亡一、定二役之軽重一(10)」とされ、「国之興亡」によって負担の軽重が定められた。寛仁三年（一〇一九）の大垣造営でも、「普被レ充二一町一、至二無実所一被レ充二熟国一、随二破損之大少一相二計国々強弱一配充(11)」とあり、「熟国」か否かや「国々強弱」が考慮されていた。また、長元三年（一〇三〇）の八省・豊楽院修造の国宛では、当初豊楽門は近江に宛てられたのだが、「至二近江一已（亡）弊殊甚(12)」のため和泉・安芸国と替わることになった。

このように、国宛は国力の有無・大小に応じてなされていたのだが、そうすると天徳四年の内裏造営国二七か国、天延元年の造薬師寺国一〇か国のいずれにも伊予国が入っていることは、藤原純友の乱終結後二〇年に満たずして、伊予国の国力はかなりのレベルに達していたことを表していよう。

以上、本節では、純友の乱後いつごろから伊予国が立ち直ったかをみてきたが、かなり早い時期に伊予国はその国力を回復させていたことが知られたように思われる。

二　伊予国と中央官人の兼国

本節では、前節と同じ問題を、参議以下の中央官人の兼国のあり方から考えてみることにしたい。

さて、中央官人の兼国、すなわち中央官人が国司を兼ねることは八世紀の後半から盛んになるが、その理由の一つは位季禄を地方財政に負担させることにあった。(13)八世紀も後半になると中央財政が窮乏し、中央官人の給与のすべてを京庫から支出することは困難となった。そこで、国司を兼ねる中央官人の位季禄はその国で支出することにし、(14)中央官人に兼国させることにより、中央財政の負担の軽減がはかられたのである。こうした措置は、中央官人の側にとっても、窮乏しつつある中央財政ではなく潤沢な地方財政から位季禄が支出されるので、好都合であったと考えられる。二つめの理由は、国司を兼任することにより、中央官人がその公廨稲収入を得ることにあった。公廨稲は、その設置当初から国司の収入の一つとなっていたのだが、中央官人が国司を兼ねることにより、収入の増加がはかられたのである。

このように、中央官人の兼国は「莫大な位季禄を比較的余裕のある地方財政に負担させ(15)」、かつ公廨稲により中央官人の収入を増加させるために行われた。参議の兼国について「為レ優二勤労一、殊賜二兼国一」、「謹案二兼国之起一、為レ潤二恩沢一所レ被二拝任一也(16)」、紀伝・明経・明法・算道の博士たちの兼国について「以二遥授之潤一、聊為二奉公之資一(17)」とあるのはこうしたことを示すものといえよう。(18)ただし、すべての国が兼国の対象となったわけではなく、その目的からして、地方財政に余裕があり、一定の公廨稲収入が確保できる国がその対象とされていたと考えられる。土田直鎮氏の研究によると、宇多朝から村上朝における公卿の兼任対象国は、近江・播磨・備前・

讃岐・伊予に集中しており、公卿になる前に国司を兼任した国も、公卿になってからほどの集中はみられないが、先の五か国を中心に畿内・近国と山陽・南海道が大多数を占めている。[19]したがって、少なくともこれらの国々については、国衙財政収入が比較的豊かであったということができよう。しかし、これらの国においても毎年中央官人がその国の国司を兼ねていたわけではなく、そうでない年も少なからずみうけられる。これは、やはり国衙の財政状況が良好でない時は中央官人の国司兼任はなされなかったためであろう。

以上、中央官人の兼国について述べてきたが、こうしたことを踏まえ、以下では伊予国の兼国状況について分析を加えていくことにする。

表1は、承平から天暦年間において、中央官人が伊予国の国司（介以上）を兼ねた事例をまとめたものである。[20]この表によると、藤原純友の乱まではたいていの年に伊予国司を兼ねる中央官人がいたが、天慶三年（九四〇）から同七年まではそれらがみえず、天慶八年以降はまたほぼ毎年兼国者がいたことが知られる。

まず、天慶三年から七年まで兼国者が途絶えた理由だが、やはり純友の乱の影響とみるべきであろう。天慶三年八月に蜂起した純友軍の主力は、伊予・讃岐両国を攻撃し、国衙の官物を掠奪したり、民家に放火したりするなど両国に大きな被害を与えた。一方、伊予国側も年が明けると、前山城掾藤原三辰の首を進上するなど勢いを盛り返し、政府軍が讃岐国から進んできたこともあって、純友軍を次第に西の方に追いやったが、戦闘による被害だけでなく、この間の戦費も膨大な量にのぼったと考えられる。長門国では、天慶三・四年に純友の乱のため兵粮不動穀五八二二・〇八石、兵粮糯三〇〇石が「無レ符立用」されたが、[21]戦乱の中心となった伊予国ではさらに多くの戦費が費消されたことは間違いない。このように、純友の乱により伊予国の国衙財政は打撃をうけ、そのためしばらくは中央官人の伊予国司兼任がみられなかったのではないだろうか。

表1　中央官人の伊予国司兼任例

年	任月日	兼任	官職・氏名	備考
承平2（932）	1・21任	守	参議左大弁・藤原扶幹	
	1・27任	権介	左近衛権少将・藤原敦忠	3・1・12任近江権介
3（933）	—	守	参議左大弁・藤原扶幹	2・13任中納言
	10・24任	守	参議民部卿皇太后宮大夫・平伊望	
4（934）	—	守	参議民部卿皇太后宮大夫・平伊望	12・21任中納言
6（936）	1・29任	権守	参議右近衛権中将・藤原師輔	
	8・15任	介	左少弁文章博士・大江朝綱	
7（937）	—	権守	参議右近衛権中将・藤原師輔	天慶1・6・23任権中納言
天慶1（938）	—	介	左少弁文章博士・大江朝綱	
2（939）	春見	権守	左近衛中将・源英明	春に死去
	—	介	左少弁文章博士・大江朝綱	
8（945）	3・28任	守	参議・藤原師氏	
	8・11見	権守	神祇伯・忠望王	
9（946）	—	守	参議・藤原師氏	
	—	権守	神祇伯・忠望王	
	2・11見	権介	式部少輔文章博士・紀在昌	
天暦1（947）	—	守	参議・藤原師氏	
2（948）	—	守	参議・藤原師氏	
	1・30任	権守	参議左大弁・源庶明	
3（949）	1・24任	守	参議修理大夫・平随時	4・1・20任大宰大弐
	—	権守	参議左大弁・源庶明	
4（950）	—	権守	参議左大弁・源庶明	5・1・30任権中納言
	4・14見	権介	文章博士・橘直幹	
6（952）	1・11任	権守	参議・源雅信	
7（953）	—	権守	参議・源雅信	
8（954）	3・14任	守	右近衛中将・源重光	
	—	権守	参議・源雅信	
	1・14任	権介	右近衛少将・藤原頼忠	
9（955）	—	権守	参議・源雅信	
10（956）	1・27任	権守	参議式部権大輔・大江維時	

こうしたことは、讃岐国でも純友の乱の時期に兼国がみられないことから裏づけることができよう。表2をみてもらいたい。これは、表1と同様の調査を讃岐国について行ったものである。これによると、讃岐国ではほとんど毎年中央官人が国司を兼ねていたのだが、乱直後の天慶五年から七年にかけては兼国がみられない[22]。讃岐国が純友の乱で大きな被害を被ったことは先述した通りである。したがって、伊予・讃岐両国は毎年のように兼国がみられるのだが、純友の乱の時期に伊予国だけでなく讃岐国においても兼国がなされていないのは、やはりそれは乱の影響によるものと考えざるをえないのである。

次に、表1において天慶八年以降になると、またほぼ毎年兼国者がみられ

表２　中央官人の讃岐国司兼任例

年	任月日	兼任	官職・氏名	備考
承平１（931）	―	守	参議治部卿・藤原当幹	
	12・27任	守	参議右近衛中将・藤原実頼	
	３・任	権守	参議右大弁修理大夫・平時望	
２（932）	―	守	参議右近衛中将・藤原実頼	
	―	権守	参議右大弁修理大夫・平時望	
３（933）	―	守	参議・藤原実頼	
	―	権守	参議右大弁修理大夫・平時望	
４（934）	―	権守	参議左大弁修理大夫・平時望	
６（936）	１・29任	権守	参議左兵衛督勘解由長官・源是茂	
７（937）	―	権守	参議・源是茂	
天慶１（938）	―	権守	参議左大弁・源是茂	２・８・27任権中納言
３（940）	３・25任	権守	参議左大弁・藤原元方	
４（941）	―	権守	参議左大弁・藤原元方	５・３・29任中納言
８（945）	３・28任	守	参議右衛門督・源高明	
９（946）	―	守	参議右衛門督・源高明	天暦１・４・26任権中納言
天暦１（947）	６・６任	権守	左近衛中将・源正明	
２（948）	１・30任	守	参議右大弁勘解由長官・源等	
３（949）	―	守	参議右大弁勘解由長官・源等	
４（950）	―	守	参議右大弁勘解由長官・源等	５・３・10死去
６（952）	11・任	権守	参議弾正大弼・源正明	
７（953）	―	守	参議弾正大弼・源正明	
	１・29任	権守	参議・小野好古	
８（954）	―	守	参議弾正大弼・源正明	９・２・７任大和権守
	―	権守	参議・小野好古	
９（955）	―	権守	参議・小野好古	閏９・17任備中権守
10（956）	１・27任	守	参議・藤原朝忠	
	１・27任	権守	参議左大弁・藤原有相	

るようになることに注目したい[23]。天慶八年三月二八日に参議藤原師氏が伊予守を兼ねて以来、毎年のように一人ないし複数の中央官人が伊予国司を兼任するのである。そうすると、純友の乱の時に兼国者がいないのは乱の影響であったとすると、再び兼国者が現れるようになったのは、伊予国が乱の打撃から立ち直ったことを示すものといえよう。すなわち、中央官人の国司兼任は国衙財政に余裕のある国に対してなされていたわけであるから、天慶年間の末には伊予国の国力が回復し、財政状況も乱の前の状態に戻っていたと考えられるのである。

以上、中央官人の兼国のあり方から純友の乱前後の伊予国の財政状況をみてきたが、乱により一時的には打撃をうけたが、数年にして国衙財政は回復したということができよう。

三　東国の状況

一一世紀には東国が「亡弊国」とみなされ、相模・安房・上総・下総・常陸の五か国が「済二ヶ年事国」であったことは最初に述べたが、将門の乱以後の東国の状況については川尻秋生氏(24)が詳しく論じておられるので、ここでは行論上必要な点だけを述べておくことにしたい。

相模以下の国が「済二ヶ年事国」であったことについては、『小右記』寛仁三年正月二三日条に下総国について「在任四个年、済二之二个年事一申下請可レ関二勧賞一由上蒙二官符一」、同長元元年八月二二日条に常陸国について「彼国在任四年済二二个年事一、代々裁許」とあることからも確認できる(25)。さらに後者には続けて「在任四个年内済二二个年事一、被レ優二亡国一事也」とあり、それが「亡国」を優遇するためのものであったことが知られる。そして、こうした国々に対する給復措置は一〇世紀中葉にまでさかのぼる。『北山抄』巻一〇臨時申請雑事には、「如二常陸国一者、済二二箇年事一、可レ預二加階之賞一云々、（中略）応和之間、常陸守為忠、申二請件事一、諸卿定下申可レ被二裁許一之由上、罷申之時、被レ仰下済二三年以上事一者、将レ加中勧賞上矣」とあって、応和年間（九六一—九六四）にすでに常陸国では一年の給復が認められていた(26)。また、同史料には上総国についても「件国近代之間、被レ免二一年済事一」と述べられている。このように、東国の国々に対する「亡国」を優遇するための給復措置は、一〇世紀中葉以来のものであった。また、常陸国の場合は「亡国」であるために受領の赴任時に加階がなされることが多かった。先述の応和年間の受領藤原為忠は、「未二赴任一之前、称レ任二亡国一、已預二加階一(27)」とあり、赴任前に叙位されている。また、寛弘八年（一〇一一）八月、常陸介藤原通経は罷申の際に加階を申請したのだが、「前例如何」との仰せに対し、「近代其例甚多連々也、若可レ給歟」との奏上がなされており[28]、常陸国では赴任時の加階が恒例化していたことがわかる。[29]

このように、東国に対しては一〇世紀中葉以降、給復や赴任時の加階がなされており、それはそれらの国々が「亡国」であったためなのだが、川尻氏が明解に指摘された通り、こうしたことは、「依二将門乱一坂東八ヶ国済二二ヶ年公事一」、「抑坂東諸国中、或依二一旦乱逆之費一、永貽二二年優免之蹤一、所謂常陸・上総・下総・安房・相模等国是也[30]」とあるように、平将門の乱のために国土が荒廃したことがその最大の要因であった。数年にして国力が回復した伊予国と異なり、東国は戦乱の打撃から立ち直れず、亡弊状態がその後も長く続くのである。[31]

四　天慶の乱の戦闘内容

三節にわたって天慶の乱後の伊予国と東国の状況についてみてきたが、最後に本節では、藤原純友の乱と平将門の乱とではその後に与えた影響が、なぜこのように異なるのかについて憶測を述べてみたいと思う。

まず、東国がなぜ平将門の乱により荒廃したかだが、結論から先にいえば、それは戦乱が長期間にわたり、しかも戦闘の際に「焦土戦術[32]」がとられたことが大きく関わっていたのではないだろうか。平将門をめぐる東国の争乱は、平氏一族の私闘の段階と反乱の段階に分けられるが、いずれにおいても平将門と平良兼・平貞盛といった在地における敵対者間同士の合戦がくりひろげられた。そして、そうした敵対する勢力間の合戦では、勝った側が負けた側の根拠地やその周辺、さらには遠く離れた伴類の家々までが焼き払われた。『将門記』には、源扶との合戦に勝利した将門は敵の拠点に攻め入り、「始レ自二野本・石田・大串・取木等之宅一、迄レ至二与力人々之小宅一、皆悉焼巡、（中略）千年之貯、伴二於一時炎一、又筑破・真壁・新治三箇郡伴類之舎宅五百余家、如レ員焼掃」と記されている。

一方、将門が子飼の渡の合戦で下総介平良兼の軍に敗れた時には、「爰彼介、焼二掃下総国豊田郡栗栖院常羽御厩、及百姓舎宅一」、「未レ幾二合戦一、伴類如レ算打散、所レ遺民家、為レ仇皆悉焼亡、郡中稼穡・人馬、共被二損害一」というように、逆に将門の本拠が焼かれている。これは当時の戦闘員の多くが農業から分離しておらず、敵を完全に打ち破るにはその生産基盤をも破壊する必要があったためだが[33]、長期にわたるこうしたことの繰り返しが国土の荒廃につながったと考えられる。「年来の敵人が深い憎しみをもってとことんまで抗争し、たがいに相手の根拠地に火をつけ、伴類の家々まで焼き払うとき、そこにもたらされるものは荒廃しかない[34]」のである。

さらに、平将門の乱後も東国では長期にわたり亡弊状態が続くのは、乱後も各地で豪族間の争いが相次いだためであろう。安和元年（九六八）八月には、藤原秀郷の子の前相模権介藤原千晴と桓武平氏の一族と思われる前武蔵権介平義盛が勘問され[35]、天元二年（九七九）五月には、同じく藤原秀郷の子の前武蔵介藤原千常・源肥らが合戦に及んだとの報告が下野国からなされている[36]。また、永延元年（九八七）には、延暦寺に大般若経を運上しようとした平繁盛（貞盛の弟）から、「旧敵」である良文流の陸奥介平忠頼（忠常の父）・忠光らが武蔵国に移住して、それを妨害しているので取り締まってほしいとの要請があり、認められている[37]。さらに、長保五年（一〇〇三）には、武蔵・下総国で平維良の「兵乱」が起き、下総国庁が焼かれている[38]。

そして、長元元年（一〇二八）に平忠常の乱が起きる。良文流の平忠常が乱を起こすと、政府は貞盛流の平直方を追討使として派遣するのだが、両者は以前から敵対関係にあり、足かけ四年にわたる戦闘で房総地域は大きな打撃をうけた。上総国では本来田地が二二九八〇余町あったのが、乱後には一八町余まで減少した[39]といわれている。このように「当時坂東では豪族間の紛争が絶え[40]」なかったのであり、こうしたことが平将門の乱後の復興を困難にさせた要因と考えられる。むしろ、常陸・上総国では、一〇世紀の後半には「亡国」を優遇するため一年の給復が認められていたのが、一一世紀になると給復期間が二年に延びていることからすれば、国土の荒廃はさらに進んだというべきかもしれない。

これに対し、藤原純友の乱は基本的には海賊と政府軍との戦いであった。天慶三年八月に伊予・讃岐両国を虜掠した純友軍は、その後備前・備後の兵船を焼き、大宰府追捕使の軍を破り、周防鋳銭司さらには土佐国幡多郡を襲う。しかし、年が明けると政府軍が攻勢に出、讃岐介藤原国風らの軍が讃岐から伊予に攻め入り、西に追いやられた純友軍は天慶四年五月に大宰府を焼亡させたものの博多津の戦いで敗れ去るのである。このように、純友軍は非常に機動力に富んでおり、海賊主体の構成をとっていたと思われる[41]。一方、政府軍は追捕使長官小野好古以下の中央派遣軍が主力を形成しており[42]、在地豪族の姿はほとんどみあたらない[43]。また、在地における敵対者間同士の戦いがくりひろげられたわけでもないので、平将門の乱のような「焦土戦術」がとられることはなかったと考えられる。

次に、藤原純友の乱では、当然のことではあるが、合戦が海上あるいは海岸部でなされることが多かった。先述した政府軍と純友軍の戦いの多くは、そうした場所で行われたと思われる。伊予国における合戦の具体相は不明だが、純友軍が伊予国府を攻略した際には、「四百余艘、比レ帆圍来[44]」とあるように、海岸部から攻撃を加えたようである。また、反撃に出た政府軍が讃岐から伊予に向かう時には「海陸両道[45]」から兵を進めたとある。もちろん、陸上部での戦闘がなかったわけではなく、伊予国府攻撃の際には「人民舎宅、供御人等、被二焼亡一[46]」であったとされている。しかし、陸戦のみで、しかも「焦土戦術」がとられた将門の乱と比べれば、農民の生産手段に対する被害は小さかったのではないだろうか[47]。

以上、藤原純友の乱については残存史料が少ないため推測にわたる部分が多くなったが、藤原純友の乱と平将門の乱とでは戦闘の主体や方法が大きく異なっており、それがその後の両地域の状況を大きく左右したと考えられるのである。

おわりに

最後に本章で述べたことをまとめておく。藤原純友の乱が終結した後、かなり早い段階で伊予国の生産力・国力が回復したのに対し、東国では平将門の乱の後長い間亡弊状態が続いた。こうした相違は、藤原純友の乱と平将門の乱とでは戦闘の主体・方法が大きく異なっており、さらに東国では乱後も戦乱が相次いだためであろう。

註

（1）『小右記』寛仁二年六月二〇日条。
（2）拙稿「受領考課制度の変容」（同『受領制の研究』、塙書房、二〇〇四年、初出は一九九七年）。
（3）元木泰雄「院政期における大国受領―播磨守と伊予守―」（同『院政期政治史研究』、思文閣出版、一九九六年、初出は一九八六年）。
（4）後述するように、同じ東国でも地域により状況は異なっており、東国のすべての国が荒廃したわけではない。
（5）『小右記』寛弘二年一二月二一日条。
（6）新訂増補故実叢書本五九四頁。なお、この部分は一一世紀中後期に後人が書き加えたものである（西本昌弘「『北山抄』巻十の錯簡とその復元―稿本と前田本の相違点を手がかりに―」、同『日本古代の年中行事書と新史料』、吉川弘文館、二〇一二年、初出は一九九五年）。
（7）『平安遺文』四―一三五一。
（8）『扶桑略記』同日条。なお、造営国はいずれも尾張以西の国であり、讃岐国の分担は四面廊の北面である。
（9）『日本紀略』同日条、『薬師寺縁起』。この時の造営国一〇か国は、いずれも天徳四年に内裏造営を担当した国である。
（10）『小右記』長和三年五月二四日条。
（11）『小右記』寛仁三年九月二日条。
（12）『小右記』長元三年九月一七日条。
（13）土田直鎮「兼官と位季禄」（同『奈良平安時代史研究』、吉川弘文館、一九九二年、初出は一九五一年）。
（14）『延喜式』式部省上に「凡内官兼㆓外官㆒者、位禄季禄並給㆓兼国㆒」とあるが、この規定は神護景雲二年（七六八）以前から実施されていた（土田直鎮註(13)前掲論文）。
（15）土田直鎮註(13)前掲論文。
（16）『政事要略』安和二年二月一四日宣旨、同永祚二年二月二二日宣旨。
（17）『政事要略』正暦四年一〇月七日宣旨。
（18）参議、諸道博士の他に兼国を行った中央官人としては、弁官、少納言、近衛中少将、内侍などが知られる（『貞信公記』逸文天慶五年五月二三日条、『政事要略』永祚二年二月二三日宣旨）。
（19）土田直鎮「公卿補任を通じて見た諸国の格付け」（同註(13)前掲書、初出は一九七五年）。
（20）表1・2の作成にあたっては、宮崎康充編『国司補任』三（続群書類従完成会、一九九〇年）を用いた。
（21）『類聚符宣抄』天慶八年三月八日宣旨。
（22）ただし、参議左大弁藤原元方は、天慶五年三月に中納言になるまでは讃岐守を兼ねていた可能性が高い。
（23）讃岐国も天慶八年以降ほぼ毎年兼国者がみられる。
（24）同「平安貴族がみた坂東―平将門の乱の影響を中心として―」（同『古代東国史の基礎的研究』、塙書房、二〇〇三年、初出は二〇〇一年)。

(25)この他、治安二年（一〇二二）に、相模国から「一任四个年中備〔済カ〕二一个年事一預二勧賞一」(『小右記』治安二年五月三日条）との申請が出されている。後述するように、上総国も以前から一年の給復が認められている。ただし、安房国は、同国が「小国」であるため、これまで公文勘済者がほとんどいなかったとする寛仁四年（一〇二〇）正月一五日の前安房守大江時棟の奏状（『本朝続文粋』巻第六）には、兵乱のことが全く触れられていないので、「済二ヶ年事国」となったのは平忠常の乱後かもしれない。

(26)『西宮記』巻八裏書に、応和元年一〇月一四日に藤原為忠が「申二罷由一期過」のため咎をうけたとあるので、この年に常陸介に任じられたのであろう。

(27)『北山抄』巻一〇臨時申請雑事。

(28)『御堂関白記』寛弘八年八月二五日条。寛仁三年に常陸介となった藤原惟通も赴任時に加階されている（『小右記』寛仁三年七月一三日条）。また、万寿元年（一〇二四）に常陸介になった藤原信通は「赴任賞」を子に譲っている（『勘例』一三函一七号)。

(29)『小右記』長元元年八月二二日条に「此国事公家殊被二相扶一宜歟、就レ中古昔給二兼官一、又在任四个年内済二一个年事一、被レ優二亡国一事也」、同天元五年三月五日条に「常陸・陸奥等守兼官例多」とあり、常陸国では「亡国」を優遇するための措置として兼官も認められていた。

(30)『中右記』保延元年正月二五日条、『平安遺文』四―一三五一。

(31)なお、加藤友康氏は、東国の受領には摂関家や藤原実資と関係の深い者が多く、東国を「亡弊国」とする中央貴族の認識は、彼らの功績を評価するために誇張・デフォルメされたものではないかとされている（同「平安貴族の「坂東」像」『日本歴史』六〇〇、一九九八年)。しかし、そうした側面もないわけではないが、天皇・摂関家の関係者が受領になっているのは東国だけではなく、むしろ畿内近国や西日本に多く（註(2)前掲拙稿)、そうした受領の功績を評価するためならば、畿内近国や西日本の国々こそが「亡弊国」とされたはずである。また、以上に述べたように、東国では給復などの「亡国」を優遇するための措置が恒常的にとられていたわけであるから、東国が「亡弊国」であったことはやはり事実とみなすべきである。ただし、下野国などその他の東国諸国は、平将門の乱およびその後の戦乱の舞台となりながら、なぜ「亡国」にならなかったかについては今後の検討課題としたい。

(32) 上横手雅敬『日本中世政治史研究』八八頁（塙書房、一九七〇年）、福田豊彦『平将門の乱』九八頁（岩波書店、一九八一年）。

(33) 元木泰雄『武士の成立』四三頁（吉川弘文館、一九九四年）。

(34) 福田豊彦註(32)前掲書二〇六頁。この文章は平忠常の乱に関してのものだが、平将門の乱についてもそのままあてはまるものといえよう

(35)『日本紀略』安和元年八月二三日条。同安和元年九月一四日条には「又被レ定下相模権介藤原千晴、為二武蔵権介平義盛一被二強奸一之由勘問日記上」とある。

(36)『日本紀略』天元二年五月二二日条。

(37)『続左丞抄』寛和三年正月二四日官符。なお、『今昔物語集』二五―九には、平忠常が平繁盛の子の惟基を「先祖ノ敵」といったとあり、良文流と貞盛流の対立が長期にわたりかつ深刻であった様子がうかがわれる。

(38)『小記目録』長保五年正月一六日条、同長保五年九月五日条。平維良の事件については、本書第二編第二章を参照のこと。なお、川尻秋生氏は「上総国における維良を含む貞盛流平氏の勢力を押さえるため、政府によって敵対勢力の忠常が上総介として登用された可能性が考えられる」とされている（同「平維良の乱」、同註(24)前掲書、初出は一九九二年）。

(39)『左経記』長元七年一〇月二四日条。なお、この記述に続いて「将門乱間雖二最亡一、未レ若二此時一云々」とあり、平将門の乱の時にも国土が大きく荒廃したことがわかる。

(40) 野口実「秀郷流藤原氏の基礎的考察」（同『坂東武士団の成立と発展』、弘生書林、一九八二年、初出は一九七七年）。

(41)「海賊之徒、萍二浮南北一、唯殉二其利一、不レ恤二其居一、追捕則鳥散、寛縦則烏合」（『日本三代実録』貞観九年一一月一〇日乙巳条）とみえ、また帰降した海賊に「給二衣食田畠一、行二種子一、令レ勧二農業一」（『日本紀略』承平六年六月条）とあるの

で、当時の海賊は浮動性が強く、農業生産を主たる生活基盤にはしていなかったと考えられる。

(42) 上横手雅敬氏は、平将門の乱においては「中央軍の役割は、残敵掃蕩の補助的なものにすぎず、乱の解決はほとんどを在地勢力に負うている」のに対し、藤原純友の乱では「中央軍の活躍は著し」いとされている（同註(32)前掲書一〇三頁）。

(43)『貞信公記』天暦二年七月一八日条に、伊予国から「海賊時功」により越智用忠の叙位申請が出されたとある。この「海賊時」が純友の乱を指すのであれば、彼が政府軍側にいたことになる。しかし、彼を除けば、史料にみえる政府軍側の人物で伊予・讃岐の豪族と考えられる者は管見の限りではみあたらない。

(44)『師守記』貞和三年一二月一七日条。なお、伊予国府の具体的な所在地は不明だが、推定地はいずれも今治平野の海岸線からさほど遠くないところにある。

(45)『扶桑略記』天慶三年一一月二一日条所引「純友追討記」。

(46)『師守記』貞和三年一二月一七日条。

(47) 最後に、海賊行為の本質は物資・財物の掠奪にあり、生産手段の破壊はその主たる目的ではなかったことを指摘しておきたい。つまり、「掠㆓奪公私之雑物㆒」（『日本三代実録』貞観四年五月二〇日丁亥条）、「抄㆓劫官物私財㆒」（『日本紀略』承平六年六月条）とあるように、海賊は海上輸送される剰余生産物の横奪を生業としており、農民の生産手段の破壊は、むしろ自己の活動を制約・否定することになりかねないものだったのである。もちろん、藤原純友の乱における海賊たちの行動は、各地を襲撃し、政府軍と戦うなど、単なる海賊行為を超えるものであったが、その場合でもあくまで「公私財物」（『扶桑略記』天慶三年一一月二一日条所引「純友追討記」）を奪うことが目的であり、不必要に生産手段の破壊がなされることはあまりなかったのではないだろうか。

なお、伊予国では藤原純友の乱後も海賊は発生しており、天元五年（九八二）には伊予国から「賊首能原兼信及他賊等十五追討之解文」（『小右記』天元五年二月二三日条）が言上されている。しかし、この場合も問題とされたのは「縁海調庸、已以難㆑運、愁苦無㆑極」（同天元五年二月七日条）であり、生産に従事する農民には大きな影響はなかったものと思われる。

第三章　天慶の乱と承平天慶の乱

はじめに

一〇世紀前半に起きた平将門・藤原純友の乱（以下では将門純友の乱と略称する）は、時の年号をとって、承平天慶の乱とも呼ばれる。(1)しかし、将門純友の乱の研究が進んだことにより、近年は天慶の乱と呼ばれることが多くなった。本章は、年号を用いた将門純友の乱の呼称がどのように変化してきたのか、またそれはなぜなのかを考えてみたものである。

さて、将門純友の乱の呼称を、承平天慶の乱ではなく天慶の乱とすべきであるとする下向井龍彦氏は、その理由を次のように述べておられる。

従来、将門の乱と純友の乱は承平・天慶の乱と総称されてきた。しかし、承平年間の坂東での合戦は将門と叔父たちとの私闘であり、政府・諸国は将門の平和維持活動に期待してさえいた。将門が国家に敵対することになったのは、常陸国衙を占領した天慶二年（九三九）一一月であった。純友は、承平南海賊では平定側の立役者であった。純友が反逆するのは、同年一二月、備前介子高を摂津国須岐駅に襲撃したときであった。

すなわち、承平年間の状況と天慶二年冬以降の反乱はまったく異質のものである。したがって、この差異を見えにくくし、承平年間から一貫して将門・純友が反逆者であったという通俗的な言説を下支えする「承平・天慶の乱」の呼称はふさわしくない。二つの乱を総称するなら、「天慶の乱」とすべきである(2)。

承平年間の将門純友をめぐる状況と天慶年間のそれとは全く異質であるという指摘は妥当なものである。このうち将門については、承平年間は一族間の内紛であったが、天慶年間になると国家への反乱となることは、早くから知られていた。一方、純友の方は、先述したように（本書第三編第一章）、かつては承平年間の純友は海賊の頭領であったとされていたが、近年、承平年間の純友は海賊を追捕する側におり、純友が反乱に起ち上がるのは天慶年間になってからであることが明らかになった。したがって、下向井龍彦氏が指摘されたように、将門純友ともに国家への反乱に起ち上がるのは天慶年間に入ってからであり、将門純友の乱を承平天慶の乱と呼ぶのは不適切なのである(3)。以下では、将門純友の乱の呼称の変化とその理由を考えるために、将門純友の乱がいつの出来事として認識されていたのか、その結果両乱がどのように呼ばれたのかなどを時代ごとに調べていくことにしたい。

一　古代中世における将門純友の乱（一）

本節では、古代中世の日記と古文書についてみていくことにしたい(4)。

①『貞信公記』（大日本古記録）

天暦二年（九四八）六月二七日条に「天慶兵乱時、有㆓難破〔波〕祭事㆒、其報祭可㆑有」とある。これは、天慶三年一一月に「南海凶賊」を消滅させるため行われた摂津国難波祭[5]の報賽について、陰陽師文武兼が忠平に申上したものである。将門は天慶二年二月に討たれているので、ここの「天慶兵乱」は直接的には純友の乱を指すが、それが天慶年間のこととされている。

②「八幡大菩薩宇佐宮司解案」（長保五年（一〇〇三）、『平安遺文』九―四五九九）

府国使の入責停止を求めた第六条に「公家改二承平四年〔八〕一為二天慶元年一、自二同三年一郡〔群〕賊之首平将門・藤原純友発二乱東西一、然而祈禱有レ感、皆仲〔依〕二神兵一、各以討滅」とある。この条は、承平八年（九三八）に府使が禁界内に盗賊を追って入り合戦をしたため、その後怪異が起きたことを述べたものだが、将門純友の乱が天慶三年に始まったとしている。

③『小右記』（大日本古記録）

（イ）長和四年（一〇一五）九月八日条に「天慶賊乱之時、参議保平為レ使、彼時例見二故殿御記一歟」とある。これは公卿が伊勢勅使の場合、王を副えるべきかどうかが問題となった時、実資が『清慎公記』に天慶三年正月二一日の例がみえることを指摘したものである。ここでは将門純友の乱を「天慶賊乱」としている。

（ロ）長元四年（一〇三一）七月二四日条に「承平七年例不レ快、其故者、明年有二将門純友等事一、不レ宜例也」とある。これは七月に月食があり、その場合は相撲楽を停止するかどうかが問題となった時の外記の勘申である。ここでは、相撲楽を実施した承平七年の例はよくない、なぜなら明年に将門純友の事があったからだ、としている。承平七年の翌年は天慶元年だが、将門純友の乱が承平年間ではなく天慶年間とされていることがわかる。

④『七大寺巡礼私記』（『校刊美術史料』寺院編上）

保延六年（一一四〇）に大江親通が南都七大寺を巡礼した時の記録。東大寺項に「或記云、銀堂奥谷、延長以後有二一俗人一号二山上君一、捨二斯住所一出二国分寺門一了、承平之比坂東諸国有二兵乱事一、山上君是也、将門之字也、天慶之間建二立此堂一安二彼仏一、号二銀堂一云々」、「故号二国分御門一、而将門自二此門一出去之後、自二天慶一以来閇レ戸于レ今令レ不レ開」とある。将門の乱を承平年間としている。

⑤『兵範記』（増補史料大成・陽明叢書）

仁安三年（一一六八）一二月三〇日条に「但去天慶年中将門兇乱之時、為二御祈禱一所二調進一甲冑所二残留一也、是以レ鐵被二造進一之故也」とある。これは同月二一日に伊勢神宮が焼亡し、禰宜たちが焼失したものと焼け残ったものを書き上げた注文にみえる文章である。ここでは、「天慶年中将門兇乱之時」とあるように、将門の乱が天慶年間とされている。

⑥『玉葉』（図書寮叢刊）

治承四年（一一八〇）一二月四日条に「践祚明年被二改元一恒例也、当年改元之例、平城之初大同是也、彼為二不吉一、何況天慶将門乱之時無二改元一、彼已為二吉例一」とある。これは同月に改元が問題となった時、それに反対する外記が申上した意見の一部である。ここでは「天慶将門乱」の時に改元しなかったことが吉例とされていて、将門の乱が天慶年間と考えられていたことがわかる。

⑦「丹生明神位記勘文」（寛元四年（一二四六）、『鎌倉遺文』九―六七一六）

この文書は丹生明神の叙位・加階例を列挙したもので、「天暦六年五月、同被レ奉レ増二一階一、天慶乱賽也」とある。天暦六年五月に将門純友の乱の報賽として天下諸神に神階が授けられたのだが、ここでは将門純友の乱を「天慶乱」としている。

⑧「丹生明神位階勘状不審事書」（寛元四年（一二四六）、『鎌倉遺文』九―六七二五）

これは前の文書に対する疑問点を述べたもので、「天慶乱」を「大宰大弐藤良範子純友乱歟」としている。

⑨「比叡山三塔衆訴状案」（正嘉元年（一二五七）、『鎌倉遺文』一一―八〇八七）

延暦寺が「朝家之災難」を防いだことを述べたなかで、「夷二承平之逆乱一、誅二天慶之凶徒一」としている。「逆乱」、「凶徒」が将門純友のどちらを指すのか、あるいは両方か不明だが、将門純友の乱が承平天慶年間とされていることがわかる。

⑩「日蓮書状」（弘安元年（一二七八）、『鎌倉遺文』一七―一三一三四）

文中に「承平の将門は関東八箇国をうたへ、天喜の貞任は奥州うちととめし、民を王へ通せさりしかは、朝敵となりてついにほろほされぬ」とあり、将門の乱を承平年間としている。

⑪「異国降伏祈禱供養法注進状案」（正応二年（一二八九）、『鎌倉遺文』二二―一七〇七三）
　これは、仏ごとに異国降伏祈禱供養法を注進したもので、四天王のところに「天慶於二濃州神宮寺一被レ修レ之」とみえる。これは、天慶三年正月に美濃国中山南神宮寺で四天王法を修して将門を調伏させたことを指すものであろう。また、忿怒部の不動・降三世・軍荼利・大威徳・金剛夜叉には「天慶三年将門追討之時、於二法性寺一被レ修二五壇法一以来、兵革発起之時、毎度被レ行レ之」とある。これらから、ここでは将門の乱が天慶年間とされていることがわかる。

⑫「東大寺申状土代」（元弘三年（一三三三）、『鎌倉遺文』四一―三二〇〇四）
　この文書は美濃国茜部庄地頭職についての申状で、「当寺護持専為二朝敵刑罰根元一事」として、将門の乱を執金剛神が鎮めたことを述べたあとで、「今学侶専凝二精誠一、尊神将レ振二霊威一、承平之昔、既施二効験一、正慶之今、何空二感応一乎」とある。つまり、執金剛神が将門を降したことを「承平之昔、既施二効験一」としており、将門の乱が承平年間とされている。

⑬『満済准后日記』（続群書類従）
　応永二六年（一四一九）七月一九日条に「今月十六日熱田社怪異希代事云云、（中略）以二承平将門時之儀一□立二勅使一由為二社家申請一云々」とある。これは、熱田社に怪異が次々と起きたため勅使が出されることになったというものだが、「承平将門時之儀」とあり、将門の乱が承平年間とされている。

表1　古代中世の日記・古文書

番号	史料名	年次	将門の乱	純友の乱	乱の名称
①	貞信公記	948	―	天慶	天慶兵乱
②	八幡大菩薩宇佐宮司解案	1003	天慶3年	天慶3年	
③	小右記（イ）	1015	天慶	天慶	天慶賊乱
③	小右記（ロ）	1031	天慶	天慶	
④	七大寺巡礼私記	1140	承平	―	
⑤	兵範記	1168	天慶	―	
⑥	玉葉	1180	天慶	―	天慶将門乱
⑦	丹生明神位記勘文	1246	天慶	天慶	天慶乱
⑧	丹生明神位階勘状不審事書	1246	―	天慶	天慶乱
⑨	比叡山三塔衆訴状案	1257	承平（天慶）	承平（天慶）	
⑩	日蓮書状	1278	承平	―	
⑪	異国降伏祈禱供養法注進状案	1289	天慶	―	
⑫	東大寺申状土代	1333	承平	―	
⑬	満済准后日記	1419	承平	―	
⑭	薩戒記	1428	―	承平	
⑮	蔗軒日録	1486	承平	―	

⑭『薩戒記』（大日本古記録）

正長元年（一四二八）四月二七日条に「平字在レ下号、寛平・承平・康平・仁平等也、承平（純友謀反）、康平（安部〔倍〕宗在〔任〕謀反）、各有二兵革一」とある。これは正長改元時の年号雑例の文章だが、純友の乱が承平年間とされている。

⑮『蔗軒日録』（大日本古記録）

文明一八年（一四八六）四月二七日条に「マサ門朝敵タシ時、平将軍貞盛・田原藤太秀郷・ウチノ民部卿忠文、承平年中、マサ門トハ米カミヨリソキラレケル田原藤太カ謀、キヨ原ノシケフチ二人、サ子（マヽ）東伐、カツラ原ノ親王ノ后代ハ、マサ門也、太平記ニ出之」とある。『太平記』によったものだが、将門の乱が承平年中とされている。[6]

以上、古代中世の日記と古文書をみてきたが、一三世紀前半まではほとんどの史料が将門の乱・純友の乱を天慶年間のこととしている。したがって、乱の名称も「天慶賊乱」「天慶乱」などとされている。とりわけ、将門純友の乱の当事者である藤原忠平の日記『貞信公記』に、直接的には純友の乱を指したものだが、「天慶兵乱」とあることは注目される。一方、一三世紀後半以降は多くの史料が将門の乱を承平年間としていて、将門の乱の時期についての認識が変化したことがわかる。

二　古代中世における将門純友の乱（二）

本節では、古代中世の歴史書、説話集、軍記物語などについてみていくことにしたい。

①『日本紀略』（国史大系、一一世紀末―一二世紀初成立）

安和二年（九六九）三月二五日条に「禁中騒動、殆如㆓天慶之大乱㆒」とある。これは、安和の変時の「禁中騒動」が将門純友の乱の時のようであったというものだが、両乱を「天慶之大乱」としている。

②『東大寺要録』（一二世紀初成立）

巻四羂索院の執金剛神像の説明のなかに、「去天慶年中将門之乱時、為㆑鎮㆓国家㆒祈㆓請当寺㆒」、「天慶之比有㆓平将門㆒、謀㆑危㆓国家㆒兵革无㆑絶、公家為㆑免㆓其難㆒祈㆓請此寺㆒」とあり、将門の乱を天慶年中としている。

③『今昔物語集』（日本古典文学大系、一二世紀前半成立）

巻二五―一の「平将門発㆓謀反㆒被㆑誅語」は『将門記』を抄出したものだが、年次については「朱雀院ノ御時」

とするだけである。次話の「藤原純友依㆓海賊㆒被㆑誅語」も「朱雀院ノ御時」として、海上を往反する船を掠奪していた純友が橘遠保に討たれる話を載せているが、最後に「此ノ天皇ノ御時ニ、去ヌル承平年中ニ平将門ガ謀叛ノ事出来テ、世ノ無極キ大事ニテ有シニ、程無ク亦此ノ純友被罰テ、此ル大事共ノ打次キ有ヲナム」とあり、将門の乱が承平年間とされている。

④『古事談』（新日本古典文学大系、一三世紀初成立）

巻第四―四に「将門逆乱者、天慶二年十一月始披露云云」とあり、将門の反乱開始が天慶二年とされている。

⑤『愚管抄』（日本古典文学大系、一二二〇年ころ成立）

巻四鳥羽・崇徳に「天慶ニ朱雀院ノ将門ガ合戦」とあり、将門の乱を天慶年間としている。

⑥『宝物集』（続群書類従、一三世紀前半成立）

「承平将門之、東八箇国ヲウチトリテ、十万人ヲコロシタル」とあり、将門の乱を承平年間としている。

⑦『十訓抄』（新編日本古典文学全集、一二五二年成立）

第一〇―七八に「承平のころ、平将門、東国にて謀反おこしたりけるに」とあり、将門が謀反を起こしたのは承平年間となっている。

⑧『古今著聞集』（日本古典文学大系、一二五四年成立）
　巻三―八七に「承平年中有㆓将門謀反㆒」とあり、将門の謀反を承平年中としている。

⑨『保元物語』・『平治物語』（日本古典文学大系、一三世紀前中期ころに原型が成立）
『保元物語』には、「昔承平に将門東八ヶ国を討取て、都へ責上るべきよし聞えしかば」（一二五頁）、「昔承平に将門が下総国相馬郡に都をたて、」（一三八頁）とあり、将門の反乱を承平年間としている。『平治物語』（古活字本）も、将門が「朱雀院御宇、承平五年二月に謀叛をおこし」（四四七頁）とあり、承平五年二月に謀反を起こしたとする。純友については、『保元物語』に「承平に将門、天慶純友、東西にらんげきおびたゝし」（八九頁）とあり、純友の乱を天慶年間としている。

⑩『平家物語』・『源平盛衰記』[7]（一三世紀中期ころに原型が成立）
『平家物語』（延慶本）は、「朱雀院御時、承平年中ニ、平将門、下総国相馬郡ニ住シテ、八ヶ国ヲ押領シ、自ラ平親王ト称シテ、都へ打上ケリ。帝位ヲ傾奉ラムトスル謀反ノ聞へ有ケレバ、花洛ノ騒ナノメナラズ。」（五三三頁）、「承平将門討テ名ヲ揚シ、俵藤太秀郷ガ八代末葉」（六五五頁）、「大仁王会被行、承平将門ガ乱逆ノ時、法性寺座主奉テ被行之例トゾ聞へシ」（六五九頁）、「昔承平将門ヲ追討ノ御祈ニ、鉄ノ甲冑ヲ献リタリケルガ」（六六三頁）などとあり、将門の乱を承平年間としている。『源平盛衰記』（国民文庫）も「承平には武蔵権守将門、平貞盛に被討、康和には対馬守義親、平忠盛に被討」（四二二頁）、「承平二年二月に、将門調伏の為に、不動安鎮の法を修す」（五四八頁）、「承平三年二月十三日、貞盛已下の官兵、将門が館へ発向す」（五四九頁）などとあり、同様

である。純友については、『平家物語』（延慶本）に「承平ノ将門、天慶ニ純友、康和ノ義親」（一七頁）、「承平将門、天慶純友ガ一度ニ東西ニ乱逆ヲコシ」（六〇一頁）、『源平盛衰記』に「承平に将門、天慶に純友、東西に鼻を並て乱逆せし」（六二二頁）とあり、将門の乱を承平年間とするのに対し、純友の乱は天慶年間としている。なお『平家物語』（延慶本）には、将門が比叡山から京都を直下にみて謀反心を持ったとある（「サレバ昔シ将門、宣旨ヲ蒙テ、御使ニ叡山ニ登リケルガ、大嶽ト云所ニテ京中ヲ直下ニ、僅ニ手ニ拳ル計ニテ覚ケレバ、即謀叛ノ心付ニケリ」（八五頁））。

⑪『一代要記』（改訂史籍集覧、一三世紀後半成立）

承平年間には将門についての記述はなく、天慶二年条に「平将門並従五位下興世王等謀反、虜二掠東国一発レ乱」とあり、乱の始まりを天慶二年としている。純友については、承平六年条に「海賊純友起」、天慶二年条に「伊予掾藤原純友文本等為二海賊一、両国往還不レ通、備前介藤原子高等起レ乱」とし、承平六年の純友は海賊で、乱の開始は天慶二年とする。

⑫『吾妻鏡』（国史大系、一三世紀後半―一四世紀初成立）

養和元年（一一八一）閏二月二三日条に「嚢祖秀郷朝臣、天慶年中追二討朝敵一平将門」、建仁元年（一二〇一）四月六日条に「天慶年中、平将門於二東国一企二叛逆一之時」とあり、将門の乱を天慶年中としている。

⑬『元亨釈書』（国史大系、一三二二年成立）

巻一〇の泰舜法師伝に「天慶三年、平将門反、詔レ舜修二大元帥供一」、叡山明達伝に「天慶三年正月、於二美州

山南神宮寺一、修二四天王法一、降二平賊将門一、二月（中略）十四日、将門伏レ誅、十一月、於二住吉神宮院一、降二藤純友一」、雲居寺浄蔵伝に「天慶三年、勅於二横川一修二大威徳法一、降二逆賊平将門一」とある。一方、巻二四承平皇帝条には、「天慶三年、初前将軍平良持之子将門反二東州一、已数年矣、寇虐甚熾、至レ此、詔二諸沙門一、修二降伏法一」とあり、将門の乱が始まってすでに数年たち、その勢いが盛んになったので、天慶三年に諸沙門に命じて降伏法を修させたとしている。故に、これによれば、将門の乱は天慶三年の数年前から始まっていたことになる。

⑭『神皇正統記』（日本古典文学大系、一三三九年成立）

将門は摂関家に仕え、検非違使を望むが許されなかったため憤激し、東国に下って反乱を起こした、としている。年次については、「将門、承平五年二月ニ事ヲオコシ、天慶三年二月ニ滅ヌ。其間六年ヘタリ。」（一三〇頁）とあり、乱の開始は承平五年とする。「先祖経基ハチカキ皇孫ナリシカド、承平ノ乱ニ征東将軍忠文朝臣ガ副将トシテ彼ガ節度ヲウク」（一七九頁）というように、「承平ノ乱」という名称を用いるのも同様の認識によるものであろう。純友については、将門に同意して西国で反乱を起こしたとあるだけで（「藤原純友ト云物、カノ将門ニ同意シテ西国ニテ反乱セシカバ」（一三〇頁））、反乱に至る詳しい経過は書かれていない。なお、将門は比叡山に登り内裏を遠見して謀反を考えたとある（「将門ハ比叡山ニノボリテ、大内ヲ遠見シテ謀反ヲオモヒクワタテケル」（一八五頁））。

⑮『帝王編年記』（国史大系、一四世紀後半成立）

承平年間には将門純友に関する記述はなく、天慶二年一一月二一日条に将門が謀反を起こしたとある。純友については、同日条に「西海凶賊純友」を降すために明達が調伏修法を行い、小野好古以下を差遣して討たせたとしている。したがって、将門純友ともに乱の始まりは天慶二年となろう。

⑯『増鏡』（日本古典文学大系、一四世紀中期成立）

「されば、承平の将門、天慶の純友、康和の義親、いづれもみな猛かりけれど、宣旨に勝たざりき」（二七七頁）とあり、将門の乱を承平年間、純友の乱を天慶年間としている。

⑰『梅松論』（群書類従、一四世紀中期成立）

「曩祖武蔵守兼鎮守府将軍秀郷朝臣、承平に朝敵平将門を討取て」（一六九頁）とあり、将門の乱を承平年間としている。

⑱『太平記』（日本古典文学大系、一四世紀後期成立）

「朱雀院ノ御宇承平五年ニ、将門ト云ケル者東国ニ下テ、相馬郡ニ都ヲ立、百官ヲ召仕テ、自平親王ト号ス」（一六八頁）とあるほか、「朝敵ト成テ叡慮ヲ悩シ仁義ヲ乱ル者」として「藤原仲成・天慶純友・康和義親」（一六八頁）をあげ、また「承平安二四天王之像一、将門遂傷二鐵身一」（三〇七頁）とする。このように『太平記』では、将門の乱を承平年間、純友の乱を天慶年間としている。

⑲『曾我物語』（日本古典文学大系、一四世紀成立）

「其ほか、いかりをなして、神とあがめられ給ふ御事、承平の将門、弘仁の仲成このかた、其数おほし」（四〇五頁）とあり、将門の乱を承平年間としている。

⑳『将門純友東西軍記』（続群書類従、室町時代成立）

承平四年、山陽・南海道に海賊が現れ、政府は官兵を遣わしてこれらを捕らえた。承平六年六月、藤原純友が日振島に千余船を集めて海上往来の官物を奪った。紀淑人が伊予守として遣わされ、淑人は仁政により海賊を鎮めた。七月に淑人は純友を伴って上洛した。この時将門も在京していて、二人は比叡山に登り、平安城を見下ろし逆臣となる盟約を結んだ。その後二人は国に帰り、天慶二年一二月に東西で反乱に立ち上がった。『将門純友東西軍記』は、将門純友が反乱に至る過程を以上のように記している。純友は承平六年に海賊首であったが、一旦は紀淑人に降り、天慶二年に将門とともに反乱を起こしたことになる。

㉑『楽音寺縁起絵巻』[8]（寛文以前）

この絵巻は、沼田氏の祖藤原倫実が薬師如来の助けにより藤原純友を討つことに成功し、乱後薬師如来を本尊として楽音寺を建立した、という内容のものである。詞書の初めの部分に「中比有㆓承平将門天慶純友云者㆒、奢心勝㆓項羽項庄㆒、武思越㆓張良樊噲㆒、依㆑之将門与㆓純友㆒令㆓一志同意㆒欲㆓傾㆑城乱㆒㆑国、然間将門統㆓領東国㆒抑㆓留国々年貢㆒、純友統㆓領西国㆒抑㆓留国々年貢㆒」と書かれている。「承平将門天慶純友」とあるので、将門の乱は承平年間、純友の乱は天慶年間とされていたことがわかる。また、「将門与㆓純友㆒令㆓一志同意㆒欲㆓傾㆑城乱㆒㆑国」とあって、将門と純友は同意して乱を起こしたとする。

表２　古代中世の歴史書・説話集・軍記物語

番号	史料名	成立時期	将門の乱	純友の乱	乱の名称
①	日本紀略	11c 末–12c 初	天慶	天慶	天慶之大乱
②	東大寺要録	12c 初	天慶	—	
③	今昔物語集	12c 前半	承平	—	
④	古事談	13c 初	天慶２年11月	—	
⑤	愚管抄	1220年ころ	天慶	—	
⑥	宝物集	13世紀前半	承平	—	
⑦	十訓抄	1252年	承平	—	
⑧	古今著聞集	1254年	承平	—	
⑨	保元物語	13c 前中期ころ	承平	天慶	
⑨	平治物語	13c 前中期ころ	承平５年２月	—	
⑩	平家物語（延慶本）	13c 中期ころ	承平	天慶	
⑩	源平盛衰記	13c 中期ころ	承平	天慶	
⑪	一代要記	13c 後半	天慶２年	天慶２年	
⑫	吾妻鏡	13c 後半–14c 初	天慶	—	
⑬	元亨釈書	1322年	天慶３年以前	—	
⑭	神皇正統記	1339年	承平５年２月	—	承平ノ乱
⑮	帝王編年記	14c 後半	天慶２年11月	天慶２年	
⑯	増鏡	14c 中期	承平	天慶	
⑰	梅松論	14c 中期	承平	—	
⑱	太平記	14c 後期	承平５年	天慶	
⑲	曾我物語	14c	承平	—	
⑳	将門純友東西軍記	室町時代	天慶２年12月	天慶２年12月	
㉑	楽音寺縁起絵巻	寛文以前	承平	天慶	

以上、古代中世の歴史書、説話集、軍記物語などをみてきたが、純友の乱はいずれもが天慶年間としている。一方、将門の乱については、承平年間とするものと天慶年間とするものとに分かれるが、前節でみた日記・古文書と同様、一三世紀後半からは承平年間とするものが多くなる。こうしたことから、一三世紀後半以降は「承平の将門、天慶の純友」「承平に将門、天慶に純友」など、将門＝承平、純友＝天慶とする表現が多くみられるようになる。なお、乱の名称は、『日本紀略』に「天慶之大乱」、『神皇正統記』に「承平ノ乱」とあるだけで、他にはみあたらない。

このように、古代中世の諸史料を調べてみると、純友の乱はほとんどが天慶年間としている。しかし、将門の乱は、一三世紀前半までは天慶年間とするものが多いが、一三世紀後半からは承平年間とするものが多くなるのである[9]。

なお、将門純友の事前共謀説については、『本朝世紀』天慶二年一二月二九日条に「前伊与掾藤純友、年来住二彼国一、集レ党結レ群、行二暴悪一、去廿六日虜二備前介藤原子高一已了、与二平将門一合レ謀通レ心、似レ行二此事一」とあるので、乱の当初から存在したものである。『大鏡』にも両者が盟約を結んでいたとあり、その後も数は少ないが、『将門純友東西軍記』や『楽音寺縁起絵巻』がこの説を採っている。このうち『将門純友東西軍記』では、将門と純友が二人いっしょに比叡山に登り京都を見下ろし逆臣となることを約した、としている。将門が比叡山に登り謀反を企てたことは、『平家物語』（延慶本）にもみえる話である。しかし、ここでは将門一人が比叡山に登り内裏を見下ろして謀反を考えたことになっている。これは、『平家物語』（延慶本）では、反乱の時期を将門は承平、純友は天慶とし、反乱開始の時期が異なるため、比叡山に登ったのは将門一人となっているのであろう。

三　近世の歴史書における将門純友の乱

本節では、近世の歴史書において、将門純友の乱がどのように論じられているかを調べていくことにする。

①『本朝通鑑』(10)

承平四年五月、山陽・南海道に海賊が現れ、政府は藤原純友を伊予掾に任じて取り締まらせた。しかし、純友は海賊を配下に置き、官物の掠奪を行った。同六年六月、純友は賊船千余艘を率いて日振島に屯聚し、暴威を振るった。伊予守・追捕使となった紀淑人は仁政を施し、海賊を来降させた。その結果、海賊は衰え、純友も力を失った（「由レ是、賊勢不レ振、国内安堵、純友有而若レ亡」（一二五八頁））。天慶二年一一月、将門が関東で反乱を起こした。将門は藤原忠平に仕え、検非違使になることを願ったが許されず、怒って東国に戻り、叛心を抱くようになっていた。将門の反乱を聞いて純友も蜂起し、備前国の藤原子高を襲った。これより前、二人は比叡山に登り、京都を見下ろしながら叛逆の盟約を結んでいた。

以上が、『本朝通鑑』にみえる将門純友の反乱に至る経過である。承平四年に純友が伊予掾となり海賊を配下に置いたことは独自の見解であるが、他はだいたい『将門純友東西軍記』と同じである。故に、将門の反乱開始は天慶二年である。純友は承平年間から海賊首であったが、承平六年に一旦は紀淑人に鎮められ、天慶二年に将門に呼応して反乱に立ち上がったことになる。

②『武家事紀(11)』

「天慶二年冬十二月平将門関東ニテ乱ヲ起シ下総国相馬郡ニ王城ヲ立ツ、同時藤原純友海賊ヲカタラヒ伊与国ヨリ討テ出」（五頁）とあるように、将門と純友が天慶二年一二月に同時に反乱を起こしたとする。また、将門と純友が在京時に比叡山に登り王城を見下ろして逆謀を相約したとしている。乱の名称は、「コレヲ天慶ノ逆乱ト云ヘル也」（五頁）としている。

③『本朝通紀(12)』

将門は天慶二年一二月に関東で反乱を起こし、平親王と称したとする。純友については、承平六年六月条に「南海賊将藤原純友寇二南海一」とあり、承平六年にすでに賊将であったが、同年に伊予守となった紀淑人により鎮圧されたとしている（「於レ是、朝廷議使下紀淑人為二伊予守一鎮中其乱上、淑人以二愛恵一親二邦民一、邦民多迎二淑人一背二純友一、至レ是遑賊稍静焉」）。そして、天慶二年一二月に将門が乱を起こした時に純友も伊予国で蜂起したとする。なお、これより先に両者は比叡山に登り反乱の盟約を結んでいたとしている。

④『大日本史』[13]

将門は忠平に仕えて検非違使になることを望んだが、許されなかったため失望して東国に戻り、天慶二年一一月反乱に立ち上がった。一方、承平六年に紀淑人が海賊を追捕した時、純友は伊予掾としてともに追捕にあたった。しかし、純友は任期を終えても帰京せず、日振島に居し海賊を集めて山陽・南海二道を劫掠し、将門の反乱に応じて藤原子高と島田惟幹を襲った。[14]

以上が『大日本史』にみえる将門と純友が反乱に至る過程だが、注目されるのは、承平六年の純友が紀淑人とともに海賊追捕にあたっていたとしていることである。『大日本史』天慶二年一二月一五日条には、「先㆑是前伊予掾藤原純友招㆓集海賊㆒、劫㆓掠南海山陽二道㆒、至㆑是応㆓将門㆒、潜遣㆑人行㆓火於東西京㆒、京師騒擾」（典拠史料等の割書は省略）という記事の後に、次のような割書が付されている。

按㆓日本紀略㆒、承平六年六月、書純友屯㆓聚伊予国日振島㆒、鈔㆓掠官物私財㆒、是月壬戌条、又書前伊予掾藤原純友為㆓海賊首㆒、考㆓外記日記㆒十二月二十一日伊予国解、前掾藤原純友去承平六年蒙㆘追㆓捕海賊㆒宣旨㆖、而近来率㆑兵欲㆑浮㆑海、部内騒動、拠㆑此承平六年猶未㆑反、而是歳始反也、故従㆑之。

つまり、『日本紀略』には、承平六年六月条に純友が日振島に海賊を集めて官物私財を掠めている、また同天慶二年一二月二六日条には純友が海賊の首領であったとあるが、「外記日記」すなわち『本朝世紀』天慶二年一二月二一日条の伊予国解に、純友が承平六年に追捕海賊宣旨を蒙ったとあるので、承平六年段階では純友はまだ反していない、天慶二年に初めて反したというのである。

このように『大日本史』は、『日本紀略』承平六年六月条・同天慶二年一二月二六日条と『本朝世紀』天慶二年一二月二一日条を比較検討し、『本朝世紀』に純友が承平六年に追捕宣旨を蒙ったとあることから、承平六年の純友が海賊首であったことを否定し、純友は紀淑人とともに海賊の追捕にあたっていた、そして純友が反乱を起こしたのは天慶二年であると結論づけているのである。

⑤『読史余論』[15]

「天慶二年十一月、平将門・藤純友が乱出来たり」（一一三頁）、「天慶二年、将門純友が乱起りし」（一二四頁）とあり、将門純友の乱の開始を天慶二年一一月とする。また、「二人はじめ洛にありし時、叡山に上りて相約し、兵を起せしといふ。」（一一四頁）としている。さらに、将門については、「将門誅害日記」により、天慶二年一一月に常陸大掾国香を殺し、以降反乱に突入していったとしている（一一四頁）。純友については、「承平六年六月、南海賊起純友」（一九頁）とし、承平六年の純友を海賊とする。また「純友追討記」を引用し、純友は海賊の魁首で、将門が反したことを聞いて、平安京で放火し、子高を襲撃したとする（一一五頁）。このほか、「抑々源氏武をとりし事、経基に始りて、平氏武を取りしことは貞盛に始る。皆これ天慶の乱の時に始れり。」（一二一頁）、「頼朝つひに天下の権をわかたれしこと、皆是累代の余烈によりて也。その事のよしを考るに、ひとつに天慶のみだれによれり。」（一二二頁）とあり、将門純友の乱を「天慶の乱」「天慶のみだれ」と称している。

⑥『国史略』[16]

将門は、天慶二年に反乱を起こし、自ら親王と称して下総国に建都したとする。純友については、将門に応じて蜂起し、備前介藤原子高と播磨介島田惟幹を襲ったが、これは将門と純友が在京時に比叡山に登り、帝城を臨みながら謀反を約していたためであるとしている。なお、承平六年条には、紀淑人が海賊を追捕し、賊師小野氏彦らが降伏したとあるだけで、純友のことはみえない。

⑦『日本外史』・『日本政記』[17]

将門は、忠平に仕え検非違使となろうとしたが許されず、そのため東国に戻って常陸・下総国を劫掠し、承平年中に伯父の国香を攻殺した。天慶二年一一月、常陸国を手始めに関東諸国を攻略し、自ら平新皇と名乗った。純友は、伊予掾となったが任期が満ちても帰らずに海賊となり、将門の蜂起に応じて京に放火し、藤原子高を襲った。これより先、将門と純友は比叡山に登り、皇城を俯瞰しながら謀反の盟約を結んでいた。

『日本外史』・『日本政記』は、将門純友の乱の経過をこのように述べていて、両乱の開始を天慶二年とする。また、その名称については「天慶の乱」[18]としている[19]。

近世の歴史書をみてきたが、一三世紀後半以降の史料には将門の反乱時期を承平年間とするものが多いのに対し、近世の歴史書はすべて天慶二年としている。これは考証が進み、一族内の内紛であった承平年間と、反乱に立ち上がった天慶二年一一月以降とが区別されるようになったためであろう。純友については、いずれの歴史書も天慶二年末に純友が将門に呼応して蜂起したとしている。しかし、承平六年の純友については、『本朝通鑑』『本朝通紀』『読史余論』が海賊の首領であったとするのに対し、『大日本史』は紀淑人とともに海賊追捕にあたっていたとする。『大日本史』は、『本朝世紀』に純友は承平六年に海賊追捕の宣旨を蒙ったとあることからこの説を展開しているのだが、これは近年の純友をめぐる議論と重なる点が多く、きわめて興味深い。『大日本史』の影響は大きかったようであり、近世後期の歴史書には承平六年の純友が海賊であったとするものはほとんどない。乱の呼称は、二人の反乱が天慶年間とされているので、「天慶の乱」「天慶ノ逆乱」「天慶のみだれ」という語が用いられている。また、事前の盟約については、いずれの歴史書も天慶二年に将門と純友が同時に蜂起したとするので、そのほとんどが比叡山に登った二人が京都を見下ろしながら反乱を約したとしている。

四　明治—戦前における将門純友の乱（一）

明治になると近代的歴史学研究が始まり、将門純友の乱研究は新たな段階に入る。本節では、そうしたなかで、将門純友の乱の呼称がどのように変わっていったのか、またそれはなぜなのかを考えていきたい。

表3は、管見に及んだ限りではあるが、概説書を中心に、将門純友の乱がどのように称されているか、また承平年間の純友の動きがどのように叙述されているかを調べたものである。

一八八七年（明治二〇）帝国大学に史学科が設置され、リースが着任する。周知のように、リースはランケ流の実証主義を導入するとともに、史学会を創立し、史学（会）雑誌を発刊した。一八八九年には国史学科が設置され、重野安繹・久米邦武・星野恒の三教授が任命される[20]。こうして近代アカデミズム史学は確立していくのだが、こうしたなかで用いられた将門純友の乱の呼称は天慶の乱であった。重野安繹・久米邦武・星野恒編『国史眼』は明治初期の考証史学を代表する通史で、帝国大学文科大学国史学科の教科書とされたものだが[21]、そこでは両乱の経過を述べたあと「是ヲ天慶ノ乱ト曰フ」としている。同時期の史学（会）雑誌に発表された三浦録之助

表3　明治―戦前期の概説書

著者	書名	出版社	発行年	乱の呼称	承平年間の純友
松井広吉	日本帝国史	博文館	1889	天慶の乱	海賊討伐の功あり、任満後も還らず
山名留三郎	本朝史要	―	1889	天慶の乱	伊予掾となるも、任満ちて帰らず、盗をなす
史学会	稿本国史眼	―	1890	天慶の乱	伊予掾となり淑人と海賊追捕、任満ちて帰京せず
乙黒直方	日本新歴史	富山房	1891	天慶の乱	―
福田久松	大日本文明略史	―	1891	天慶の乱	かつて海賊討伐の功あり、任満後も還らず
小林鐵之輔	大日本帝国全史	―	1892	天慶の乱	朝廷の命により海賊を追捕、任満ちて帰らず、海盗をなす
有賀長雄	帝国史略	牧野書房	1893	承平天慶の乱	承平天慶の間に謀反
大和田建樹	新体日本歴史	博文館	1894	天慶の乱	―
竹越与三郎	二千五百年史	開拓社	1896	―	承平年中に海賊討伐、任満後も帰京せず、承平6年に日振島によって劫掠
萩野由之	大日本通史	博文館	1899	将門純友の乱	承平中海賊を追捕、任満ちて帰京せず、日振島によって官物を掠める
歴史及地理講習会	国史講義	吉川弘文館	1902	天慶の乱	純友は承平4年に叛す
本多浅治郎	日本歴史講義	金刺芳流堂	1904	承平天慶の乱	任満ちて帰京せず、承平4年に海賊の首領となり日振島による
日本歴史攻究会	参考日本歴史	魚住書店	1906	天慶の乱	―
池田晃淵	平安朝史	早稲田大学出版部	1907	将門と純友の乱	任満後も帰京せず、日振島によって海賊の首領となる、承平6年に紀淑人が追捕
有賀長雄	大日本歴史	博文館	1907	承平天慶の乱	承平年中淑人と共に海賊追捕、任満後も帰京せず、日振島で掠奪を事とする
笹川種郎	帝国史講義	内田老鶴圃	1907	承平天慶の乱	承平4年に任満後も帰らず海賊の長となり、日振島によって官物を掠める
黒板勝美	国史の研究	文会堂書店	1908	承平天慶の乱	承平に任満後も帰京せず沿海を劫掠
青木武助	参考日本大歴史	宝文館	1909	承平天慶の乱	承平年中淑人と共に海賊追捕、承平4年任満後も帰京せず、海賊を集めて劫掠す
喜田貞吉	国史之教育	三省堂書店・六合館書店	1910	承平天慶の乱	―
久米邦武	裏面より見たる日本歴史	読売新聞社	1911	天慶の乱	―
高桑駒吉	日本通史	弘道館	1912	承平天慶の乱	承平年中淑人と共に海賊追捕、任満後も帰京せず日振島によって劫掠をなす
青木武助	校訂大日本歴史集成	隆文館	1913	承平天慶の乱	承平年中淑人と共に海賊追捕、承平4年任満後も帰京せずに日振島によって劫掠をなす
吉田東伍	倒叙日本史九	早稲田大学出版部	1913	天慶の兵乱	承平中に海賊を追捕、任満後も帰京せずに多くの人衆を率いる
岡部精一・高橋与惣	大日本歴史	大同館書店	1913	承平天慶の乱	承平年中淑人と共に海賊追捕、任満後も帰京せず、海賊を集めて瀬戸内沿岸を劫掠
吉田東伍	地理的日本歴史	南北社	1914	純友将門の乱	任満つるも帰京せず、海賊の首領となって沿海を劫掠
高桑駒吉	日本歴史通覧	実業之日本社	1916	承平天慶の乱	淑人と共に海賊追捕、承平4年任満後も帰京せず、海賊を集めて沿岸を劫掠

新保磐次	趣味の日本史	金港堂	1916	承平天慶の乱	伊予掾として海賊を追捕、任満後も帰らず日振島による
黒板勝美	国史の研究	文会堂書店	1918	純友将門の乱	承平に任満後も帰京せず沿海を劫掠
川上多助	国史講習録平安朝史	国史講習会	1918	天慶の乱	任満ちても帰京せず海賊賊首となり、官物を劫掠、承平6年に追捕宣旨を受け、帰順
高橋俊乗	国民日本歴史	富山房	1918	承平天慶の乱	任満後も還らず海賊を率いる
長沼賢海	参考日本歴史	博文館	1919	承平天慶の乱	承平中に海賊を討つが、任満ちて帰らず
萩野由之	註釈日本歴史	博文館	1919	天慶の乱	—
大森金五郎	大日本全史	富山房	1921	承平天慶の乱	海賊を討つが、任満後も帰らず、日振島により人衆を率いる
中村徳五郎	新らしき研究日本歴史	松雲堂	1921	天慶の乱	紀淑人と海賊を追捕するが、任満ちて帰らず
高須梅渓	国民の日本史三平安時代	早稲田大学出版部	1922	天慶の乱	承平4年に反、承平3年に伊予掾となり海賊を追捕するが、海賊の仲間に入り、任満後も帰京せずに沿海を横行
栗田元次	綜合日本史概説	中文館	1926	将門純友の乱	—
太田亮	日本史精義	文献書院	1926	天慶の乱	任満後も帰らず、海賊を追捕するが、逆に賊の首領となる
川上多助	綜合日本史大系三平安朝史	内外書籍	1930	承平天慶の乱	任満ちても帰京せず、承平6年には海賊首となる、淑人が海賊平定のため、純友に追捕宣旨を賜い、懐柔
黒板勝美	更訂国史の研究	岩波書店	1932	承平天慶の乱	承平4年任満後も帰京せず海賊の首魁となり沿海を劫掠
下村三四吉	平安朝史	日本文学社	1932	天慶の乱	承平6年に淑人の下僚として伊予に下る、任満ちても帰京せず、海賊の首魁となり、日振島によって掠奪を事とする
斎藤斐章	日本国民史	賢文館	1933	天慶の乱	—
白柳秀湖	民族日本歴史	千倉書房	1935	天慶の乱	淑人と共に海賊を追捕
魚澄惣五郎	日本史新講	星野書店	1936	承平天慶の乱	任満後も帰京せず、承平4年には日振島により沿海を劫掠
桜井時太郎	国史大観二	研究社	1936	承平天慶の乱	承平6年以前に反、承平6年懐柔のため海賊追捕を命じられる
川上多助	日本歴史概説	岩波書店	1937	天慶の乱	任満後も帰らず日振島により官物を掠奪、承平6年に一旦降伏
国民精神研究会	国史と時代の人々	国民図書協会	1938	天慶の乱	—
古田良一	概観日本通史	同文書院	1939	承平天慶の乱	—
高須芳次郎	日本二千六百年史物語	新潮社	1939	天慶の乱	海賊平定に当たるが、任満後も帰京せず、承平6年に反乱をおこす
田名網宏	新講大日本史三平安時代史	雄山閣	1940	承平天慶の乱	承平6年淑人と共に海賊追捕、任満後も帰京せず、日振島によって海賊首となり、掠奪を事とする
木宮泰彦	増補参考新日本史	富山房	1943	承平天慶の乱	淑人と共に海賊追捕、任期後も帰京せず、海賊の巨魁となる
市村其三郎	日本史概	堀書店	1943	承平天慶の乱	—
鮎沢信太郎	国史集説	照林堂	1944	承平天慶の乱	承平年中に海賊追討の官命を受けるが、任満後も帰京せず、日振島によって海賊首となる

（周行）、坪井九馬三の論文も「天慶の乱」「天慶乱」とされている。[22]また、そのころ出版された松井広吉、山名留三郎、乙黒直方、福田久松、大和田建樹の著書でも天慶の乱の呼称が用いられている。

このように、明治二〇年代ころまでは乱の呼称はほとんどが天慶の乱だったのだが、明治三〇年代以降は乱の呼称として、天慶の乱よりも承平天慶の乱の方が多く用いられるようになる。これはいかなる理由によるのであろうか。

将門純友の乱のうち、将門の乱については、乱の評価はともかく、乱の過程自体については著書により大きな違いがあるわけではない。つまり、内容に精粗はあるものの、いずれの著書も、当初は一族間の内紛であったものが常陸国庁襲撃以降は国家への反逆となっていくと叙述している。これは、明治になると星野恒「将門記考」（『史学会雑誌』二、一八九〇年）など『将門記』の学問的研究が進み、『将門記』が将門の乱研究の中心史料として幅広く共有されたためであろう。したがって、承平天慶の乱が呼称として用いられるようになる理由が将門の乱の方にあるとは思われない。私見では、承平天慶の乱が使われるようになる主な要因は、純友の乱の過程についての認識の変化にある。

前節でみたように、近世後期になると、『大日本史』の影響をうけて承平六年の純友が海賊であったとするものはみえなくなり、明治に入っても同様の状況は続く。『大日本史』では、承平六年の純友は紀淑人とともに海賊の追捕にあたっており、反乱を起こしたのは天慶二年であるとしているのだが、明治二〇年代まではこうした考え方が主流であった。たとえば、『国史眼』に「藤原純友ハ伊予掾ト為リ、国守紀淑人ト海賊ヲ追捕シ」、三浦録之助「天慶の乱を論ず」では「天慶二年に至りて純友が海賊の乱は起りぬ、（中略）彼は前海賊の乱に當りて之を追捕すべき宣旨をも蒙りたるものにて」[23]とある。

しかしその後は、純友が海賊を追捕していたことに触れずに、当初から純友は海賊の首領であったとするものや、海賊追捕に触れたとしても、承平四年あるいは承平六年には純友が海賊の首領になっていたとするものが増えていく。前者の例として、本多浅治郎『日本歴史講義』には「伊予掾藤原純友は任期満つれども帰らず紀元一五九四年承平四年自ら海賊を集めて其巨魁となり日振島を根拠として南海、山陽の沿海を劫掠すること数年、平将門が下総に拠りて乱を作すに及び遙に之に応じて益、奪略を恣にせり」とある。また、笹川種郎『帝国史講義』には「朱雀天皇の承平四年（一五九四）に伊予掾藤原純友なるもの、任満つれども還らずして、自ら海賊の長となり、日振島を根拠地とし、官物を掠め、官舎を焼き、公然海賊の大合同をなしたり」とある。(24)

後者の例としては、青木武助『校訂大日本歴史集成』に「朝廷にては、紀淑人を伊予守に任じこれを追捕せしめ給へり。時に純友は伊予掾なりければ、淑人をたすけて追捕に従事したりしが、既にして、賊等、淑人の威信に服して降参したりき。然るに純友は異謀を蓄へ、承平四年国司の任期満ちたるも京師に還らず、海賊を集めて南海・山陽の二道を劫掠し、日振島（中略）に拠る。」とあり、また、高桑駒吉『日本歴史通覧』には「初め純友は伊予掾となりて伊予守紀淑人と共に、南海の海賊を討ちしが、承平四年純友異図を蓄へ、任満つれども帰国せず、海賊を集めて反を企て南海山陽の沿岸地を掠め(25)」とある。

このように、純友が海賊を追捕していたことがみられなくなるのに対し、承平年間からすでに純友は海賊の頭領となり、日振島を根拠地に南海山陽両道沿海を劫掠していたとする論調が強まっていくのだが(26)、そうした結果、純友の乱は承平年間に始まるとする考え方が出てくるのは自然なことであろう。たとえば、歴史及地理講習会『国史講義』には「純友叛承平四年、将門叛天慶二年」とある。また、本多浅治郎『日本歴史講義』では「承平の乱」の項に先掲の文章を含む純友の乱の経過が、次いで「天慶の乱」の項で将門の乱の経過が書かれていて、純友の乱―承平の乱、将門の乱―天慶の乱というとらえ方がなされている。さらに、高須梅渓『国民の日本史三平安時代』では「時の遅速から云ふと、純友の乱が将門の乱よりは少し早く爆発した。純友は承平四年に、南海に於て叛旗を翻したのだ。」と述べられている。

こうしたことと関係すると思われるのが、将門の乱と純友の乱の叙述の先後である。『国史眼』や三浦録之助「天慶の乱を論す」以来、将門純友の乱の叙述にあたっては将門の乱を先に述べるのが一般的なのだが、純友の乱を先に述べるものもいくつかみられるようになる。先述した本多浅治郎『日本歴史講義』がその典型だが、この他に竹越与三郎『二千五百年史』、池田晃淵『平安朝史』、吉田東伍『地理的日本歴史』、高須梅渓『国民の日本史三　平安時代』でも純友のことが先に述べられている。これは、純友の乱が将門の乱より先に承平年間に起きたと考えられていたためであろう。ちなみに、吉田東伍『地理的日本歴史』では「純友将門の乱」となっている。

最後に、黒板勝美『国史の研究』(27)をとりあげてみたい。この本は「日本史研究の入門書をかねた概説書」で、一九〇八年、一九一八年、一九三一―一九三六年の三度にわたり刊行され、初版は「同種の書物がなかったので世の歓迎をうけ、日本史研究の羅針盤であり、研究者必携の書と推賞せられた」。また、三版は「第二次世界大戦までの日本歴史研究を指導した意義は大きい」とされている。まず、一九〇八年の初版をみると、目次には「承平天慶の乱」、本文には「承平には伊予大掾藤原純友任満つて帰らず、沿海を劫掠するあり、天慶には平将門興世王等の乱あり」とあり、純友の乱が承平年間、将門の乱が天慶年間と考えられていたことがうかがえる。一九一八年の二版では、本文は同じだが、目次が「純友将門の乱」に変わっていて、純友の乱が先行するとされていたことがわかる。一九三二年の三版では、目次が「承平天慶の乱」「将門の叛乱の概説」「藤原純友また叛す」「将門純友の乱平ぐ」となるが、本文では純友の乱の叙述が「承平天慶の乱」の前になされている。そこでは

「承平四年には西に伊予大掾藤原純友任満つるも帰らず、海賊の首魁となって沿海を劫掠せるあり、一時紀淑人によってそれらの海賊を綏撫し得たけれど、天慶二年また純友の再挙と時を同じくして東に平将門の叛乱起り、武士の活動始めて史上に現れて来た。」と述べられている。三版では叙述が詳しくなり、著者の考えがより明確に表されているが、純友が海賊を追討していたことには触れられていない。また、著者は承平四年には純友が海賊の頭目となって沿海を劫掠していたとするのだが、「藤原純友また叛す」「純友の再挙」といういい方からすれば、純友の乱が承平年間から始まると考えていたことは明らかである。

以上のように、明治三〇年代以降は、純友が承平六年に海賊を討伐していたことにあまり触れられなくなり、逆に承平年間からすでに海賊であったことが強調されるようになる。こうした結果、承平年間の純友と天慶年間の純友の違いがあいまいになって、純友の乱が承平年間から始まるとされ、乱の呼称も承平天慶の乱が用いられるようになっていくのである。(28)

五　明治―戦前における将門純友の乱（二）

本節では、明治―戦前の小学校・旧制中学校（以下では中学校とする）の教科書にみえる将門純友の乱についてみていくことにしたい。なお、いずれの教科書も将門と純友が反乱を起こしたことが簡単に記されているだけで、内容面での差異はあまりない。したがって、以下では将門純友の乱の呼称を中心に調べることにする。(29)

表4は小学校の教科書にみえる乱の呼称を表にしたものである。(30)これを用いて、いくつかの時期に分けて考察を行っていきたい。

表4　明治—戦前期の小学校教科書

著　者　・　書　名	年次	呼称
大槻東陽『皇朝歴代沿革図解』	1870	—
南摩綱紀『内国史略』	1872	—
木村正辞『史略』	1872	○
沖脩『訓蒙皇国史略』	1872	—
小林虎『小学国史』	1873	—
海軍兵学寮『日本志略』	1873	—
村松良粛『皇朝仮名史略』	1873	—
清原道彦『国史訓蒙』	1873	○
森立之『歴朝史要』	1873	○
大屋愷敆『皇統小史』	1873	—
関吉孝『本朝略史』	1874	—
亀谷省軒『国史提要』	1874	—
木村正辞『改正史略』	1875	×
木村正辞『日本略史』	1875	×
大槻東陽『啓蒙国史略』	1875	—
小杉雅三『訓蒙国史略』	1875	—
上羽勝衛『日本史略』	1875	—
村井清『日本史略』	1875	—
松浦果『小学国史略』	1875	○
西村兼文『訓蒙国史集覧』	1875	—
棚谷元善『国史攬要』	1876	—
市岡正一『校正日本史略』	1876	—
西野古海『小学日本史略』	1876	—
鈴木重遠『鼇頭日本史略』	1876	—
水渓良孝『日本史略』	1876	—
河村与一郎『日本史略』	1876	—
笠間益三『日本略史』	1877	○
笠間益三『鼇頭日本略史』	1877	○
藤本箭山『小学国史略』	1877	—
田中義廉『日本史略』	1877	—
草場廉『国朝史略』	1877	—
木村正辞『国史案』	1877	○
河村与一郎『訓蒙挿画仮名国史略』	1877	—
青木輔清『皇武史略』	1878	○
堤正勝『標註国史要略』	1878	×
伊地知貞馨『小学日本史略』	1879	—
川島楳坪『古今紀要』	1879	○
荒野文雄『標註小学日本史略』	1880	○
土方幸勝『日本国史略』	1880	○
小林義則『小学日本歴史』	1880	○
藤田久道『漢文日本略史』	1881	—
笠間益三『新編日本略史』	1881	○
山名留三郎『小学国史集要』	1881	—
笠間益三『新刻小学日本略史』	1881	○
藤井次郎『小学国史略』	1881	—
石村貞一『小学科本日本略史』	1882	○
笠間益三『鼇頭新撰日本歴史』	1882	○
石村貞一『小学日本歴史』	1882	○
近藤瓶城『小学国史略』	1882	○
椿時中『小学国史記事本末』	1883	—
伊地知貞馨『増定小学日本史略』	1883	—
三橋惇『史学教授本』	1884	—
木村敏『校刻国史提要』	1884	—
椿時中『小学本邦歴史』	1884	○
笠間益三『小学日本史』	1884	○
栗田勤『新刻日本史略』	1885	○
杉浦重剛『国史初歩』	1885	○
高橋源太郎『小学歴史問答摘要』	1885	○
森孫一郎『学校用日本史略』	1885	○
宮本茂任『小学日本略史』	1885	○
小幡篤次郎『小学歴史階梯』	1886	○
岡本監輔『国史紀要』	1886	○
近藤瓶城『初学日本略史』	1886	○
古谷傳『日本史要』	1886	○
岡本賢蔵『国史捷録』	1886	○
森本確也『本邦歴史』	1886	○
三島毅『小学日本史』	1886	○
長尾槇太郎『尋常小学日本歴史』	1886	○
野沢玄宣『小学日本歴史』	1886	○
笹本恕『前科小学帝国史』	1887	○
大槻文彦『日本小史』	1887	○
辻敬之『小学校用歴史』	1887	○
堤正勝『皇朝史鑑』	1887	○
信夫恕軒『初学日本史』	1887	—
柏倉一徳『高等小学日本歴史』	1887	○
志賀二郎『国史要略』	1887	○
笠間益三『新撰日本略史』	1887	○
小幡篤次郎『小学国史』	1887	○
中原貞七『新撰国史』	1887	○
森孫一郎『訂正学校用日本史略』	1887	○
信夫恕軒『国史概略』	1887	○
吉田利行『日本略史』	1887	○
蒲生重章『小学国史概要』	1887	○
鈴木弘恭『小学日本歴史』	1887	○
原田由己『日本史要』	1887	○
林重次郎『古今史話』	1887	—
笠間益三『皇朝略史』	1888	○
山県悌三郎『小学校用日本歴史』	1888	—
田中義廉『改刻日本史略』	1888	—
新保磐次『小学日本史』	1888	×
藤本真『新撰小学歴史』	1888	○
敬業社『日本小歴史』	1888	○
岡田熊太郎『新撰小学歴史』	1888	○
楊春樹『新撰日本歴史』	1888	○

山県悌三郎『新撰帝国小史』	1897	○
池村鶴吉『初等教科日本小国史』	1897	○
棚橋一郎『日本歴史』	1897	○
塙鍵蔵『新体日本小史』	1898	○
学海指針社『新撰帝国史談』	1899	—
小林弘貞『新撰日本小史』	1899	○
普及舎『小学国史』	1900	○
新保磐次『小学内国史』	1900	×
山県悌三郎『修正新撰帝国小史』	1901	○
新保磐次『修正小学内国小史』	1901	○
東久世通禧『小学国史』	1901	○
前橋孝義『日本歴史』	1901	○
中根淑『修正小学日本国史』	1901	○
学界指針社『修正新撰帝国史談』	1901	—
育英舎編輯所『小学日本国史』	1901	○
金港堂編輯所『小学校用修正日本歴史』	1901	○
教育同志会『新撰小学国史』	1901	○
右文館『高等小学日本歴史大要』	1901	○
国光社編輯所『新撰小学国史』	1902	○
帝国書籍編輯所『歴史教科書』	1902	○
文学社編輯所『小学歴史教科書』	1902	○
文部省『小学日本歴史』	1903	—
文部省『小学日本歴史　巻三』	1903	○
文部省『小学日本歴史第三学年用』	1904	○
文部省『尋常小学日本歴史』	1910	—
文部省『高等小学日本歴史』	1910	○
文部省『尋常小学日本歴史』	1911	—
文部省『高等小学日本歴史』	1911	○
文部省『尋常小学国史』	1920	—
文部省『高等小学国史』	1924	○
文部省『尋常小学国史』	1934	—
文部省『高等小学国史』	1938	○
文部省『高等小学国史第三学年用』	1939	○
文部省『小学国史尋常科用』	1940	—
文部省『初等科国史』	1943	—
文部省『高等科国史』	1944	—

＊　○は天慶の乱、×は承平天慶の乱

阿部弘蔵『学校用日本歴史』	1888	○
青山正義『小学古今史話』	1889	○
杉浦重剛『日本通鑑』	1889	—
石橋奎『記事本末国史提要』	1889	○
松本貢『尋常小学日本小歴史』	1891	○
文部省総務局図書課（神谷由道）『高等小学歴史』	1891	○
田中登作『日本歴史大要』	1891	○
岡村増太郎『尋常小学校用日本歴史』	1891	○
金港堂編輯所『小学日本史略』	1891	○
松田直一『小学校用日本歴史読本』	1891	—
黒瀬重暉『小学日本史要門』	1891	—
浅井政綱『小学日本歴史稿本』	1892	○
谷口政徳『参考日本歴史講義』	1892	○
山県悌三郎『帝国小史』	1892	○
萩野由之『小学国史眼』	1892	○
田中登作『高等小学古今事歴』	1892	○
畠山健『小学歴史入門』	1892	—
天野為之『日本小歴史初歩』	1892	○
石橋臥波『小学生徒日本地理歴史新書』	1892	○
松本愛重『尋常小学日本歴史談』	1892	○
太田百祥『小学帝国史談』	1892	○
増田于信『高等小学日本歴史』	1892	○
金港堂編輯所『小学史談』	1892	—
生田目経徳『尋常科用日本歴史』	1892	○
秦政治郎『日本帝国歴史』	1892	○
永江正直『絵入日本歴史』	1893	○
岡村増太郎『高等小学新歴史』	1893	○
東久世通禧『高等小学国史』	1893	○
教育学館『小学日本歴史』	1893	○
森孫一郎『高等小学日本歴史』	1893	○
大槻修二『国史要略』	1893	○
黒木安雄『小学校用日本史談』	1893	—
東久世通禧『小学国史談』	1893	○
大村芳樹『新定日本歴史』	1893	○
育英舎『小学日本歴史初歩』	1893	○
今泉定介『初等日本歴史』	1893	—
金港堂『小学校用日本歴史』	1894	○
育英舎『小学日本歴史』	1894	○
山県悌三郎『帝国小史第三学年用』	1894	○
松本貢『本朝史要』	1894	○
斎藤斐章『新体日本歴史初歩』	1894	—
鳥山譲『小学校用新日本小史』	1894	×
教育評論社『初学史談』	1894	—
岡村増太郎『小学校用日本歴史』	1894	○
岩崎申吉『高等小学科日本歴史』	1894	○
江見勇次郎『日本歴史草稿』	1894	—
郡保宗『高等小学日本史』	1895	○
山県悌三郎『増補帝国小史』	1896	○

明治初年に小学校が発足したころ、教科書として使用されていたのは『日本外史』『国史略』『王代一覧』などであった。しかし、これらはいずれも本来小学校の教科書として編集されたものではないため、小学校の目的とは必ずしも合致してはいなかった。そこで、一八七二年（明治五）に文部省が木村正辞に編集させて刊行したのが『史略』である。『史略』はいわば最初の小学校日本史教科書であり、三年後の一八七五年には、『史略』の内容を充実させた『日本略史』が同じく文部省から刊行された。『史略』や『日本略史』は多くの小学校で教科書として用いられたが、当時は教科書の使用についての規定はなく、教師が適当であると考えたものが教科書として使われていた。このため、現場ではいくつもの種類のものが教科書として用いられていた。南摩綱紀『内国史略』、上羽勝衛『日本史略』、棚谷元善『国史攬要』、笠間益三『日本略史』、田中義廉『日本史略』などがそれである。

表4によって、明治一〇年代までの教科書をみてみると、当初は乱の呼称がないものが多い。これは、『日本外史』『日本政記』を除けば、一九世紀以降の歴史書にはいずれも乱についての呼称はみえないので、それが踏襲されていたのであろう。乱の呼称がある教科書では、天慶の乱と承平天慶の乱の両方がみられるが[31]、明治一〇年代になると、ほとんどが天慶の乱とされていることがわかる。

一八八一年、小学校教則綱領が制定され、歴史の教科内容は建国の体制から明治新政府まで八つの項目から編成することが定められた。また、一八八六年からは教科書検定制度が始まった。このように教科書の内容が次第に整えられていくのだが、こうしたなかで一八八七年に実施されたのが歴史教科書編纂旨意書による歴史教科書の公募である。これは、文部省の示す方針によって教科書を編集させようとするもので、重野安繹・末松謙澄・外山正一・伊沢修二・物集高見の五名が委員となり、歴史教科書を編集するための編纂旨意書がつくられた。一例としてあげられた目次をみると、全体は一二篇からなり、第四編の細目は「藤原氏、醍醐天皇、菅原道真、天慶ノ乱、才媛輩出、前九年ノ戦、後三条天皇、政治及風俗」（傍線は寺内）となっていて、乱の呼称は天慶の乱とされている。この教科書公募によって採択され、文部省から刊行されたのが神谷由道の『高等小学歴史』である。もちろん、この教科書は天慶の乱としている。この文部省による歴史教科書編纂旨意書の公表と検定制度により、明治二〇年代半ばには教科書の編集形式と内容はほぼ定まったものとなる。こうしたことにより、これ以降乱の呼称は天慶の乱でほぼ統一されるのである。

一九〇三年、小学校の教科書は国定教科書となる。国定教科書は一九四五年の敗戦まで六期にわたり刊行されるが[32]、だいたいにおいて尋常小学校用と高等小学校用の二種類がある（一期は上級学年用と下級学年用）。尋常小学校用では乱の記述は簡略で、呼称は特にない（三期以降は乱の記述自体がなくなる）。これに対し、高等小学校用は記述がやや詳しく、乱の呼称を天慶の乱としている。六期の『高等科国史』にはみえなくなるが、それまでの高等小学校用の教科書は、いずれも乱の呼称を天慶の乱としている。

次に、中学校教科書をみていくことにする。表5は中学校教科書にみえる乱の呼称を表にしたものである[33]。この表によると、一八九八年ころまでは天慶の乱が圧倒的に多いが、次第に承平天慶の乱が増え始め、やがて承平天慶の乱が多くを占めるようになることがわかる。つまり、明治後期以降は乱の呼称が小学校教科書とは異なっていくのである。

中学校では、一八八一年の教則大綱で日本史が課されることになった（一八七二年の中学教則の歴史は外国史のみ）。このころの教科書は教師が自由に選ぶことができ、『日本外史』『国史略』『皇朝史略』の他に、『日本略史』『内国史略』など小学校と同じものが教科書として使用されていたらしい。

一八八六年の中学校令により五年制の尋常中学校ができ（一八九九年以降は中学校）、同年から教科書は検定制

表5　明治―戦前期の中学校教科書

著者・書名	年次	呼称
林善助『新体日本歴史』	1887	○
嵯峨正作『日本史綱』	1888	○
天野為之『日本歴史』	1890	○
萩野由之『日本歴史』	1891	○
黒崎信『普通日本歴史』	1891	○
秦政治郎『日本帝国歴史』	1892	○
黒川真頼『中等教育日本通史』	1892	○
新保磐次『日本史要』	1893	×
高津鍬三郎『にほんれきし教科書』	1894	○
勝浦鞆雄『皇国史要』	1894	○
宇都宮安明『日本小歴史』	1894	○
岡田辰次郎『中学日本歴史』	1895	○
増田于信『新撰日本小歴史』	1895	○
千阪庸夫『新撰帝国史綱』	1895	○
浜口庄吉『新撰日本歴史』	1895	○
棚橋一郎『中等教育日本史要』	1895	○
大槻文彦『増訂日本小史』	1896	○
田中稲城『中等教科日本歴史』	1896	○
鳥野幸次『中学国史』	1896	○
実学館『中学日本歴史』	1896	○
岡部精一『中等日本歴史』	1896	○
小林弘貞『中学教科帝国史綱』	1897	○
勝浦鞆雄『皇国小史』	1897	○
修文館編輯部『新撰皇国史』	1897	○
高橋健自『中等国史教科書』	1897	○
高津鍬三郎『新編本邦小史』	1897	○
藤岡作太郎『国史綱』	1897	○
萩野由之『中学国史』	1897	○
中等学科教授法研究会『中学教程日本歴史』	1897	○
関藤成緒『中等教育皇国新史』	1897	○
東久世通禧『中学国史』	1897	○
笹川種郎『中学教科日本小史』	1897	○
重田定一『中学日本史』	1897	○
谷島喜多郎『日本歴史』	1897	○
高橋光正『新撰日本歴史』	1898	○
岡田辰次郎『新体皇国小史』	1898	○
中等学科教授法研究会『中学教程新撰日本歴史』	1898	○×
大森金五郎『国史読本』	1898	○
石田新太郎『中等教科日本歴史』	1898	○
岡部精一『中等帝国小史』	1898	○
菊池謙二郎『新体皇国史綱』	1898	○
重田定一『日本歴史』	1898	○
小中村義象『改刪日本史要』	1899	○
山崎庚午太郎『中学日本史要』	1899	×
藤岡作太郎『新編日本史教科書』	1899	○
新保磐次『新編内国小史』	1899	×
峰岸米造『内国史綱』	1899	×
松島剛『帝国史要』	1899	○
横山達三『初等帝国史』	1899	○
大町芳衛『中等教科帝国史』	1899	○
棚橋一郎『新編日本史要』	1899	○
藤井乙男『新撰帝国小史』	1899	○
伊東尾四郎『中等教科日本小史』	1900	○×
本多浅治郎『新編日本歴史』	1900	○
高桑駒吉『新編皇国史要』	1900	○×
峰岸米造『本邦史綱』	1900	○
大林徳太郎『中学日本史要』	1900	×
堀正一『中学国史紀要』	1900	○×
箕田申之『中学日本史』	1900	○
峰岸米造『国史教科書』	1901	×
高橋健自『新撰国史』	1901	×
和田万吉『日本歴史大綱』	1901	○
伊東尾四郎『中等教科国史要』	1901	○
勝浦鞆雄『国史綱』	1901	×
中野礼四郎『帝国歴史』	1901	○
青木武助『中等教育日本の歴史』	1901	×
笹川種郎『新中学日本史』	1901	○
沼田頼輔『中等日本歴史』	1901	○
中等教育研究会『問答体日本歴史』	1901	○
普通教育研究会『帝国史要』	1901	×
興文社『国史鈔』	1901	○
磯田良『日本歴史大綱』	1902	○
森六蔵『新編日本歴史』	1902	○×
津田左右吉『国史教科書』	1902	○
興文社『中等日本歴史』	1902	×
西浦泰治『日本歴史教科書』	1902	×
本多浅治郎『日本歴史教科書』	1902	×
藤岡作太郎『日本史教科書』	1902	×
有賀長雄『改訂中学校用国史教科書』	1902	×
新保磐次『日本歴史』	1902	×
重田定一『中等国史略』	1902	×
重田定一『初等中学国史』	1902	×
萩野由之『中学国史　一年級用』	1902	×
高橋健自『中学日本小史』	1902	×
棚橋一郎『日本歴史教科書』	1902	×
本多辰次郎『中等教育帝国史要』	1902	×
有賀長雄『国史教科書』	1902	×
本多浅治郎『日本帝国史』	1902	○
斎藤斐章『補習帝国史綱』	1902	○
斎藤斐章『五年級用日本歴史』	1902	○
普通教育研究会『日本史要』	1903	×
大森金五郎『中学日本歴史教科書』	1903	○×
横井時冬『国史攬要』	1903	×
佐藤小吉『中等教科日本史綱』	1903	×

松本重彦『帝国史綱』	1922	×
中村孝也『修正中等日本史』	1922	×
大森金五郎『中等日本歴史教科書』	1923	×
八代国治『新体日本歴史　一年用』	1923	×
峰岸米造『中学校用日本歴史教科書』	1924	×
幸田成友『新定日本歴史』	1925	○
文献書院編輯部『中等教科新編日本史』	1926	×
斎藤斐章『中等日本史』	1926	×
大森金五郎『中等教育新体国史教科書』	1926	×
峰岸米造『中学校用最新国史』	1926	○×
藤懸静也『中等国史』	1927	×
三省堂編輯所『中等教科日本歴史教科書』	1927	×
芝葛盛『新編中学国史』	1927	×
藤井甚太郎『改訂中学日本歴史教科書』	1929	×
富山房編輯部『上級用中等国史』	1929	○
渡辺世祐『新制国史』	1932	×
古田良一『新制中等国史』	1932	×
栗田元次『新制綜合日本史』	1933	×
大森金五郎『改訂新体国史教科書』	1933	×
笹川種郎『統合新国史』	1933	×
高柳光寿『改訂中等日本史』	1933	×
木宮泰彦『新日本史３・４・５学年用』	1933	×
三省堂編輯所『新制日本史』	1934	×
三省堂編輯所『新定日本史』	1934	×
井野辺茂雄『帝国小史』	1934	○
芝葛盛『新制国史』	1934	○
中村孝也『綜合新国史』	1935	×
辻善之助『三訂新編国史』	1936	×
松本彦次郎『綜説皇国史』	1936	×
三省堂『中学国史教科書』	1937	×
古田良一『新修中等国史』	1937	×
木宮泰彦『新日本史　初級用』	1937	○
八代国治『新体日本歴史　一年用』	1937	○
八代国治『新体日本歴史　四年用』	1937	×
芝葛盛『新制皇国史』	1937	○
龍粛『新日本歴史』	1937	×
及川儀右衛門『新修国史』	1937	×
広島高等師範学校附属中学校歴史研究会『新撰国史』	1937	×
長沼賢海『中学校用皇国史』	1938	×
魚澄惣五郎『新修日本史』	1938	×
栗田元次『新体中学綜合国史』	1939	×
幸田成友『新撰日本歴史』	1939	○
清原貞雄『中学国史要』	1941	×
文部省『歴史　皇国編』	1945	×

＊　○は天慶の乱、×は承平天慶の乱、○×は両方の呼称がみえるもの

大森金五郎『中等日本歴史』	1903	×
真崎誠『帝国史綱』	1904	×
峰岸米造『日本略史』	1904	×
笹川種郎『国史要』	1904	×
史学界編輯所『日本史要』	1905	×
野村浩一『国史綱要』	1905	○
辻善之助『新編国史教科書』	1905	×
依田喜一郎『中学日本歴史』	1905	○
横井時冬『中等教科国史撮』	1905	○
歴史編輯部『中学教科日本歴史』	1905	○
和田万吉『日本歴史』	1905	○
上原益蔵『中等日本歴史』	1905	×
依田喜一郎『中学日本史綱』	1905	×
下村三四吉『中学本邦史略』	1905	○
藤岡継平『中等日本史』	1906	×
岡部精一『修正日本史綱』	1906	×
上原益蔵『新日本史』	1906	×
原秀四郎『中等国史教科書』	1907	×
上原益蔵『新日本小史』	1907	○
中村徳五郎『新撰国史提要』	1907	○
笹川種郎『日本小歴史』	1908	×
峰岸米造『新編日本略史』	1908	○
斎藤斐章『統合歴史教科書日本史』	1908	○
大森金五郎『日本歴史教科書』	1910	×
藤田明『中等日本歴史』	1910	○
藤田明『中等日本歴史　訂正三版』	1911	×
三上参次『中等教科にほんれきし』	1911	○
黒板勝美『新訂日本歴史』	1911	×
峰岸米造『中学校用歴史教科書日本歴史』	1911	×
笹川種郎『新編日本史教科書』	1911	×
上原益蔵『新国史』	1912	○
萩野由之『新制中学国史』	1912	×
依田喜一郎『中学日本史』	1912	×
長沼賢海『中等国史略』	1912	×
沼田頼輔『新編日本史要』	1912	×
三浦周行『中等教育日本史教科書』	1913	×
渡辺世祐『新編日本歴史教科書』	1915	×
斎藤斐章『中等歴史教科書日本史』	1915	○×
藤田明『増訂中等日本史』	1916	×
妻木忠太『最新日本歴史解釈』	1917	×
三省堂『中学校用日本歴史教科書』	1917	×
藤岡継平『統一中等歴史教科書日本史』	1917	×
芝葛盛『修訂中学日本歴史』	1917	×
長沼賢海『中等教科皇国史略』	1918	×
斎藤斐章『中学校用統合歴史教科書日本史』	1918	×
朱牟田轍『最新日本歴史詳解』	1920	×
伊木寿一『新国史』	1921	×
松本重彦『普通教育国史教科書』	1921	×

となった。明治二〇年代になると、さまざまな教科書がつくられるが、そのほとんどが乱の呼称を天慶の乱としている。

一八九八年、尋常中学校教科細目調査報告書が出される。これは、これまで教科についての詳細な規定はなかったため、学校間で不均一が生じないよう「一定ノ準則ヲ定メ中学教育ノ統一ヲ計ルカ為ニ」つくられたものである。調査委員長は外山正一、歴史科調査委員は坪井九馬三・三宅米吉・那珂通世・箕作元八であった。

歴史科の国史細目のうち、平安時代の部分は以下の通りである。

平安遷都、蝦夷ノ鎮定、渤海入貢、嵯峨天皇、入唐ノ高僧及新宗派、藤原氏及他氏ノ盛衰、皇族賜姓、摂政関白、菅原道真、延喜時代、承平天慶ノ乱、藤原氏家門ノ争、藤原道長、和歌和文ノ隆盛、刀伊ノ賊、地方ノ乱、前九年ノ役、後三条天皇、白河上皇ノ院政、武人ノ登用、僧徒ノ跋扈、後三年ノ役、風俗、奢侈、服制、保元ノ乱、平治ノ乱、平氏ノ繁栄、諸源ノ挙兵、平氏ノ滅亡（傍線は寺内）

この尋常中学校教科細目は、その後修正が加えられ、一九〇二年に中学校教授要目として制定された。この中学校教授要目は、各学科目の教授内容を詳細に示したものであり、これにより中学校の教育内容が統一された[34]。日本歴史のうち、平安時代の部分は以下の通りである。

平安奠都、蝦夷ノ鎮定、渤海ノ入貢、嵯峨天皇、入唐ノ高僧及新宗派、漢文学及学校ノ設立、藤原氏及他氏ノ盛衰、皇族賜姓、摂政関白、菅原道真、延喜時代、地方ノ状況、承平天慶ノ乱、藤原氏家門ノ争、藤原道長、国文ノ隆盛、工芸、風俗、刀伊ノ乱、地方ノ乱、前九年ノ役、後三条天皇、院政、武人ノ登用、僧徒ノ跋扈、後三年ノ役、源氏、保元ノ乱、平治ノ乱、平清盛、平氏ノ繁栄、諸源ノ挙兵、平氏ノ滅亡（傍線は寺内）

両者をみると、一部に違いはあるが、だいたいは同じである。乱の呼称はいずれも「承平天慶ノ乱」である。

この一九〇二年の中学校教授要目制定により、中学校教科書の内容も均一化されたものとなる。そのことは、多くの教科書が中学校教授要目に準拠して編纂したことを明記していることから明らかである。表5をみると、一八九八年から乱の呼称を承平天慶の乱とするものが増え始める。これは、尋常中学校教科細目調査報告書が出されたことによるものである（いくつかの教科書には教科細目によったことが記されている）。そして、中学校教授要目が定められた一九〇二年以降は多くの教科書が承平天慶の乱となる。(35) なお、一九四三年（昭和一八）に中学校も国定教科書となるが、そこでの呼称も承平天慶の乱である。(36)

このように、尋常中学校教科細目、さらには中学校教授要目で乱の呼称が承平天慶の乱とされたことにより、中学校教科書では承平天慶の乱の呼称が一般的となるのである。

以上、小学校と中学校の教科書における将門純友の乱の呼称をみてきたが、小学校教科書は、明治初期には乱の呼称がないものが多いが、その後は昭和に至るまでほぼ天慶の乱の呼称が用いられた。これに対し、中学校教科書は、当初は天慶の乱であったが、一八九八年の尋常中学校教科細目、一九〇二年の中学校教授要目制定以降はその多くが承平天慶の乱になる。つまり、明治三〇年代までは小学校教科書・中学校教科書ともに天慶の乱だったのだが、明治三〇年代以降は両者の間で呼称に違いがみられるのである。

六　戦後における将門純友の乱

本節では、戦後になると将門純友の乱がどのように称されるかをみていきたい。

表6は、戦後に出された概説書にみえる将門純友の乱の呼称を調べたものである。これによると、一九八〇年

承平年間の純友
任満後も帰京せず、日振島によって海賊を操る
—
海賊を糾合し、日振島によって勢威を振るう
—
海賊首として官物私財を強奪、一旦は紀淑人に恭順
—
承平６年に日振島を中心に海賊を働く
—
承平６年に伊予国で反乱を起こす
伊予国に土着し、日振島によって瀬戸内海を荒らす、承平６年に紀淑人は追討宣旨を与えて懐柔
任満後も帰京せず、承平６年には海賊首となり、日振島によって猛威を振るう
—
—
土着して土豪の首領となり、承平６年に反乱を起こす
任満後も帰京せず、海賊の首領となる、承平６年に紀淑人は追討宣旨を下して懐柔
—
—
海賊の首領として官物私財を掠奪、承平６年に紀淑人に懐柔され海賊を追捕
海賊の首領となるが、承平６年に政府は海賊追捕を命じて懐柔
土着して海賊の首領となるが、承平６年に政府は海賊追捕の宣旨を下して懐柔
任満後も帰京せず、海賊の首領となる、承平６年に政府は追討宣旨を下して懐柔
土着して海賊の首領となる、承平６年に政府は懐柔のため海賊追討を命じる
土着し海賊を率いて承平６年以後各地を侵略
任満後も伊予国内に住み、瀬戸内海の海賊を糾合して首領となる
承平６年には海賊の首領となる
警固使として紀淑人とともに海賊の鎮圧・懐柔にあたる
—
—
承平年間に紀淑人とともに海賊追捕に活躍
承平６年に海賊追捕宣旨をうけ、警固使として伊予に下り、海賊集団を投降させる
承平６年に追捕宣旨をうけ、海賊追捕に功績をあげる
海賊追捕に加わったことにより、承平６年に海賊が投降
承平６年に警固使として追捕宣旨にもとづき海賊を鎮圧
土着して海賊行為を働いたり、逆に海賊追捕をしたりする
承平６年に追捕宣旨をうけ、海賊を鎮圧
承平６年に海賊追討の命をうけ、伊予に下向して紀淑人を補佐

表６　戦後の概説書

編著者	書名	出版社	発行年	乱の呼称
豊田武	概説日本歴史	大阪教育図書	1948	承平天慶の乱
家永三郎	新日本史	富山房	1949	承平天慶の乱
史学会	日本史概観	山川出版社	1950	承平天慶の乱
芳賀幸四郎	日本史新研究	池田書店	1950	承平天慶の乱
坂本太郎	日本史概説	至文堂	1950	承平天慶の乱
赤松俊秀・柴田実	京大日本史２　古代国家の展開	創元社	1951	天慶の乱
西山松之助・若井秀夫	絶対日本史	研数書院	1951	承平天慶の乱
石井良助	日本史概説	創文社	1953	承平天慶の乱
石母田正・松島栄一	日本史概説Ⅰ	岩波書店	1955	承平天慶の乱
藤木邦彦	日本全史３　古代Ⅱ	東京大学出版会	1959	承平天慶の乱
岡田章雄他	日本の歴史３　平安貴族	読売新聞社	1959	将門と純友の乱
高柳光寿・渡辺実	世紀別日本史	明治書院	1961	承平天慶の乱
宝月圭吾・児玉幸多	日本史概論	吉川弘文館	1962	承平天慶の乱
井上清	日本の歴史	岩波書店	1963	将門純友の乱
北山茂夫	日本の歴史４　平安京	中央公論社	1965	承平天慶の乱
黒田俊雄	体系日本歴史２　荘園制社会	日本評論社	1967	承平天慶の乱
柴田実	国民の歴史６　王朝文化	文英堂	1968	天慶の乱
目崎徳衛	日本歴史全集４　平安王朝	講談社	1969	承平天慶の乱
北山茂夫	王朝政治史論	岩波書店	1970	承平天慶の内乱
坂本賞三	日本の歴史６　摂関時代	小学館	1974	承平天慶の乱
林陸朗	古代末期の反乱	教育社	1977	平将門の乱、藤原純友の乱
(上横手雅敬)	日本の歴史４　平安貴族	研秀出版	1977	承平天慶の乱
笹山晴生	日本古代史講義	東京大学出版会	1977	承平天慶の乱
井上光貞他	日本歴史大系１　原始・古代	山川出版社	1984	承平天慶の乱
棚橋光男	大系日本の歴史４　王朝の社会	小学館	1988	承平天慶の乱
網野善彦	日本社会の歴史（中）	岩波書店	1997	天慶の乱
保立道久	日本の歴史３　平安時代	岩波書店	1999	承平天慶の乱
朝尾直弘他	要説日本歴史	東京創元社	2000	承平天慶の戦争
佐々木潤之介他	概論日本歴史	吉川弘文館	2000	天慶の乱
下向井龍彦	日本の歴史７　武士の成長と院政	講談社	2001	天慶の乱
吉川真司	日本の時代史５　平安京	吉川弘文館	2002	天慶の乱
宮地正人	世界各国史１　日本史	山川出版社	2008	承平天慶の乱
川尻秋生	日本の歴史４　揺れ動く貴族社会	小学館	2008	天慶の乱
佐々木恵介	天皇の歴史３　天皇と摂政・関白	講談社	2011	承平天慶の乱
川尻秋生	シリーズ日本古代史５平安京遷都	岩波書店	2011	天慶の乱
坂上康俊	日本古代の歴史５　摂関政治と地方社会	吉川弘文館	2015	平将門・藤原純友の乱

代までは、一部を除き[37]、いずれも承平天慶の乱が使用されている。明治末から昭和戦前期は、承平天慶の乱が多くなったとはいえ、天慶の乱も少なからず用いられたのだが、戦後になると天慶の乱はほとんどみられなくなるのである。そして、最初に述べたように、近年は天慶の乱の呼称が増えている。

承平年間の純友については、一九五〇年代までは、海賊の首領として日振島を根拠に官物私財を劫掠していたとするものが多く、一九六〇年代からは、海賊の首領であったが承平六年に懐柔のため追捕宣旨が下されたという考えが一般的となる。ただ、どちらも承平年間の純友は海賊首であったとする点は同じなので、呼称は承平天慶の乱が用いられたのであろう。しかし、近年は承平年間の純友は海賊首ではなく海賊を鎮圧する側におり、純友が反乱を起こすのは天慶年間になってからと考えられているので、呼称は天慶の乱が用いられるようになっている。

表7　戦後の高校教科書

	A	B	C
～1954	12	3	0
1955～	9	22	2
1960～	1	22	0
1965～	1	33	0
1970～	1	32	0
1975～	0	15	0
1980～	0	25	0
1985～	0	26	0
1990～	0	28	0
1995～	1	31	0
2000～	0	12	0
2005～	0	7	0
2010～	0	7	2

次に、戦後の高校と中学校の教科書について調べてみたい。

表7は戦後の高校日本史教科書にみえる乱の呼称を調べ[38]、それぞれの教科書の数を五年ごとに集計したものである。Aは乱の呼称を将門純友の乱（将門の乱、純友の乱）とする、あるいは将門純友の名のみみえるもの、Bは乱の呼称を承平天慶の乱とするもの、Cは乱の呼称を天慶の乱とするものである。この表によると、一九五〇年代前半まではBよりもAの方が多いが、同後半からBが多くなり、一九六〇年代以降はほとんどがBとなる。Cは一九五〇年代後半とごく最近の四例のみである[39]。つまり、一九五〇年代までは将門純友の乱などとするものも多いが、一九六〇年代以降は乱の呼称は承平天慶の乱でほぼ統一されるのである。

中学校教科書について同様の調査を行ってみると、ほとんどが将門や純友が反乱を起こしたことのみを記す、あるいは将門純友の乱（将門の乱、純友の乱）としていて、年号を用いた乱の呼称がみえるのは一部のみである。(40)

最後に、日本史関係の辞書の項目（見出し）を調べてみたい。表8は各辞書における承平天慶の乱と天慶の乱の項目の有無を調べたものである。〇は項目と解説文があるもの（本見出し）、×は項目がないもの、△は項目はあるが解説文はないもの（仮見出し）である。戦前の辞書は一つしかみつけられなかったが、天慶の乱で項目が立てられている。戦後は本見出しはいずれも承平天慶の乱である。二〇〇〇年代になると、仮見出しではあるが天慶の乱の項目のある辞書が増えている。これは近年の研究動向が反映したものであろう。その一方で、一九五〇—八〇年代の辞書にも、天慶の乱の仮見出しのあるものが少なからず見うけられる点は興味深い。これは、戦後になると、概説書や教科書では天慶の乱の呼称がほぼ消えるが、戦前は天慶の乱が少なからず使用されていたことの名残かもしれない。

表8　日本史関係辞書

辞書名	出版社	出版年	承平天慶の乱	天慶の乱
国史大辞典	吉川弘文館	1908	×	〇
日本史辞典	創元社	1954	〇	×
日本歴史大辞典	河出書房新社	1959	〇	×
岩波小辞典日本史	岩波書店	1957	〇	×
日本史小辞典	山川出版社	1957	〇	△
標準日本史辞典	吉川弘文館	1962	〇	△
日本史事典	平凡社	1983	〇	△
国史大辞典	吉川弘文館	1986	〇	△
新編日本史辞典	東京創元社	1990	〇	△
日本史総合辞典	東京書籍	1991	〇	×
日本史大事典	平凡社	1993	〇	×
古代史事典	大和書房	1993	〇	×
平安時代史事典	角川書店	1994	〇	△
日本史用語大事典	新人物往来社	1995	〇	×
日本史広辞典	山川出版社	1997	〇	×
新版日本史辞典	角川書店	1999	〇	×
日本史辞典	岩波書店	1999	〇	×
日本歴史大事典	小学館	2000	〇	△
日本史事典	平凡社	2001	〇	△
日本史事典	朝倉書店	2001	〇	×
日本古代史事典	朝倉書店	2005	〇	×
日本古代史大辞典	大和書房	2006	〇	△

以上、戦後における将門純友の乱の呼称を調べてきたが、戦後は天慶の乱はほとんど用いられなくなり、承平天慶の乱が一般的となる。つまり、戦後になると

承平天慶の乱の呼称が定着するのである。

おわりに

将門純友の乱の呼称がどのように変化してきたのかをみてきたが、承平天慶の乱という呼称は比較的新しいものであったことが明らかになったように思われる。前近代では将門純友の乱は天慶の乱と呼ばれることが多く、明治に入っても天慶の乱が一般的であった。承平天慶の乱の呼称が多く用いられるようになるのは明治時代後半以降である。しかし、天慶の乱も使用されていて、戦前までは天慶の乱と承平天慶の乱の両方が用いられていた。承平天慶の乱が定着するのは戦後になってからのことである。

こうしたことを踏まえ、改めて天慶の乱か承平天慶の乱かを考えてみると、乱の呼称はやはり天慶の乱が適切であろう。理由の一つめは、承平年間と天慶年間とでは戦乱の規模が質的にも量的にも大きく異なっていることである。このことについては最初に述べた通りである。理由の二つめは、承平天慶の乱とする根拠がもはや失われていることである。上述したように、承平天慶の乱の呼称が現れるのは明治になってからであり、それは純友の乱が承平年間から始まると考えられたためである。しかし、周知のように、最近の研究によってこのことはすでに否定されていて、もはや承平天慶の乱と呼ぶ積極的理由はみあたらないのである。

天慶の乱という呼称は、一般的にはまだなじみのないものである。しかし、今後は承平天慶の乱ではなく天慶の乱の呼称が用いられるべきであろう。

註

（1）承平天慶の乱は、「承平・天慶の乱」、「承平、天慶の乱」とも表記されるが、引用文を除き、以下では「承平天慶の乱」に統一する。

（2）下向井龍彦『物語の舞台を歩く　純友追討記』四頁（山川出版社、二〇一一年）。

（3）承平年間の東国における平氏一族の私闘や瀬戸内海における海賊の活動は、天慶年間の将門純友による国家への反乱の前提となるものであり、また両者は連続するものであるから、将門純友の乱を承平天慶の乱と呼んで差し支えないという考え方もできよう。しかし、将門についていえば、「女論」によって将門と伯父良兼とが仲違いしたのは延長九年であるから、反乱の前提にこだわるならば承平年間の枠を越えてしまうことになる。

　次に、承平年間と天慶年間とでは戦乱の規模が大きく異なっている。『将門記』には戦闘が大規模であったかのように描かれているが、『日本紀略』や『扶桑略記』などの歴史書には平氏一族の内紛のことがみえず、都の貴族たちもあまり危機感を抱いてはいなかった（本書第四編第二章）。したがって、『将門記』の戦闘の記述をそのまま信用することはできず、坂東諸国一帯が戦乱に巻き込まれた天慶年間と比べると、規模の点ではやはり大きな違いがあったと思われる。一方、承平年間の瀬戸内海には追捕使が派遣されているので、海賊の活動はかなり活発であったといえる。しかし、天慶年間の純友の反乱では伊予・讃岐の国衙が襲われ、また周防国鋳銭司や土佐国幡多郡が焼かれ、さらには大宰府も占領されているので、承平年間よりも戦乱が大きく広がったといえよう。

　このように、承平年間の将門と純友は国家に敵対していなかったという戦乱の質の面だけでなく、戦乱の規模の面でも承平年間と天慶年間は大きく違っていた。故に、将門純友の乱を承平天慶の乱と呼ぶのはやはり適切ではない。

（4）第一節、第二節の調査にあたっては、東京大学史料編纂所公開用データベース、日本古典文学大系本文データベース（国文学研究資料館）、御家人制研究会編『吾妻鏡人名索引』（吉川弘文館、一九七一年）、多賀宗隼編『玉葉索引』（吉川弘文館、一九七四年）、『鎌倉遺文索引』一―五（東京堂出版、一九八四―一九九七年）、加納重文・中村康夫編『日本古代文学人名索引』（望稜舎、一九八九年）、兵範記輪読会編『兵範記人名索引』（思文閣出版、二〇〇七年）などを使用した。

（5）『師守記』貞和三年一二月一七日条。

（6）以上のほか、京都・青蓮院の諸記録を集大成した『門葉記』巻一六七（成立は一五世紀後半以降）には、将門純友の乱関係の記述が多く含まれており、そこには「天慶年中将門乱逆之時」、「天慶三年正月三日、為レ降二伏東西一〈東ハ将｜｜　西ハ純｜｜〉」などとあって、両乱ともに天慶年間としている（『門葉記』巻一六七については、根本隆一「『門葉記』所収の承平・天慶の乱関係記事」『日本歴史』七七八、二〇一三年、を参照した）。また、室町時代の諷誦願文集である『鷲林拾葉集』（続群書類従、一五世紀末―一六世紀初成立）の美濃国雨宮神前読誦募縁状には、「承平年中比、延暦寺僧明達律師、奉二綸命一治二平将門一之時、於二彼大神宮寺内一安二置釈迦如来尊容一」とあり、将門の乱を承平年中としている。

（7）『平家物語』の原型は一三世紀中期には成立。覚一本などの語り本系と延慶本などの読み本系に大別され、『源平盛衰記』も読み本系の一異本。『延慶本平家物語』（勉誠社、一九九〇年）による。なお、日本古典文学大系『平家物語』（覚一本）にも「承平の将門、天慶の純友、康和の義親」（八三頁）とある。また、『平家物語』の一異本である『源平闘諍録』（講談社学術文庫、一九九九年）には、「承平の将門・天慶の純友」（上一二一頁、下九二頁）、「貞盛・秀郷が承平の将門を打ちし、源頼義が天喜の貞任を誅せし」（上一四七頁）とある。

（8）『安芸国楽音寺―楽音寺縁起絵巻と楽音寺文書の全貌―』（広島県立歴史博物館、一九九六年）による。同書によると、この絵巻は寛文年間（一六六一―一六七三）の模写だが、「筆の運びや彩色など鎌倉時代の絵画的特色を存分に伝えている」ものである。

（9）源頼信を陽成天皇の子孫とする永承元年（一〇四六）の「河内守源頼信告文案」（『平安遺文』三―六四〇）は、かねてより真偽が問題となっている史料であるが、ここには「朱雀皇帝御宇承平七年平将門為二造意之張本一、企二謀反計略一之日、祖父経基孫王奉二為公家一、特存二忠節一、不レ屑二将門之好言一、忽然京上、告二奏禁省一」とあり、将門の乱を承平七年としている。しかし、一三世紀初までの史料は、ほとんどが将門の乱・純友の乱ともに天慶年間としており、わずかに『七大寺巡礼私記』と『今昔物語集』が将門の乱を承平年中とするだけである。しかも「河内守源頼信告文案」の年次は、それらの成立よりもさらに一〇〇年近くさかのぼるものである。したがって「河内守源頼信告文案」は、この部分に関する限りは、その信憑性には問題があるといわざるをえない。
（10）林羅山・林鵞峯著の編年体史書。一六七〇年成立。『本朝通鑑』（国書刊行会、一九一八年）による。なお、林鵞峯著の『日本王代一覧』は『本朝通鑑』を簡約したもの。
（11）山鹿素行著の歴史書。一六七三年成立。『武家事紀』（山鹿素行先生全集刊行会、一九一五年）による。
（12）長井定宗著の歴史書。一六九二年成立。元禄一一年（一六九八）版による。
（13）水戸藩編纂の紀伝体史書。一七一五年に本紀と列伝が脱稿。その後も校訂が続けられ、一八〇六—一八四九年に印刷・出版。幕末から志・表も編纂され、一九〇六年に完成。『大日本史』（吉川弘文館、一九〇〇年）による。
（14）巻三三本紀承平六年夏六月条に「以㆓従四位下紀淑人㆒為㆓伊予守㆒、追㆓捕海賊㆒、賊師小野氏彦等率㆑衆降」（典拠史料等の割書は省略）、巻二二八列伝に「権中納言長良曽孫、父良範筑前守太宰少弐、純友性狼戻、無㆓行検㆒、為㆓伊予掾㆒、承平中南海道群盗大起、抄㆓掠海中㆒、沿海郡邑、為㆑之騒然、朝廷以㆓紀淑人㆒為㆓伊予守㆒、追㆓捕海賊㆒、純友亦以㆓国掾㆒行㆓追捕事㆒、賊服㆓淑人威信㆒、率㆑衆帰降、既而純友蓄㆓異謀㆒、任満不㆑還、居㆓日振島㆒、于㆑時平将門跨㆓常陸下総之間㆒、威震㆓隣国㆒、純友誘㆓余党㆒応㆑之、潜図㆑犯㆓京師㆒、密遣㆓兵士㆒、毎夜行㆓火坊肆㆒、都下驚擾、備前介藤原子高伺㆓得蹤跡㆒、欲㆘詣㆓京師㆒奏㆖之、純友追殺㆑之、虜㆓其妻孥㆒、并害㆓播磨介島田惟幹㆒」（同前）とある。なお、将門と純友の関係については、将門が比叡山に登り京都を見下ろして謀反を考え（『神皇正統記』による）、両者が天皇と関白になることを相約した（『大鏡』による）と記されている。
（15）新井白石著の歴史書。一七二三年成立。岩波文庫『読史余論』（岩波書店、一九三六年）による。
（16）岩垣松苗著の歴史書。一八一九年成立。
（17）頼山陽著の歴史書。『日本外史』は一八二七年成立。『日本政記』は山陽の死（一八三二年）まで執筆が続けられた。岩波文庫『日本外史』（岩波書店、一九七六年）、『日本政記』（日本思想大系『頼山陽』、岩波書店、一九七七年）による。
（18）『日本外史』九九頁、一〇四頁、一〇五頁、『日本政記』一八一頁。なお、『日本政記』には、承平六年に紀淑人が海賊を追捕したとあるが、純友については何も触れられていない。

(19) この他、松崎祐之『史徴』(寛政一一年(一七九九)の校訂者序文あり)は、『日本紀略』『扶桑略記』を引用して(『本朝世紀』は引用していない)、承平六年六月に海賊純友等が降伏したとする。一方、武元北林(一七六九―一八二〇)『史鑑』、青山延于『皇朝史略』(一八二二年成立、『大日本史』を簡略化したもの)の承平六年条は、紀淑人が海賊追捕したとあるだけで、純友のことはみえない。なお、明治初年には、青山延光『国史記事本末』、石村貞一『国史略』、菊池純『国史略』、近藤瓶城・新井新『万国記註国史略』などの歴史書が出されているが、内容は『史鑑』『皇朝史略』とほぼ同じで、承平六年の純友を海賊とはしていない。

(20) 岩井忠熊「日本近代史学の形成」(『岩波講座日本歴史　別巻一』、岩波書店、一九六八年)。

(21) 『国史大辞典』第五巻(吉川弘文館、一九八五年、執筆は大久保利謙)。

(22) 三浦録之助「天慶の乱を論す」(『史学会雑誌』三六、一八九二年)、坪井九馬三「天慶乱の新史料」(『史学雑誌』四五、一八九三年)。

(23) 三浦は、承平年間の海賊の活動を「前海賊の乱」と呼んでいる。同「平将門」(同『歴史と人物』、東亜堂、一九一六年、初出は一八九四年)には、「前海賊の乱」の説明として「小野氏彦・紀秋茂・津時成等の率ゐたりし海賊にて承平六年帰降せしものをいふ」とあり、三浦が承平六年の純友は海賊の首領と考えていなかったことは明白である。

(24) 純友が承平四年に海賊であったとするものが数多くみられるが、もちろん史料的裏づけがあることではない。承平四年に海賊の活動が盛んになり、さまざまな対策が打ち出されたことによるものであろう。『本朝通鑑』承平四年五月条に、伊予掾となった純友が海賊を配下に置いたとあるので、あるいはこれによったものかもしれない。

(25) なお、川上多助『綜合日本史大系三　平安朝史』は、伊予掾藤原純友は任満ちても帰京せず、承平六年には日振島を根拠地として官物私財を抄掠していたとする一方で、紀淑人による海賊平定と純友の関係については、「純友が淑人に降参したことは日本紀略その他の史籍にも見えざるのみならず、本朝世紀には海賊追捕の宣旨を純友に賜はったことが載せてある。それで今こゝに推測を下せば、淑人が海賊平定の方策として、朝廷に奏請してこの宣旨を賜はって純友を懐柔し、その部下に対しては、生活の安定を与えてこれを招撫したものでなかろうか、帰降者の中に純友の名を挙げないのもそのためであらうかと思ふ。」としている。つまり、承平六年の追捕宣旨は海賊首領である純友への懐柔策とするもので、後節でみるように戦後に受け継がれていく考え方である。

(26) こうしたことは、同一著者の記述内容の変化からもうかがうことができる。吉田東伍『倒叙日本史九』では承平年間に純友が海賊を追捕したとするが、同『地理的日本歴史』では純友についての記述が増えているのに純友による海賊追捕のことは述べられていない。また、高桑駒吉『日本通史』には、純友が「伊予掾となり承平中守紀淑人と海賊を討じて功ありしが、任満ちて還らず日振島に拠りて劫掠をなし、将門の乱に乗じ密に兵士を京師に遣はして毎夜火を坊肆に行はしめ」とあり、純友が海賊となった時期が記されていない。ところが先述したように、同『日本歴史通覧』では「承平四年純友異図を蓄へ」となっていて、純友が海賊になる時期が承平四年と明記されるようになる。

(27) 以下の解説は、『国史大辞典』第五巻（吉川弘文館、一九八五年、執筆は坂本太郎）による。

(28) 承平天慶の乱が呼称として使われるようになるもう一つの理由は、一九〇二年の中学校教授要目制定であった。このことは次節で詳しく述べるが、一九〇二年以降、旧制中学校教科書では承平天慶の乱が用いられるようになる。このため中学参考書を兼ねる概説書では、天慶の乱ではなく承平天慶の乱とされたようである。青木武助『参考日本大歴史』、高桑駒吉『日本通史』などは、編目は中学校教授要目によったとあるので、おそらくは教科書の用語に合わせるため承平天慶の乱としたのであろう。

(29) 小学校・中学校の教科書およびその歴史については、仲新『近代教科書の成立』（日本図書センター、一九八一年、初版は一九四九年）、『日本教科書大系　近代編』一八―二〇巻（講談社、一九六二・一九六三年）、鳥居美和子『教育文献総合目録　第三集　明治以降教科書総合目録　Ⅰ小学校編』（小宮山書店、一九六七年）、同『教育文献総合目録　第三集　明治以降教科書総合目録　Ⅱ中等学校編』（小宮山書店、一九八五年）、松島栄一「歴史教育の歴史」（『岩波講座日本歴史　別巻一』、岩波書店、一九六八年）、海後宗臣『歴史教育の歴史』（東京大学出版会、一九六九年）、教科書研究センター編『旧制中等学校教科内容の変遷』（ぎょうせい、一九八四年）、『明治以降教育制度発達史』（龍吟社、一九三八年）、

『近代日本教育制度史料』（講談社、一九五六年）などを参照した。また、教科書の内容調査は、国立国会図書館近代デジタルライブラリー、国立教育政策研究所教育図書館、東京書籍株式会社附設教科書図書館東書文庫、公益財団法人教科書研究センター附属教科書図書館、愛媛県立図書館、愛媛県総合教育センター、愛媛大学中央図書館などの教科書画像資料および実物を用いて行った。

(30) 鳥居美和子『教育文献総合目録　第三集　明治以降教科書総合目録　I小学校編』（註(29)前掲書）には二九九種類の教科書が載せられているが、明治初年の教科書には地図や辞書風のもの、あるいは古代の叙述がないものが多く、今回は二〇六種類を調査対象とした。また、一九〇〇年に小学校令が改正されて、日本歴史は高等小学校で教えられることになり、書名は同じでも修業年限（二―四年）に応じて別種のものが編集された。これらについては、原則としてそのうちの一つを表に載せた。なお、著者が複数の場合は、筆頭者のみ掲げた。

(31) 承平天慶の乱とするのは『改正史略』と『日本略史』である。『改正史略』は『史略』を改めたもの、『日本略史』は先述したように三年前に出された『史略』を充実させたものである。『史略』、『改正史略』、『日本略史』はいずれも木村正辞の編集だが、乱の呼称が後二者では天慶の乱から承平天慶の乱に変わっている。ところが、同じく文部省が木村正辞に編集させた一八七七年の『国史案』ではまた天慶の乱に戻っている。この間の事情は不明だが、これらを除くと、次第に乱の呼称を天慶の乱とするものが増える傾向にあるといえよう。

(32) 一期は一九〇三年～、二期は一九〇九年～、三期は一九二〇年～、四期は一九三四年～、五期は一九四〇年～、六期は一九四三年～、である。なお、五期は高等小学校用はない。

(33) 中学校教科書は、鳥居美和子『教育文献総合目録　第三集　明治以降教科書総合目録　II中等学校編』（註(29)前掲書）に載せられている三〇七種類の教科書のうち二七九種類を調査したが、天慶の乱あるいは承平天慶の乱の用語がみえないものや改訂版（呼称が同じ場合）などは表から省いた。一九〇二年からは通常の教科書（二箇年用）の他に、一箇年で古代から現代までを学ぶための簡略な内容の教科書もつくられ、これらには将門純友の乱の記述がないものや、あっても少しだけ触れる程度のものが多い。表5で省いたものの多くはこうした教科書である。なお、著者が複数の場合は、筆頭者のみ掲げた。

（34）中学校教授要目は、その後一九一一年、一九三一年、一九三七年、一九四三年に改定される。一九一一年の改定で項目は約半分に減るが、「承平天慶ノ乱」は残されている。一九三一年以降はさらに簡略化が進み、「承平天慶ノ乱」の項目はなくなる。

（35）前節で述べたように、明治二〇年代までは天慶の乱の呼称が一般的だったので、一八九八年の尋常中学校教科細目調査報告書で承平天慶の乱が採用されたのは、学界の研究動向によるものとは考えにくい。

表4をみると、一八八七年の歴史教科書編纂旨意書以降、小学校教科書で承平天慶の乱としているのは、新保磐次『小学日本史』と烏山譲『小学校用新日本小史』のみである。また、一八九八年までの中学校教科書で、承平天慶の乱としているのもまた新保磐次『日本史要』、同『補訂日本史要』のみである。『小学日本史』には「此ノ乱ハ承平年中ニ始マリテ天慶年中ニ終ハレリ」とあり（『日本史要』『補訂日本史要』も同文）、新保磐次『趣味の日本史』には「此の乱承平五年に起り、天慶四年に終る、前後七年、之を承平天慶の乱といふ。」とある。新保磐次は、乱の始まりを将門と国香が争った承平五年とみて承平天慶の乱としたようである。

次に、『小学日本史』の緒言には、この本は三宅米吉が新保磐次に執筆を依頼したものであること、また歴史教科書編纂旨意書によっていることが述べられている。また『日本史要』は三宅米吉が緒言を書き、そこには本書が『小学日本史』を中学校用にしたもので、三宅米吉が「添削補綴」したとある（表紙には三宅米吉閲・新保磐次著とある）。故に、この二つの教科書は実質的には新保磐次と三宅米吉の共著であったといえる。また、歴史教科書編纂旨意書によるとしながら、天慶の乱ではなく承平天慶の乱としているのである。

このように、新保磐次と三宅米吉には承平天慶の乱という呼称にこだわりがあったようなのだが、そうすると注意されるのが、尋常中学校教科細目調査の歴史科調査委員に三宅米吉の名前がみえることである。したがって、あくまで憶測ではあるが、一八九八年の尋常中学校教科細目調査報告書が承平天慶の乱とされたのは、三宅米吉の意向によったものではないだろうか。

（36）一九四四年の国定教科書『中等歴史』には乱の呼称はみえないが、一九四五年の『歴史　皇国編』では承平天慶の乱とされている。

（37）赤松俊秀・柴田実『京大日本史二　古代国家の展開』と柴田実『国民の歴史六　王朝文化』が天慶の乱を用いている。後述するように、高校教科書でも柴田実『最新日本史』だけが天慶の乱である。『京大日本史二　古代国家の展開』では「九三九年（天慶二）に始まり、九四一年（天慶四）に鎮定した天慶の乱」とし、『最新日本史』では「平将門は天慶二年（九三九）下総でそむいて関八州を侵し、また同じころ藤原純友は海賊を率いて瀬戸内海沿岸を荒した」とする。また、『国民の歴史六　王朝文化』では、将門が天慶二年に常陸国庁を焼き国司や詔使を捕らえて以降は、それまでの「一族間の私闘」とは異なり「公然たる謀叛」となったとしているので、乱の性格が承平年間と天慶年間とでは大きく違うことをもって天慶の乱としたのかもしれない。

（38）戦後の高校・中学校の教科書の種類および使用年度については、公益財団法人教科書研究センター附属教科書図書館の教科書目録情報データベースを用いた。これによると、高校日本史教科書は約三三〇種類あるが、一九九四年から使用されている日本史Aは、前近代の記述がきわめて簡略あるいはほとんどないため、この表の対象外とした。なお、使用開始年度を各教科書の年次とした。

（39）柴田実『最新日本史』（文英堂、一九五五年）、同『最新日本史　改訂版』（同、一九五八年）。なお、小葉田淳『日本史　全』（教育図書、一九五五年）は、将門の乱を天慶の乱、純友の乱を承平の乱としている。最近では、『高校日本史B』（実教出版、二〇一四年）、『詳説日本史　改訂版』（山川出版社、二〇一七年）が天慶の乱としており、近年の説が反映されたものとして注目される。

（40）前掲の教科書目録情報データベースによると、戦後の中学校歴史教科書は約二一〇種類ある。このうち天慶の乱とするものは一九五〇年代に二種類、承平天慶の乱とするものは一九五〇―一九七〇年代に一〇種類ある。また、将門の乱を天慶の乱とするものが一九五〇年代に三種類（著者・出版社は同じ）ある。ただし、これらの多くは本文ではなく頭注や脚注での注記である。なお、戦後の小学校教科書には将門純友の乱の記述はほとんどみられず、あっても名前が記される程度である。

〔補記〕

最近、岡田利文氏が、近世から近代にかけて藤原純友の乱がどのように読み解かれてきたかを、時代的背景も含めて精力的に研究されている（同「近世における藤原純友像形成をめぐる諸様相―藤原純友とその乱はどう読み解かれて来たか（一）―」『ソーシアル・リサーチ』三八、二〇一三年、同「藤原純友と松本さん―藤原純友とその乱はどう読み解かれて来たか（二）―」『ソーシアル・リサーチ』三九、二〇一四年、同「藤原純友の近代史（上）―藤原純友とその乱はどう読み解かれて来たか（三）―」『ソーシアル・リサーチ』四〇、二〇一五年、同「藤原純友の近代史（中）―藤原純友とその乱はどう読み解かれて来たか（四）―」『ソーシアル・リサーチ』四一、二〇一六年、同「藤原純友の近代史（下―I）―藤原純友とその乱はどう読み解かれて来たか（五）―」『ソーシアル・リサーチ』四二、二〇一七年）。本章の内容とも深く関わるので、ぜひ参照されたい。

第四編　平安時代の瀬戸内海賊

第一章　古代伊予国の俘囚と温泉郡箟原郷

はじめに

『日本後紀』弘仁四年（八一三）二月甲辰条に、次のような記事がある。

　賜㆓伊予国人勲六等吉弥侯部勝麻呂・吉弥侯部佐奈布留二人姓野原㆒。

これは、伊予国に移配された俘囚二人[1]に野原の姓を賜ったというものである。律令国家の版図が東北地方に拡大するにつれ、その地域に居住していた蝦夷が各地に移配され、伊予国についていえば、神亀二年（七二五）に、すでに俘囚一四四人が配されたことが『続日本紀』同年閏正月己丑条にみえている。しかし、蝦夷の移配が本格化するのは、宝亀五年（七七四）から始まる蝦夷とのいわゆる三八年戦争以降であり、とりわけ延暦一三年（七九四）に、蝦夷の本拠地である胆沢地域が制圧されてからは多数の蝦夷が各地に移された。蝦夷が移配された国は、『延喜式』主税寮上の俘囚料稲の設置状況から知られる。それによると俘囚料稲は三三か国にみえ、四国では伊予国の他に讃岐・土佐国に設置されており、蝦夷がそれらの国々に移配されたことがわかる[2]。

　先の俘囚二人に対する賜姓は、こうしたなかでなされたものである。以下では、二人に賜与された姓がなぜ野原なのかを、古代出土木簡を手がかりに考えてみることにしたい。

一　俘囚の移配

蝦夷を陸奥・出羽国以外のいわゆる内国に移配した理由は、基本的には彼らを強制的に隔離・移住することにより蝦夷の勢力を分断することにあった。ただ、彼らには食料や禄を支給せねばならず、数千人に達するといわれる移配蝦夷を、一部の国のみで受け入れることは財源的に不可能であった。先述したように、数多くの国に蝦夷が移されたのは、蝦夷集団を分断するための他に、こうした財政面での理由もあった。

蝦夷の移配が彼らの勢力を削ぐためであったとすると、問題になるのは、『日本後紀』弘仁四年二月甲辰条にみえる吉弥侯部勝麻呂らが勲六等を有していたことである。いうまでもなく、勲位は軍事的功績をあげた者に与えられる位階である。彼らが勲位を得たのは伊予国移配後と考えられなくもないが、渕原智幸氏が指摘されているように、摂津・尾張・越中国にも勲位を持つ移配俘囚がおり、しかもそれらが延暦―天長年間に偏って現れることは、彼らへの叙勲が三八年戦争時の軍事的貢献によるものであったことを示している(3)。周知のように、律令国家による蝦夷征討は、陸奥・出羽両国や坂東諸国を中心とする内国の兵力だけでなく、律令国家に降った蝦夷の兵力、つまり俘軍が重要な位置を占めていた。したがって、吉弥侯部勝麻呂らは俘軍の一員として活躍し、勲位を授けられたものと想定される。では、律令国家の側に立って戦った彼らが、なぜ伊予国に移配されたのであろうか。

この点については、移配先の俘囚を統率させるために同類を送り込んだとする熊谷公男氏の説が参考となる(4)。延暦一三年以降、諸国に移配される蝦夷の数が急増するのだが、当初から望郷の念や不満があるだけでなく、彼らは風俗や習慣が当土の一般民衆と異なる「異文化集団」であり、こうしたことからさまざまな摩擦が生じた。『類聚国史』巻一九〇延暦一九年五月己未条には「夷俘等狼性未レ改、野心難レ馴、或凌二突百姓一、奸二略婦女一、或掠二取牛馬一、任レ意乗用」、『日本後紀』弘仁三年六月戊子条には「諸国夷俘等、不レ遵二朝制一、多犯二法禁一」とある。また、『日本後紀』弘仁五年一二月癸卯条に「官司百姓、不レ称二彼姓名一、而常号二夷俘一」とあるように、差別的待遇をうけたこともその一因であった。こうしたことから、犯罪を犯して配流されたり[5]、さらには騒乱を起こす蝦夷も現れた[6]。これに対し、政府の側は教喩を加えるだけでなく「夷俘専当」の国司を置いたりするのだが[7]、そうした対策の一つが移配蝦夷を統率させるための夷俘長の設置であった。夷俘長は移配された蝦夷から選ばれる場合もあったが、政府に協力的な蝦夷の有力者を移配先に送り込む場合もあったらしい。そして、そうした場合には叙位や改姓などの優遇措置がとられたのである。

吉弥侯部勝麻呂らがなぜ勲六等の位階を持ち、改姓されたのかを述べてきたが、次に野原という姓について節を改めて考えてみることにしたい。

二　移配俘囚への賜姓

移配された俘囚に新たな姓を賜与するという事例は九世紀前半に五例みられる（表1）[8]。このうち雄谷、貞道連、春永連についてはその姓の由来は不明である。ただ、播磨国の去返公嶋子に与えられた浦上臣については手がかりがないわけではない。『和名類聚抄』[9]によると、播磨国には賀古郡と美嚢郡に夷俘郷があるなど、多くの俘囚が移配されていたことがわかるのだが、同国の揖保郡に浦上郷がみえるのである。したがって、浦上臣につ

表1　移配俘囚への賜姓

年月日	事項
延暦22・4・25	摂津国俘囚勲六等吉弥侯部子成等男女一六人に雄谷の姓を賜う
延暦24・3・6	播磨国夷第二等去返公嶋子に浦上臣の姓を賜う
弘仁4・2・21	伊予国人勲六等吉弥侯部勝麻呂・吉弥侯部佐奈布留の二人に野原の姓を賜う
承和4・3・13	豊後国人外従五位下吉弥侯龍麻呂に貞道連の姓を賜う
承和10・2・15	播磨国飾磨郡人散位正七位下叩綿麻呂に春永連の姓を賜う

いては移配地の地名（郷名）によった可能性が出てくるのである。

ところで、八、九世紀における改賜姓の例は枚挙にいとまないが、新たに賜与された姓の由来を調べてみると、『続日本紀』延暦九年一一月壬申条に「因レ地賜レ姓、古今通典」とあるように、地名によるものが数多くみられる。たとえば、天応元年（七八一）に土師氏一族が「居地名」によって菅原姓に改められた例がその代表であろう。[10]

このように、一般的にいって新たな姓は地名による場合が少なくはないのだが、移配された俘囚の姓の由来を考えるにあたって最も参考となるのは、同じく諸国に移された渡来人の例であろう。大陸からの人々の渡来は、すでに大和王権の時代から盛んであったが、とりわけ七世紀後半の高句麗・百済の滅亡によって多くの人々が日本に渡来した。そして、そうした渡来人が諸国に移される例がしばしば国史にみられる。[11]彼らは当初は旧姓を名乗っていたようであるが、次第に新しい姓が賜与されていった。『続日本紀』によると、神亀元年（七二四）二月四日と天平宝字元年（七五七）四月四日の二度にわたり、渡来人に対して改賜姓が認められ、その後に大量の渡来人の改賜姓記事がみえている。[12]

では、彼らにどのような姓が与えられたかだが、こうした渡来人に賜与された新姓の由来を調査された菅澤庸子氏によると、最も多いのが日本地名（特に居地）で、他には出自関連、美称、旧姓がみられる。[13]つまり、渡来人の場合は新姓が地名による場合が多いのである。もちろん、蝦夷の移配と渡来人の移住を同一視することはできないが、どちらも異境の地からみず知らずの土地に移された点では共通するものがあり、移住後にどのような新姓を賜与されたかを考える上では十分に参考となろう。

このように、一般的な、あるいは渡来人の改賜姓の例からすれば、移配後の俘囚に与えられた姓は地名に由来していた可能性が高い。そうすると、伊予国に移配された蝦夷に賜与された野原という姓も、地名によっていたことは十分にありうることといえよう。

三　出土木簡と筥原郷

古代の地名を調べる際に、最も基本となる史料は『和名類聚抄』国郡部の郡郷名である。しかし、伊予国には野原およびそれに類するものはみえないが、飛鳥池遺跡および西隆寺跡から次のような木簡が出土している。

(ア)・湯評笶原五十戸
　　・足支首知与尓俵[14]
(イ)・伊與國湯泉郡筥原郷戸主干縫田人戸白米壹俵[15]

(ア)の木簡が出土した飛鳥池遺跡は、飛鳥寺の東南に位置し、日本最古の貨幣「富本銭」がつくられ、また「天皇」と書かれたものなど多数の木簡が出土したことで著名な遺跡である。飛鳥池遺跡は南地区と北地区に分かれ、北地区からは飛鳥寺および禅院に関する木簡が多数出土している。一方、南地区は官営工房跡で、天武七年(六七八)ころから本格的操業を始め、藤原遷都期ころまで続いたようである。この飛鳥池官営工房では、金・銀製品、鉄製品、銅製品、ガラス・玉類など各種の生産がなされた。出土木簡の大部分は各種工房から廃棄されたもので、文書木簡、記録木簡、付札木簡などさまざまな形態・内容からなる。年紀のある木簡は天武六年

（ア）・湯評笑原五十戸
・足支首知与尓俵

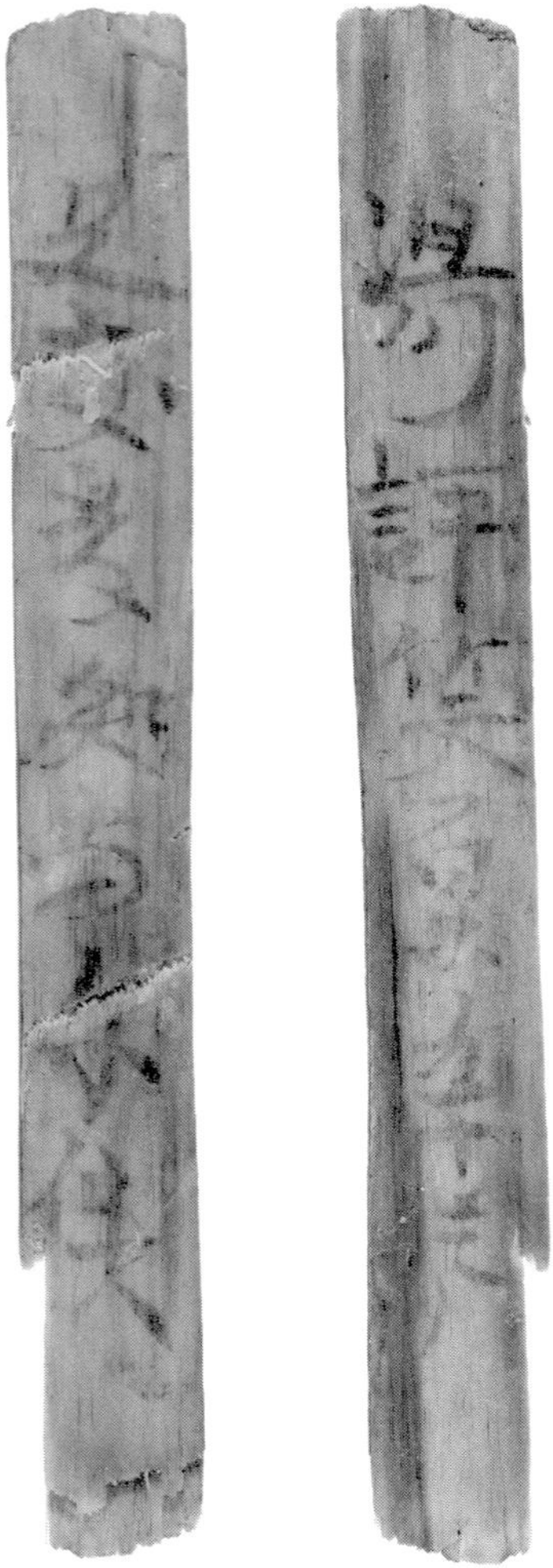

写真1　飛鳥池木簡　（(134)×15×2）

（イ）・伊與國湯泉郡箟原郷戸主干縫田人戸白米壹俵

写真2　西隆寺木簡　（153×21×4）

〔画像提供：奈良文化財研究所〕

から持統元年（六八七）の範囲に収まり、工房の操業期間にほぼ対応する。工房には「官大夫」以下多くの工人たちがおり、（ア）の木簡は工人たちの下働きをしていた仕丁に関するもので、出身地である伊予国湯評から送られた養米に付けられていた荷札と推定されている。[16]

（イ）の木簡が出土した西隆寺は、称徳天皇が西大寺とともに発願した平城右京一条二坊に位置する尼寺である。造西隆寺司のもとで神護景雲元年（七六七）から造営が始まり、宝亀二年（七七一）ころには完成した。西隆寺跡から出土した木簡は八〇点で、そのほとんどは東門地区にある、造営工事に伴う木片や器物などを破棄した土壙状のものから出土した。年紀を持つ木簡のほとんどは神護景雲元年から宝亀元年のものなので、全体として西隆寺造営に関わるものと考えられる。（イ）の木簡は伊予国から貢進された白米一俵に付けられた荷札で、同様の米や塩の貢進物荷札は三河・越中・紀伊国のものが同じところから出土している。別の木簡からは、役夫・運夫・衛士・雇女などへ食料を支給していたことがわかるので、諸国から送られた米や塩は彼らへの食料に充てられたのであろう。[17]

このように二つの木簡は、いずれも伊予国から送られた荷物に付けられた付札木簡であるが、注目されるのは（ア）の「湯評笑原五十戸」、（イ）の「湯泉郡箟原郷」という郡郷名である。このうち「湯評」と「湯泉郡」は『延喜式』や『和名類聚抄』の温泉郡にあたるものである。また、「五十戸」と「郷」は、律令の規定では郡の下の行政区画は五〇戸からなる里であるが、天武朝までは里は五十戸と表記されることが一般的であり、[18]また養老元年（七一七）以降は里は郷に改められたので、（ア）の「五十戸」と（イ）の「郷」という表記はそれぞれの出土遺構の年代と矛盾しない。

問題は「笑原」と「箟原」である。『飛鳥藤原京木簡一（解説）』、『評制下荷札木簡集成』は、「笑原」の「笑」

を「箆」の別字とし、「のはら」と訓んでいる。また、(イ)の「篦原郷」を「箆原郷」と表記している。『大漢和辞典』によると、「笶」の訓みは「や」で、意味は「矢に同じ」とある。「篦」は「箘」の古字で、訓は「しのだけ」「や」で、意味は「矢がら」「箭」とする。なお、「箆」は「の」と訓み、意味は「矢だけ、矢がら」である。故に、笶・篦の訓みを「や」、その意味を「矢」とできなくもないが、『万葉集』で「の」を笶・篦で表記していること、[19]『和名類聚抄』国郡部の讃岐国香河郡笶原郷に「乃波良」の訓が付されており(東急本・伊勢本)、同草木部に「篦」の和名を「乃」(二〇巻本では「能」)としていること、さらに『類聚名義抄』では「篦」に「ノ」の訓が付されていることなどからすると、当時の笶・篦の訓みは「の」が一般的だったようである。また、正倉院文書の「造仏所作物帳[20]」には「笶参伯捌拾箇」「笶三百八十箇簀二枚料」とあるので、笶・篦の意味も矢ではなく、その部材となる竹であったことを示していよう。したがって、笶・篦を箆の別字とし、笶(篦)原を「のはら」と訓む先の見解は十分肯首できるものである。[21]

おわりに

移配後の俘囚に与えられた姓は地名によっていた可能性が高いこと、飛鳥池遺跡および西隆寺跡から出土した二つの木簡から、伊予国温泉郡に篦原(のはら)郷が存在していたことを述べた。そうすると、伊予国に移配された俘囚の新姓野原が「のはら」であるならば、それはこの篦原郷という居地名によっていたのではないだろうか。[22]これまで伊予国に蝦夷が移配されたことは知られていたが、その具体的な場所は不明であった。しかし、以上の考察が正しいとすると、少なくとも温泉郡には移配された俘囚がいたことになろう。

なお、野原という姓に関連して想起されるのが、『小右記』天元五年（九八二）二月二三日条にみえる伊予国海賊の首領能原兼信である。[23]この能原の訓みを「のはら」としてよいとすると、[24]あるいは野原に改姓した俘囚の末裔かもしれない。諸国に移配された俘囚は軍事・警察力として用いられ、[25]九世紀後半に瀬戸内海で海賊が横行した時には、取り締まりのため「差二発人兵一、招二募俘囚一」との命令が出されている。[26]しかし、その一方で先述したように、移配された俘囚がしばしば騒乱を起こすこともあった。伊予国に移配された俘囚の子孫が海賊の首領となっていたならば、非常に興味深いことではあるが、もちろんこれは憶測の域を出るものではない。

註

（1）古代のエミシには、蝦夷、夷俘、俘囚、夷などさまざまな呼称が用いられているが、ここではエミシ一般を蝦夷、律令制支配下に入り移配の対象となったようなエミシを俘囚と呼ぶことにする。

（2）古代の蝦夷やそれらの移配については、今泉隆雄「律令国家とエミシ」（『新版古代の日本九　東北・北海道』、角川書店、一九九二年）、鈴木拓也『戦争の日本史三　蝦夷と東北戦争』（吉川弘文館、二〇〇八年）などを参照した。なお、古代伊予国の俘囚については、白石成二「古代伊予国の俘囚について」（『ソーシアル・リサーチ』一二、一九八五年）がある。

（3）渕原智幸「九世紀陸奥国の蝦夷・俘囚支配—北部四郡の廃絶までを中心に—」（同『平安期東北支配の研究』、塙書房、二〇一三年、初出は二〇〇四年）。

（4）熊谷公男「蝦夷移配策の変質とその意義」（『九世紀の蝦夷社会』、高志書院、二〇〇七年）。

（5）『日本後紀』延暦二四年一〇月戊午条、『類聚国史』巻一九〇弘仁一一年六月辛巳条など。

（6）『日本三代実録』貞観一七年五月一〇日辛卯条、同元慶七年二月九日丙午条など。

（7）『類聚国史』巻一九〇弘仁四年一一月癸酉条。
（8）渕原智幸註（3）前掲論文の表一をもとに作成。
（9）『日本後紀』弘仁三年正月乙酉条、『日本三代実録』貞観八年四月一一日乙酉条など。
（10）『続日本紀』天応元年六月壬子条。この他、居地名による改賜姓は『続日本紀』和銅七年六月己巳条、同天平神護元年五月庚戌条、同宝亀五年一〇月己巳条、同延暦九年七月辛巳条、同延暦一〇年正月癸酉条、同延暦一〇年四月乙未条などにもみられる。
（11）『日本書紀』天智四年二月是月条、同天武一三年五月甲子条、同持統元年三月己卯条など。
（12）『続日本紀』神亀元年二月甲午条、同神亀元年五月辛未条、同天平宝字元年四月辛巳条、同天平宝字五年三月庚子条。なお、渡来人の改賜姓については、伊藤千浪「律令制下の渡来人賜姓」（『日本歴史』四四二、一九八五年）が詳しい。
（13）菅澤庸子「八世紀における新来渡来人の改賜姓について」（『世界人権問題研究センター研究紀要』四、一九九九年）。なお、遠山美都男氏は、従来から渡来人は地名をウジナとしているが、八世紀中期以降は「抽象的な美称地名」が多くなるとされている（同「日本古代の畿内と帰化氏族」『古代王権と交流五　ヤマト王権と交流の諸相』、名著出版、一九九四年）。
（14）『飛鳥藤原京木簡一（解説）』（二〇〇七年）。
（15）『西隆寺発掘調査報告書』（一九七六年）。
（16）註（14）前掲書。なお、飛鳥池木簡の調査に際しては、奈良文化財研究所主任研究員山本崇氏のお世話になった。
（17）註（15）前掲書。
（18）『評制下荷札木簡集成』（東京大学出版会、二〇〇六年）。
（19）三―二九五、九―一八〇六、一〇―二二四八、一三―三二五、一三―三五八、八―一六〇三、一三―三三九。
（20）『大日本古文書』二四―二五・三五。なお、この史料については、福山敏男「奈良時代に於ける興福寺西金堂の造営」（同『日本建築史の研究』、綜芸社、一九八〇年、初版は一九四三年）が詳しい。

(21)『万葉集』六―一〇一九では、「や」を「笶」と表記している。また、時期は下るが、「東大寺文書」では伊賀国黒田庄出作地の矢川（やがわ）を「笶川」（『平安遺文』四―一六九三）「笶河」（同四―一七三九）としているので、笶（筥）原を「やはら」と訓んだ可能性が全くないわけではない。この他、正倉院文書の「出雲国計会帳」（『大日本古文書』一―五九四）に「応運筥并礪状」とある。また、人名では「越前国正税帳」（同一―四三二）に「主政外従八位上勲十二等笶原連与佐弥」、「出挙銭解」（同三―三九五）に「笶原木女」、さらに長屋王家木簡や二条大路木簡に「笶原連」「笶原」の姓がみえている（『平城宮発掘調査出土木簡概報』二四、一九九一年、同二八、一九九三年、同二九、一九九四年、『平城京木簡三』、二〇〇六年）。ちなみに、『日本古代人名辞典』六・七（吉川弘文館、一九七三・一九七七年）および『平城京木簡三』の索引（人名）では、これらは「や」の項目に入れられている。なお、文字の検索にあたっては、各種の辞典・索引類の他、「木簡データベース」（奈良文化財研究所）、「奈良時代古文書フルテキストデータベース」「平安遺文フルテキストデータベース」（東京大学史料編纂所）を用いた。

(22)漢字表記が一方は筥原、一方は野原であるが、先述した讃岐国香河郡笶原郷も康治二年（一一四三）の「太政官牒案」（『平安遺文』六―二五一九）では「野原郷」とされている。なお、弘仁四年の野原賜姓と筥原郷との関連性については、日野尚志「松山平野における五郡境について」（『久米高畑遺跡　一次・七次調査（松山市文化財調査報告書第一三六集）』、二〇〇九年）ですでに指摘されている。なお、日野氏は、資料（ア）の飛鳥池出土木簡の「笶原」を当初公表されていた釈文「笶百木」でよいのではないかとされるが、やはり「笶原」とすべきであろう。

(23)この天元五年の伊予国海賊については、本書第四編第三章を参照のこと。

(24)能原は「よしはら」とも訓むことができる。この場合には、伊予国和気郡に吉原郷（『和名類聚抄』の東急本・伊勢本には「与之波良」の訓が付されている）があるので、あるいはこれに関係する姓かもしれない。

(25)『類聚国史』巻一九〇大同元年一〇月壬戌条、『続日本後紀』承和六年四月癸丑条など。

(26)『日本三代実録』貞観九年一一月一〇日乙巳条。

第二章　承平年間の東国と瀬戸内海賊

はじめに

『将門記』は、一〇世紀前半期に東国で起きた平将門の乱の基本史料である。しかし、『将門記』の成立時期については、平将門の乱のすぐあとなのか、それともかなりの時間がたってからなのかで大きく意見が分かれている。また、その記述内容については、太政官符や解文など、当時の史料にもとづいて書かれたものであることは確かなものの、文学的修辞も多く、どこまでが史実でどこからが筆者の創作なのかがきわめて判別しにくい史料である。

『将門記』の記述内容が史実かどうかを判断するのが困難であるもう一つの理由は、平将門の乱に関する史料が『将門記』以外にほとんどないことである。つまり、他に史料があれば、それと突き合わせて『将門記』の記述内容の信憑性が検討できるのだが、一〇世紀前半期はその前後の時代に比べて史料のきわめて乏しい時期であり、平将門の乱についての史料が他にないため史実か否かが判定できないのである。

次に、『将門記』は将門およびその周辺の人物の行動や心情については詳しいが、それ以外については記述が簡略あるいは省略されている場合が多い。したがって、地域的には東国の叙述が中心で、畿内・西国地方の動きが述べられることはきわめて少ない。もちろん、将門蜂起直後の京都朝廷の狼狽ぶりなども描かれてはいるが、それらは副次的なもので、叙述の中心はあくまで将門であり東国である。こうした『将門記』の性格からか、承平年間（九三一―九三八）の東国の動きが瀬戸内海賊の動向と関係づけて論じられることはこれまであまりなかった。しかし、瀬戸内海賊の跳梁は京都の朝廷にとって大きな脅威となっていたのであり、その影響は東国にまで及んだと考えられる。

以下、本章では、承平年間の平氏一族の内紛過程と瀬戸内海賊の動向とを比較検討することにより、東国と西国の動きは決して無関係ではないことを明らかにしていきたい。

一　東国の争乱と瀬戸内海賊

まず最初に、承平年間の瀬戸内海賊の動きについて述べておこう。

承平年間に入ると、瀬戸内海に再び海賊が姿をみせるようになった。かつて貞観年間（八五九―八七七）に瀬戸内海で海賊が暴れ回ったことがあったが、約七〇年ぶりに海賊が瀬戸内海での活動を始めたのである。承平元年正月に海賊のことが奏上され、翌承平二年一二月には備前国から海賊の報告があった。(1) 承平三年一二月には海賊追討のため南海道諸国に警固使が置かれた。(2) 承平四年になると、五月に山陽・南海道一〇か国の諸神社に臨時奉幣使が出され、六月に神泉苑で弩の試射が行われ、七月に諸家兵士と武蔵兵士を率いる兵庫允在原相安が発遣され、一〇月には追捕海賊使が定められている。(3) だが、海賊の活動は収まらなかったようであり、この年の年末には伊予国喜多郡の倉庫が襲撃され、不動穀が三〇〇〇石も盗運されている。(4) 承平五年になっても海賊の活動は続き、六月には京中および山陽・南海道の諸社に海賊平伏を願って臨時奉幣使が出されている。(5) しかし、海賊の活動は承平四年からこのころまでがピークで、以後は収束に向かい、承平六年五月末には追捕南海道使の紀淑人が海賊平定の功績により伊予守に任じられている[6]。

瀬戸内海に海賊が横行していたころ、東国では平氏一族の内紛が起きていた。『将門記』によると、承平五年二月に平将門は源扶らとの戦いに勝って常陸国筑波・真壁・新治三郡の舎宅を焼き払い、一〇月には伯父の平良正を常陸国川曲村で破っている。翌年六月に、もう一人の伯父の平良兼が大軍を率いて上総国から常陸国に入り、平良正・貞盛方についたが、下野国で将門に敗れた。承平七年八月、雪辱を期す良兼は軍備を整え、常陸・下総国堺の子飼の渡で将門に戦いを挑んで勝利し、常羽御厩と百姓舎宅を焼いた。続いて良兼は堀越の渡の戦いでも勝利を収めた。その後、将門は態勢を立て直し、一〇月に常陸国真壁郡に出陣し、良兼の服織宿を焼き、さらに筑波山に良兼を追った。

平氏一族の内紛のごくあらましをみてきたが、なぜかこうした東国の争乱は、先の瀬戸内海賊と異なり、『日本紀略』『扶桑略記』などの歴史書には記録されていない。もっとも、承平三―七年の間は当該期の主要史料である『貞信公記』が欠け、『本朝世紀』もごく一部しか残っていないので、たまたま『日本紀略』と『扶桑略記』には記事として採用されなかっただけなのかもしれない。しかし、両書には瀬戸内海賊の記事は多くあるので、やはりこれは政府が東国の争乱を重大事態とは考えていなかったことを示すものであろう。瀬戸内海は京都に近く、瀬戸内海賊の活動は貴族の経済生活に大きな脅威であったのに対し、東国の争乱はあくまで平氏一族内部の「私闘」であり、国衙権力を直接に脅かしたわけではないというのが政府の認識であろう[7]。

このことについて、もう少し詳しく考えてみよう。天慶二年（九三九）五月、将門謀反の訴えに加えて群賊が蜂起するなど、東国はきわめて不穏な情勢となったため、畿内および東海・東山道の諸社に臨時の幣帛使が遣わされ、建礼門では大祓がなされた。『本朝世紀』天慶二年五月一五日条によると、東海・東山両道の使は神祇官が差進したのだが、注目されるのは、それは「去延喜元年二月東国乱、承平五年六月南海賊等時例」によるとしている点である。「延喜元年二月東国乱」は「僦馬之党」などによる一連の群盗蜂起のことで、『日本紀略』延喜元年（九〇一）二月一五日条には「奉二幣諸社一、祈二東国群盗之事一」とある。「承平五年六月南海賊」は先述した承平年間の瀬戸内海賊のことで、承平五年六月に京中・山陽・南海道の諸社へ奉幣されている(8)。天慶二年五月一五日の奉幣はこれらの前例によってなされたのだが、承平年間の前例としてあげられているのは「南海賊」だけである。当時は地方で争乱があると、京畿内および当該地域の神社に平定を願う奉幣使が遣わされるのが恒例となっていたので、もし承平年間の東国における平氏一族の内紛を政府が重大事態と認識していたのならば、東国の諸社に奉幣使が遣わされていたはずである。そして、天慶二年五月一五日の奉幣は「東国西国群賊悖乱事」によるとはいうものの、臨時幣帛使が遣わされたのは東海・東山両道であるから、東国を重視した奉幣であることは明らかである。したがって、承平年間に東国に対して争乱平定を願う幣帛使がもし遣わされていたのなら、ここで触れられていて然るべきであろう。ところが、ここで承平年間の前例とされているのは「承平五年六月南海賊」なのである。このことは、承平年間に東国には争乱平定を願う幣帛使は遣わされなかったこと、すなわち平氏一族の内紛を政府が重大事態とは考えていなかったことを表すものである。なお、五月一五日には建礼門で大祓もなされていたのだが、それも「延喜元年二月例」によるとあるだけである。

次に、『本朝世紀』天慶二年六月七日条をとりあげてみたい。これは外記に「依二密告并群賊事一、遣二推問追捕使一例勘申」との仰せが下され、外記が「昌泰二年、延喜元年四月等例」を勘申したというものである。密告は将門謀反の密告のことで、この日に武蔵国密告使が任じられている。群賊は、このころ活発になった東国群賊のことで、相模権介橘是茂・武蔵権介小野諸興・上野権介藤原惟条が押領使となり、それらの国々の群盗を追捕するよう官符が下されている。ここで注目したいのは、外記が勘申したのが「昌泰二年、延喜元年四月等例」だったことである。昌泰二年（八九九）と延喜元年四月に推問・追捕使が遣わされたことは、『日本紀略』などの史料にはみえないが、先述したようにそのころは東国で群盗の活動が盛んだったので、おそらくその対策として追捕使が任命されたのであろう。そうすると、もし承平年間の東国の争乱を政府が重大事態と認識し、追捕使や押領使を遣わしていたならば、外記の勘申にそれらがあげられていたはずである。ところが、勘申されたのは昌泰二年と延喜元年四月の例のみであり、このことは承平年間に東国には追捕使や押領使は出されていなかったことを示している。承平年間、西国には警固使や追捕使が遣わされていた。これに対し、東国にはそうした措置はとられていなかったのであり、西国に比べて東国の争乱を政府が重くはうけとめていなかったことがわかるのである[9]。

以上をまとめると、承平年間の政府にとって瀬戸内海の海賊は大きな脅威であり、神社への奉幣や追捕使・警固使の派遣などの対応策がとられた。一方、政府は東国の争乱に対してはあまり危機感を抱いておらず、そうした対応はみられない。『日本紀略』や『扶桑略記』などの歴史書に東国の争乱が記されていないのはそうした政府の認識の表れなのである。

二　良兼の出陣日

『将門記』によると、平氏一族の私闘は承平五年二月の野本の合戦に始まるが、翌年将門に敗れた良正の懇請をうけて良兼が介入したことにより紛争規模は拡大し、以後天慶二年六月に良兼が死去するまで将門と良兼との執拗な戦いが続く。ここでとりあげたいのは、良兼が上総国から出陣した日である。『将門記』によると、それは承平六年六月二六日となっている。これより前、良正は川曲村の戦いで将門に敗れ、良兼に助力を求めたのだが、川曲村の戦いは承平五年一〇月二一日であるから、良兼の出陣はその約八か月あまり後ということになる。以前から源護も良兼に将門のことを愁訴しており、そもそも良兼と将門は「女論」により延長九年（九三一）以来仲違いしていたわけであるから、良兼は反将門側につくことに何ら躊躇はなかったはずである。故に、出陣までにやや時間が立ちすぎているようにもみえるが、将門が手強い相手であることはこれまでの合戦の経過から良兼も承知していたはずなので、周到に合戦の準備を進めたともいえる。『将門記』に「如レ雲涌出」とあるように、良兼は大軍を率いており、また「而間介良兼調レ兵張レ陣」とあるので、出陣の準備に時間をとられたことも確かであろう。ただ、瀬戸内海賊の動向を考慮すると、この承平六年六月二六日という日付には一定の意味があるように思われるのである。具体的にいえば、先述したように承平六年五月末までには瀬戸内の海賊は鎮圧されているので、海賊討伐に動員されていた兵が東国に帰るのを待って良兼が出陣したのではないだろうか。以下、この点について検討を行っていきたい。

承平年間に、政府は瀬戸内海賊を討伐するため警固使を置いたり追捕海賊使を遣わしたりしたのだが、そうしたなかで注目されるのは、兵庫允在原相安が諸家兵士と武蔵兵士を率いて海賊追捕に向かったという『扶桑略記』承平四年七月二六日条の記事である。このうち、諸家兵士は中央の貴族が保持・組織していた武力である。当時の中央貴族はこうした私兵を有しており(10)、それが海賊の討伐に利用されたのである。武蔵兵士は武蔵国から徴集された兵士たちである。律令軍団兵士制は八世紀末に廃止されるが、その後も郡司子弟、富豪層などのなかから必要に応じて兵士が徴集され、国衙の軍事警察力の担い手となっていた(11)。ここではそうした武蔵国の兵士が海賊討伐に動員されたのである。このような兵士は天慶年間の藤原純友の乱の時にもみられ、天慶三年八月には阿波国を討つため近江国に兵士一〇〇人の徴発が命じられ、翌年六月には右近馬場で近江・美濃・伊勢国兵士の閲兵がなされている。[12]このように承平年間の海賊討伐には東国の兵士が用いられており、それらは将門や良兼の有する武力と基本的には同一のものであろう。もちろん、史料上で確認できる東国の兵士は武蔵国のみだが、他国の兵士も同様に動員されていた可能性は十分あるのではないだろうか。

この問題を別の角度からみてみたい。良兼は承平六年に引き続き承平七年も兵を下総・常陸国に送り、そのため同年一一月に平良兼・貞盛・公雅・公連、源護、秦清文らに対して追捕官符が出された。ここから良兼に味方した者がわかるのだが、ここではこれらの者たちが承平年間の海賊討伐に加わっていた可能性を検討してみたい。なお、公雅・公連は良兼の男である。秦清文の系譜は不明だが、他と同じく東国の有力者であろう。

承平年間の海賊活動は長期にわたったので多くの兵士が投入されたであろうが、このうち軍事指揮官クラスで名前が知られる者は、在原相安、藤原純友、紀淑人などごくわずかである。ただ、在原相安が天慶三年一〇月に大宰府追捕使とみえるように、[13]数年後の純友の乱の際に西国方面へ派遣された者のなかには、承平年間に海賊討伐に参加していた者が多くいたとみてよいであろう。そこで、純友の乱に政府軍として加わっていた者を調べてみると、経歴不明の者を除けば京都の中下級貴族出身の者が多いが、東国出身者がいないわけではない。その一人が平貞盛であり、天慶四年六月に右近馬場で「貞盛朝臣兵士」の閲兵が行われている。[14]もっとも、この日に博多津の戦いで純友が敗れたとの報告が届いているので、実際に派遣されたかどうかは不明だが、貞盛が兵士を率いて純友を討つ準備を進めていたことは間違いない。博多津の戦いで敗れ伊予に戻った藤原純友を討ち取った伊予国警固使橘遠保も東国出身者であろう。その名前から彼の近親とされている橘近保は、天慶元年五月に武蔵国からの申請で追捕官符が出され(15)、天慶五年には駿河国の進官物を奪っており(16)、本拠が東国であったとみられるので、橘遠保も同様に東国の出身であろう。このように、天慶年間の純友の乱には東国出身者も軍事指揮官として加わっていた。そうすると、承平年間の海賊討伐も同様であり、そこに先にみた良兼に味方した者たちが含まれていた可能性は否定できないのではないだろうか。

以上、承平年間の海賊討伐に東国からも兵士などが動員されていたことを述べてきた。もちろん、良兼配下の兵士、すなわち上総・下総の兵士や良兼に味方した者が加わっていたことを示す直接の史料はないが、その可能性は十分にあるといえよう。もしそうであるならば、良兼が出陣した六月末というのは、ちょうど西国から兵士たちが戻ったころにあたる。推測に推測を重ねることになるが、良兼は出陣準備を進めている時に瀬戸内海賊平定の情報を得たのではないだろうか。そして、良兼は配下の兵士たちが東国に帰還するのを待ち、十分な態勢を整えて常陸国に向かったのではないだろうか。このように、六月末という時期に良兼が大軍を率いて出陣しえた背景には瀬戸内海賊の動向が関係していたと思われるのである。

三　承平五年官符と瀬戸内海賊

次に、承平五年一二月の将門召進を命じた官符の問題について検討を行いたい。『将門記』によると、この官符は承平五年二月の野本の合戦で将門に敗れた源護の告発状によるもので、同年一二月二九日に下され、翌年九月七日に左近衛番長英保純行らによって常陸・下野・下総国にもたらされている。従来からこの官符については、承平五年二月の合戦から官符が下されるまで一〇か月かかっていること、さらにそれが現地に届くまでに九か月を要していること、天慶二年一二月の忠平宛将門書状にその後英保純行がまた官使としてみえることなど不審な点が多いとされている。しかし、官使英保純行の問題はさておき、官符が下された日、それが現地に届いた日については、瀬戸内海賊の動向を考慮すれば十分説明できるのではないだろうか。

先に述べたように、承平四、五年は瀬戸内海賊の活動のピークであり、政府はその対応に追われていた。政府の関心は西国に集中しており、東国には目を向ける余裕はなかった。このため、護が告発状を出してもそのままにされ、ようやく一二月になって護と平将門・真樹らの召進を命じる官符が出されたのではないだろうか。その後、官符がなかなか東国にもたらされなかったのも同様な理由であろう。しかし、承平六年五月に瀬戸内海の海賊が平定されたことにより、政府もようやく東国に目を向ける余裕ができ、さらに平良兼が大軍を率いて上総国を出、下野国府で将門と合戦したのをみて官使を東国に下したのではないだろうか。

瀬戸内海の海賊が鎮圧されると政府の東国への対応が変化したことは、承平七年一一月の良兼らに対する追捕官符の出され方からもわかる。承平六年九月に官使が東国に下り、それをうけて将門は上京する。翌年八月、良兼は再び出兵して子飼の渡で将門を破る。両者の戦いは一〇月まで続くが、翌一一月に良兼らに対して追捕の官符が出される。このように今回の追捕官符はすぐさま出されており、前回の官符の下され方とは大きな差がある。政府の東国に対する関心の度合いは承平六年の半ばごろを境に変わっており、先の官符が承平五年一二月二九日に下され、翌年九月七日に常陸国等にもたらされているのはこうした事情によるものと思われる。

おわりに

本章は、承平年間の平氏一族の内紛過程と瀬戸内海賊の動向とを比較検討したものである。これまで、平良兼の出陣日と承平五年官符についてはその時期が問題とされてきたのだが、瀬戸内海賊の動きと照らし合わせると、それらの時期の説明がうまくなされるのではないかというのが本章の結論である。

註

（1）『貞信公記』承平元年正月二一日条、同承平二年一二月一六日条。
（2）『扶桑略記』承平三年一二月一七日条。
（3）『扶桑略記』承平四年五月九日条、同承平四年六月二九日条、同承平四年七月二六日条、『日本紀略』承平四年一〇月二二日条。
（4）『扶桑略記』承平五年正月九日条。
（5）『本朝世紀』承平五年六月二八日条。
（6）本書第三編第一章。
（7）上横手雅敬『日本中世政治史研究』一〇二頁（塙書房、一九七〇年）。
（8）『本朝世紀』承平五年六月二八日条。
（9）下向井龍彦氏も、「この平氏の内紛は、政府や国衙にとって大した問題ではなかった」とされている（同『日本の歴史七　武士の成長と院政』六九頁、講談社、二〇〇一年）。

(10) 拙稿「地方支配の変化と天慶の乱」(『岩波講座日本歴史　古代四』、岩波書店、二〇一五年)。
(11) 本書第一編第三章。
(12)『日本紀略』天慶三年八月二二日条、同天慶四年六月二四日条。
(13)『日本紀略』天慶三年一〇月二二日条。
(14)『日本紀略』天慶四年六月六日条。
(15)『貞信公記』天慶元年五月二三日条。
(16)『本朝世紀』天慶五年六月三〇日条。

第三章　天元五年の伊予国海賊追討

はじめに

天元五年（九八二）二月七日、蔵人頭藤原実資は海賊蜂起のため調庸が輸送困難になっている旨を奏聞した。天皇は公卿にこのことについて定め申すように命じ、諸卿は一一日に海賊を追討すべきとの定文を上奏した。同月二三日、伊予国から賊首能原兼信等を追討したとの解文が実資の許に届き、二七日には国司などが賞進されることになった。(1)

以上が天元五年の伊予国海賊追討の経過である。以下に述べるように、このころになると、藤原純友の乱以降なりをひそめていた海賊がまた姿を現すようになり、その追捕がなされていたのだが、この天元五年の伊予国海賊追討もその一つである。ただ、追討の時期やその後伊予国司が賞進されるに至る過程を詳細に調べてみると、そこには作為的な一面が存在したように思われる。(2)以下ではこの点について論じていくことにしたい。

一　重任と海賊追討年

この海賊追討を行った伊予国司は源遠古である。彼は天元二年に伊予介（受領）になった。(3)『公卿補任』天元二年項の参議源惟正の尻付に「正月廿六上表辞二三木一、以二男遠古朝臣一申三任伊与介二」とあるように、父惟正の辞任と引換の受領任官であった。

遠古は伊予国受領に重任された。このことは『北山抄』巻一〇延任重任事で、重任した者を除目に載せるかどうかを論じるなかで、「伊予守遠古重任時例可レ勘之」とあることから明らかである。また、『本朝世紀』寛和二年（九八六）二月二四日条に「此日、亥二剋、有二失火事一、伊与介従四位下源遠右〔古〕」とみえ、寛和二年は任期八年目にあたるので、ここからも遠古が重任されたことがわかる。

当時受領の重任は、先の『北山抄』巻一〇延任重任事に「至二于重任一、可レ在二非常之功勲一歟」とあるように、大きな功績がある場合にのみ認められていた。では、遠古はいかなる功績によって重任されたかだが、それはやはり海賊追討の功であろう。『小右記』天元五年二月二七日条に、海賊追討賞をめぐって次のような関白太政大臣藤原頼忠と天皇とのやりとりが載せられている。

大相国被二定申一云、国司其位四品、又非レ可二加増一、成レ功者三人、随二其品秩一可レ被二賞進一者、仰云、件解文可レ賜二上卿一者、至二賞事一追可二定仰一者。

頼忠によると、遠古はすでに四位になっているからこれ以上加階すべきでないというのである。先掲の『本朝世紀』寛和二年二月二四日条に遠古は従四位下とみえるので、この時遠古は加階されずに何らかの別の賞が与えられたと考えられる。そして、その後遠古は重任されているわけであるから、重任が海賊追討賞であったとみてほぼ間違いないであろう。なお、正暦三年（九九二）には源忠良が阿波国海賊を討ち、海賊に捕らわれた前守に替わって阿波国守に任じられている[4]。したがって、こうしたことからすれば、遠古が海賊追討の功により重任されたとしても決して不自然なことではない。

ところで、遠古の伊予介任官は天元二年であるから、天元五年は任期四年目、すなわち任終年になる。つまり遠古は任終年に海賊追討に成功し、その功により重任されたのである。任終年の功績といえば、すぐに想起されるのが国司善政上申である。国司善政上申は、任国の人々が善政を行った受領の延任・重任を政府に求めるというもので、自然発生的なものもあったであろうが、延任・重任をねらう受領が主導して行われたものも少なくはなかったと思われる。この国司善政上申もその多くが受領の任終年になされている。[5]これは、任期二、三年目よりも任終年に行う方が翌春の除目により有利であるとの判断によるものであろう。このように、任終年は延任・重任を望む受領にとって任期中の功績をアピールする年なのである。そうすると、遠古が海賊追討に成功したのが任終年であるというのは注意をしておく必要があろう。もちろん、たまたまそうなっただけなのかもしれないが、あえて任終年に海賊追討を行った可能性もあるのではないだろうか。

二　源遠古と藤原実資

海賊が蜂起したことを最初に奏聞したのが蔵人頭藤原実資であることは最初に述べたが、実は遠古と実資は義理の兄弟、すなわち遠古は実資の妻の兄弟なのである。[6]実資の最初の妻は源惟正の女で、結婚の時期は天延元年（九七三）か二年と推定されている。結婚後実資は惟正から譲られた二条第に住んでいたが、妻の一家、つまり惟章、遠理、遠古、遠資、遠業といった妻の兄弟たちとの関係は良好だったようである。天元五年六月に惟章と遠理が出家すると見舞いの使を送っている（六月三日条）。寛和元年正月に実資が渡殿に地火炉をつくると、遠古、遠資、遠業などが連日やってきて炉の完成を祝っている（正月二〇・二一・二二日条）。また、同年四月に実資に女児が誕生すると、遠資の妻が乳付をし、五夜には遠資、遠業が饗などを設けている（四月二八日条、五月二日条）。六月には女児が四五日の方違で遠業宅に渡っている（六月二一日条）。

このように、実資とその妻の兄弟たちとは親密な関係にあったのだが、天元五年に海賊追討の件を奏聞したのが実資であり、それに応じて海賊を追捕したのが伊予介源遠古なのである。これもはたして偶然のことといえるであろうか。

また、この間の経過をみてみると、実資の奏聞は二月七日、諸卿による海賊を追討すべきとの定文の上奏は一一日だが、同月の二三日には伊予国から賊首能原兼信等を追討したとの解文が実資の許に届いているのである。一一日からさほど日が経たないうちに、太政官から海賊追討の命令が下されたものと思われるが、その命令が届くか届かないかのうちに、伊予国から海賊を追討したとの解文が出されているのである。伊予国解文は海賊追討の命令を待っていたかのような出され方といわざるをえない。そして、解文をうけて伊予国司の賞進が検討されているのである。

なお、この時の関白太政大臣藤原頼忠は実資の伯父である。この年、頼忠は女の女御遵子の立后を密かに進めていたが、それを蔵人頭として補佐したのが実資である。立后後実資は中宮亮に任じられ（天元五年三月一一日条）、寛和元年九月には中宮が実資の二条第に移御している。(7) また、実資は円融天皇の信頼も厚く、天元四年二月から永観二年（九八四）八月の譲位まで約三年半蔵人頭をつとめ、その後は円融上皇の院別当となっている（永祚元年三月六日条）。

このように、この件に登場する人物がいずれも近しい関係にあったこと、海賊蜂起の奏聞から伊予国司の賞進定までが短期間で、かつスムーズになされたことなどからすると、この海賊追討功による遠古の賞進はあらかじめ準備されたものであったように思われるのである。もちろん、海賊追討自体までが虚構であったというのではない。天元元年に備前介橘時望が海賊に殺され、天元二年、寛和元年に海賊追捕のことがみえ、正暦三年には阿波守藤原嘉時が海賊に捕らわれているように、[8]このころは再び海賊の活動が盛んになっているので、伊予国受領である源遠古が海賊を追討する必然性は十分にあったといえよう。そして、今回の件はそれをうまく受領再任に利用したものではないだろうか。

海賊追討に成功したことをどのように政府に報告するかについては、遠古と実資との間で事前に何らかの連絡があったものと思われる。おそらくは、遠古から海賊を追討したとの知らせをうけた実資が、海賊追討の命が出されるように働きかけ、追討命令が出された後、伊予国から海賊を追討したとの解文が届くという手順にしたのであろう。海賊を追討したというだけでも十分な功績になるであろうが、遠古や実資は「月来海賊蜂起、縁海調庸、已以難レ運、愁苦無レ極」（二月七日条）というように事前に政府内部で危機感をあおり、そうしたなかで追討に成功したとする方がより効果的とみたのであろう。また、「追二討賊首能原兼信一甚可二賞進一、早可レ奏」、「国司其位四品、又非レ可二加増一」（二月二四・二七日条）という言動からすれば、海賊追討功を重任に結びつけるにあたっては関白の頼忠もあるいは一役買っていたのかもしれない。

実資が海賊追討功による遠古の重任を手助けした理由は、遠古が妻の兄弟であったことによるものだが、こうした妻方親族への特別な配慮は当時しばしばみられたことである。藤原道隆とその妻の高階一族はその典型であろう。道隆妻の父である高階成忠は、一条天皇が即位して藤原兼家が摂政となった寛和二年に従三位に叙されていたが、道隆が兼家の跡を継いで摂政になると従二位になり、姓も真人から朝臣に改められた。[9]また妻の兄弟である高階明順、同道順も道隆政権の下で但馬国、丹波国の受領に任じられている。[10]こうしたことは、当時の貴族が妻方の家に婿取られ、多くの保護や援助を得ていたことからすれば、その見返りとしてある意味では当然のことである。実資が妻の父である源惟正から二条第を譲られていたことは先述した通りである。遠古についていえば、次の『小右記』天元五年五月一七日条が注目される。

晩景詣二室町一、伊与介未レ出二八木百石解文一。

夕方姉の家に行ったところ、米百石の解文は遠古からまだ出されていなかったというものである。一般的には受領が出すこうした解文は政府に対して物資の供出を約するものだが(11)、ここの場合は文意上実資ないしはその姉に対してのものと考えられる。翌一八日は祖父実頼の忌日なので、おそらく米百石はその関係経費であろう。実際には米はまだ支出されていないが、百石という少なからぬ量の米を遠古は実資家に提供することになっていたのである。このように実資は妻方親族から多くの経済的支援を得ており、そしてそれは当時の貴族に一般的にみられることなのである。実資の援助による遠古の重任はこうした関係構造のなかでなされたのである。

おわりに

以上、本章は、天元五年の伊予国海賊追討とその後の伊予国司重任について検討を加えた結果、海賊追討がなされたのが伊予国司の任終年であったこと、蔵人頭藤原実資と伊予国司源遠古が義理の兄弟であるなど関係者がいずれも近しい間柄にあったことなどから、そこにはいささか作為性が認められるのではないかということを述べたものである。

註

（1）『小右記』天元五年二月七日条、同天元五年二月一一日条、同天元五年二月二三日条、同天元五年二月二七日条。以下、出典が『小右記』の場合は原則として年月日のみを記す。

（2）下向井龍彦氏も、この海賊追討を「工作」の結果としておられるが（同「平安時代の国家と海賊」『瀬戸内海の文化と環境』、瀬戸内海環境保全協会、一九九九年）、大江斉光を首謀者とするなど、本章とはその内容が大きく相違している。

（3）このころの伊予国は公卿などが守、権守となり、介が受領である場合が少なくない。天元五年の守は参議大江斉光、権守は参議藤原佐理である。なお、国司の氏名、任期等については、宮崎康充編『国司補任』三・四（続群書類従完成会、一九九〇年）を参照した。

（4）『日本紀略』正暦三年一一月三〇日条、同正暦三年一二月二日条、同正暦三年一二月五日条。なお、この阿波国海賊追討については、本書第四編第四章を参照されたい。

（5）国司善政上申のなされた年次がわかる事例を調べると、約三分の二が任終年になされている。なお、国司善政上申については、拙稿「国司苛政上訴について」（同『受領制の研究』、塙書房、二〇〇四年）を参照されたい。

（6）実資の家族については、桃裕行「忌日考―平安時代中期における―」（同『桃裕行著作集　四』、思文閣出版、一九八八年、初出は一九六二年）、吉田早苗「藤原実資の家族」（『日本歴史』三三〇、一九七五年）を参照した。

（7）『日本紀略』寛和元年九月一九日条。

（8）『日本紀略』天元元年三月某日条、『小記目録』天元二年七月七日条、『小右記』寛和元年四月一一日条、『日本紀略』正暦三年一二月五日条。

（9）『公卿補任』寛和二年項、同正暦二年項。

（10）高階明順の前任者の源致遠は永延元年（九八七）に但馬守になったと考えられるので、高階明順が但馬守となったのはその四年後の正暦二年であろう。また、高階道順の前任者の藤原貞順は永祚元年（九八九）に丹波守になっているので、高階道順が丹波守となったのはその四年後の正暦四年であろう。

（11）『小右記』長和元年六月四日条、同寛仁元年七月二三日条、同万寿二年一〇月四日条など。

第四章　東部瀬戸内海の海賊史料

はじめに

藤原純友をはじめとして、平安時代には数多くの海賊が瀬戸内海で活動した。こうした海賊の活動場所としてすぐ想起されるのは芸予諸島や備讃諸島などだが、史料をよくみると、そうした瀬戸内海中央部以外の地域にも海賊がいたことがわかる。本章では、そうした海賊に関する史料をとりあげて考察を行っていきたい。

一　畿内の海賊

藤原実資の日記『小右記』に次のような記述がある。

（ア）『小右記』寛和元年（九八五）四月一一日条
右衛門尉忠良・左衛門府生文保・右衛門府生茂兼等、追二捕海賊一、多二被レ疵者一、参二腋陣一令レ奏二事由一、即賜二疋絹一、依レ有二其勤一。

これは、多くの傷を被りながら海賊を捕らえた褒賞として疋絹を忠良・文保・茂兼らに賜った、というものである。ここにみえる右衛門尉源忠良・左衛門府生錦部文保・右衛門府生安倍茂兼はいずれも検非違使である。検非違使への追捕の褒賞について、『侍中群要』第七には、著名あるいは追捕宣旨が出された犯罪人を捕らえた時は蔵人所に参上してその由を奏上するが、然るべき時は殿上口（腋陣）において禄を給う、とあるので、今回は特別な褒賞であった(1)。

ところで、検非違使といえば、平安京の治安維持を担当する警察機関である。彼らがなぜ海賊を追捕したのであろうか。実は、この時源忠良らはある傷害事件の捜査にあたっていたのである。

この年の正月六日に弾正少弼大江匡衡が京内で敵のために疵を被り、同月二〇日には下総守藤原季孝が左府大饗の間に中門内で面を傷つけられるという事件が起きた(2)。犯人は藤原斉明とその弟保輔であった。同じころに被害をうけているので、大江匡衡・藤原季孝と斉明・保輔兄弟の間には何かトラブルがあったようだが、詳細は不明である。ちなみに、藤原保輔は『宇治拾遺物語』など多くの説話集にみえる著名な盗賊で、『尊卑分脈』には「強盗張本、本朝第一武略、蒙二追討宣旨一事十五度後、禁獄自害」とある。

三月二二日、藤原季孝を傷つけた実行犯が藤原斉明の従者二人であることが判明した。検非違使別当源重光は、右衛門尉源忠良と左衛門府生錦部文保に次のように命じた。

（イ）『小右記』寛和元年三月二二日条

仰云、其疑者左兵衛尉藤原斉明従者二人、忠良・久安〔文保〕相倶罷二向斉明所一、可レ令レ進二彼従者一、若不二召進一、搦二斉明一可二将参一。

斉明の所に行って従者二人を差し出させ、もし応じなければ斉明を捕らえて連行するようにとの命令であった。

なお、この時の情報では斉明の居所は摂津国であった。忠良と文保はさっそく摂津国に向かい、五日後の二七日に次のような報告をした。

(ウ)『小右記』寛和元年三月二七日条

斉明已乗レ船離レ岸、但捕二郎等藤原末光一。

藤原斉明は船に乗って逃亡したが、郎等の藤原末光は捕まえた、というのである。こうして、先にみた四月一一日の褒賞がなされたのである(3)。

そうすると、海賊とは藤原斉明とその従者たちを指すことになる。では、斉明たちはどこで活動していた海賊なのであろうか。結論を先にいえば、京周辺あるいは摂津国の海賊であろう。

理由の第一は、摂津国に斉明がいるとの情報を得て追捕に向かったのが検非違使だったことである。これは検非違使の任務の一つに津廻があったことと関係する。検非違使は本来平安京の警察機関であったが、貞観一六年(八七四)に「奸猾之輩」が検非違使の検察を避け、淀・山崎・大井津など京周辺に潜んでいるため、「津頭及近京之地」の非違糾弾が認められた(4)。また、寛平六年(八九四)には検非違使が一〇日ごとに淀・山崎・大井津を巡察することとなった(5)。その後、検非違使の管轄範囲は淀川河口付近にまで広がり、長徳四年(九九八)には摂津国武庫郡の港で遭難した船とその船荷が、淀川河口にある長洲浜に住む「不善輩」に奪われたという訴えが検非違使庁に出されている(6)。このように当時の検非違使の権限は、平安京だけでなく京周辺さらには淀川河口付近まで及んでいた。そうすると、追捕に向かったのが検非違使だとすると、斉明とその従者が海賊として活動していた地域もその範囲内であったことになろう。

理由の第二は、斉明が摂津国にいたことである。大江匡衡、藤原季孝が襲われたのは正月六日、二〇日であるから、海賊の拠点が遠方にあったならば、主従ともにこの間にいくらでも逃亡できたはずである。しかし、摂津国にいたことは活動拠点もその付近であったことを示している。

理由の第三は、斉明が左兵衛尉だったことである。斉明の父致忠は右衛門権佐、陸奥守を経て、三年後の永延二年（九八八）には右馬権頭とみえている。また致忠の父は大納言元方で、致忠の兄弟である懐忠はこの時左中弁で、四年後の永祚元年（九八九）には参議となっている。斉明が左兵衛尉となったのは、こうした比較的高い家柄だったことによるものであろう。もちろん、左兵衛尉であるが故に斉明が常に在京していたとはいえないが、その出自を考えあわせると、斉明が遠方の地で海賊行為を行っていた、あるいは従者にそうした者がいたとすることはやはり不自然ではないだろうか。

斉明たちが京周辺あるいは摂津国の海賊であったことを述べてきたが、次にそうした地域の海・川・湖で盗賊行為を働く者が海賊と呼ばれていたことを示したい。

（エ）「僧慶勢解」（『平安遺文』二―三七〇）

僧慶勢解申請非違別当殿政所裁事

請レ被二依レ実裁糺免一海賊大友忠吉之問日記、申二出无実絹十二疋・縫衣十領一、慶勢之所由錦吉正許宿置之由差申、即使左看督長秦常正強勘責事

右、慶勢謹検二案内一、以二去年十二月之比一、件海賊忠吉、獄所候間、為二吉正□忿怨一、所由慶勢之許、米一石五斗宿置之由差申、勘責如二伐焼一、爰慶勢依レ実注二具由一、愁二申於検非違使庁一之日、被二召問一之処、件忠吉、

既無実之由申了、随即口問官人府生飛鳥戸正兼与判、外題云、盗人忠吉等勘問之処、宿二置贓物一之由、無二差申事一、仍免除已了、而間依二去月大赦一、被二放免一也、厥後不レ経二幾程一、又仕二海賊一被二追捕一、勘問之日、猶未レ忘二彼本執忿怨一、重二物数一多申出、随即使常正勘責、不レ知二為方一、何以忽弁二申无実之物一乎、愁吟之甚、莫レ過二於斯一、望請蒙二裁下一、被レ免二除急責一、将レ知二正理之貴一、仍請レ裁、以解。

長徳三年五月五日　　　　僧慶勢

この史料の大要は以下の通りである。獄所に入れられている海賊の大友忠吉が錦吉正に怨みを持ち、吉正の関係者である慶勢の許に盗品の米一石五斗があると供述したため、慶勢が検非違使に厳しく責め立てられた。慶勢が検非違使庁に事情を申上したところ、忠吉はそうした事実はないといった。そこで検非違使府生飛鳥戸正兼は、忠吉を取り調べたが慶勢の所に盗品を置いたといったことはないので慶勢を免じる、という書類を作成した。その後忠吉は恩赦によって釈放されたが、あまり時間も経ないうちにまた海賊行為を働いて捕まった。取り調べの日、忠吉はなお怨みを忘れず今度は数量を増やして吉正の所に盗品があると供述したため、看督長秦常正がまた慶勢を責め立てた。しかし、ないものを申し述べることはできず、たいへん困っている。どうか正しい裁きをして、検非違使の責め立てを止めていただきたい。

この史料で海賊とされているのは大友忠吉である。忠吉が最初に盗品を慶勢の所に置いたと供述したのは獄所に入れられている時である。獄所は平安京にある検非違使庁管下の牢獄であるから、彼がそこに収監されているのは、検非違使の管轄地域で彼が海賊行為を働いて捕らえられたことを示している。この忠吉は恩赦により釈放されるが、また海賊行為を働いて検非違使に捕まり取り調べをうけている。この恩赦が『日本紀略』長徳三年三月二六日条にみえる東三条院の病気による恩赦だとすると、一月も経つか経たないうちに、忠吉はまた海賊行為により検非違使に捕まったことになる。このように、大友忠吉は海賊とはいっても二度も検非違使に捕らえられた海賊である。故に、忠吉が海賊を働いた地域は検非違使の管轄地域、すなわち平安京に近い川・湖、あるいは摂津国の淀川河口周辺の海であったと考えられるのである。(7)

二　阿波国の海賊

前節では、京周辺あるいは淀川河口周辺に海賊がいたことを述べたが、本節では阿波国の海賊について述べることにしたい。

（オ）『日本紀略』正暦三年（九九二）一一月三〇日条
阿波国海賊追討使従五位下源忠良、梟㆓海賊首十六人㆒、降人廿余人。

（カ）『日本紀略』正暦三年一二月二日条
海賊追討使忠良所㆑斬賊首、日来置㆓東獄門前㆒、而依㆓宣旨㆒首十六遣㆓東西市司㆒、降人廿人分㆓給左右獄㆒了。

（キ）『日本紀略』正暦三年一二月五日条
諸卿定㆓申源忠良勧賞事㆒、即解㆓却阿波守藤原朝臣嘉時㆒、以㆓件忠良㆒任㆑之、件嘉時為㆓海賊㆒被㆓虜掠㆒云々。

大意は以下の通りである。正暦三年一一月三〇日、阿波国海賊追討使源忠良が海賊の首領一六人の首をさらした。降伏者は二〇余人である。一二月二日、海賊の首を東獄門の前に置いていたが、宣旨によりそれらの首一六を東西市司に送った。降伏した者二〇人を左右の獄に分けて入れた。一二月五日、諸卿が忠良の褒賞について定めた。阿波守藤原嘉時を解任し、忠良をそれに任じた。嘉時は海賊に捕らえられたということだ。

これより先、『小記目録』正暦三年七月九日条に「阿波国海賊事」とある。

以上の史料によると、七月に入ると阿波国海賊のことが問題となった。その後、海賊追討使源忠良が阿波国に向かい、海賊追討に成功して、一一月三〇日には海賊首領一六人の首をさらしたのである。

ここでも海賊を討ったのは源忠良である。寛和元年の忠良は検非違使右衛門尉だったが、この時の忠良は「阿波国海賊追討使従五位下源忠良」とあり、五位になっていたことはわかるが、官職は記されていない。五位になると検非違使をやめるのが一般的である。五位になっても例外的に検非違使の職に留まった者（大夫尉）が記されてある『二中歴』第二「大夫尉」にも忠良の名前はみえない。また、阿波国は明らかに検非違使の管轄外であるから、忠良はすでに検非違使を去っていたと思われる。忠良には寛和元年に海賊を討った実績があるので、その武人としての実力が買われて追討使に任命されたのであろう。

これらの史料で次に注目したいのは、海賊の首領を一六人としていることである。つまり、阿波国海賊はそれぞれの首領が率いる小集団の連合だったのである。もちろんリーダーはいたであろうが、あくまで盟主的な地位に留まっていたと思われる。当時の海賊がこうした構成であったことは他の史料からもわかる。

承平六年（九三六）、紀淑人によって南海道海賊の追捕がなされた。海賊が降伏した時の様子を『日本紀略』は次のように記している。

（ク）『日本紀略』承平六年六月条

爰以二紀淑人一任二伊予守一、令レ兼二行追捕事一、賊徒聞二其寛仁一、二千五百余人、悔レ過就レ刑、魁帥小野氏彦・紀秋茂・津時成等、合卅余人、束レ手進二交名一帰降。

降伏した海賊は二五〇〇余人で、「魁帥」すなわち海賊の首領が三〇人あまりいたというのである。南海道海賊も三〇余人の首領が率いる小集団の連合体だったのである(8)。

阿波国海賊のことは紀貫之の『土佐日記』にもみえている。周知のように、『土佐日記』は土佐国守としての任期を終えた紀貫之が船に乗って都へ帰る時の様子を描いたものである。『土佐日記』には、阿波国に入ったあたりから海賊のことがみえ始める。正月二三日条には「このわたり、海賊の恐りあり、といへば、神仏を祈る」とある。「このわたり」は日和佐付近に比定されている。三〇日条には「海賊は、夜歩きせざなりと聞きて、夜中ばかりに船を出だして、阿波の水門をわたる、（中略）今は和泉の国に来ぬれば、海賊ものならず」とある。「阿波の水門」は鳴門海峡である。どちらも海賊出没地として著名なところだったのであろう。貫之が土佐国を出発したのは承平四年一二月だが、このころ南海道では海賊の活動が盛んになっているので、阿波国でも海賊の動きが活発化していたのかもしれない。

一方、正月二一日条には「国よりはじめて、海賊報いせむといふなることを思ふうへに、海のまた恐ろしければ、頭もみな白けぬ」、同二五日条には「海賊追ひ来、といふこと、絶えず聞こゆ」、同二六日条には「まことにやあらむ、海賊追ふ、といへば、夜中ばかりより船を出だして漕ぎ来る」とあり、海賊が報復のため土佐国から追いかけているらしい、としている。しかし、海賊が報復するというのが本当ならば出港時から問題となっていたはずだが、土佐国内を航行している時は海賊のことがみえず、海賊が文中に現れるのは室戸岬を廻ってからのことである。したがって、海賊が追っているようだ、というのは事実かどうか疑問であり、「航行の苦難をより典型的、効果的に盛り上げるねらいと見る」べきであろう。(9)

おわりに

本章は、瀬戸内海東端地域の海賊に関する史料をとりあげて検討を加えたものである。瀬戸内海は地形や潮流が場所によって大きく異なるため、同じ瀬戸内海の海賊といっても、地域ごとに集団が形成されていたものと思われる。故に、今後は海賊がどの地域で活動し、どのような特色を持つのかを検討していく必要があろう。

註

（1）『親信卿記』天延元年（九七三）二月一〇日条にも、「検非違使左衛門尉致明朝臣・同致節・志秦清理・府生能登公蔭等、参二腋陣一、令レ奏下捕二得強盗首一之由上、合戦之間、被レ疵多矣、即召内□□□賜レ禄有レ差」とある。なお、ここにみえる検非違使源致明・致節の兄弟は、本文で述べた検非違使源忠良の従兄弟である。

（2）『小右記』寛和元年正月六・二一日条。

（3）その後四月に、斉明は東国に逃げようとしたところを前播磨掾惟文王によって近江国で射殺された（『日本紀略』寛和元年五月二〇日条）。一方、保輔は逃亡したが、三年後の永延二年六月に捕えられ、獄中で自殺した（『日本紀略』同年六月一七日条）。

（4）『日本三代実録』貞観一六年一二月二六日庚辰条。

（5）『政事要略』寛平六年一一月三〇日宣旨。

（6）『平安遺文』二―三七四。

（7）『日本三代実録』元慶五年五月一三日庚申条に、衛門府の官人たち（おそらくは検非違使）が「向二山城・摂津・播磨等国一、追二捕海賊一」とあり、九世紀においても山城・摂津国に海賊がいたことがわかる。

（8）天元五年（九八二）、海上で官物等を掠奪していた海賊が伊予国司によって追討された。『小右記』同年二月二三日条には「従二伊予国一言二上賊首能原兼信及他賊等十五追討之解文一」とある。ここにみえる「他賊等十五」は一般の海賊と解することもできるが、それでは人数がやや少ないので、やはり能原兼信を盟主とする海賊首領たちではないだろうか。そうすると、この海賊もやはり小集団連合だったことになる。

（9）『土佐日記　蜻蛉日記』三六頁（新編日本古典文学全集一三、小学館、一九九五年）。

初出一覧

序章（新稿）

第一編　九世紀の地方軍制

第一章　軍団兵士制の廃止理由について

（「軍団兵士制の廃止理由について」『愛媛大学法文学部論集』人文学科編一五、二〇〇三年、を改稿）

第二章　健児の差点対象について

（「健児の差点対象について」『続日本紀研究』三七四、二〇〇八年、を改稿）

第三章　九世紀の地方軍制と健児

（「九世紀の地方軍制と健児」『律令国家史論集』、塙書房、二〇一〇年、「九世紀地方軍制の一考察」『愛媛大学法文学部論集』二八、二〇一〇年、を改稿）

第二編　一〇―一一世紀の地方軍制

第一章　一〇―一一世紀の地方軍制

（「平安時代中期の地方軍制」『古代文化』六二―四、二〇一一年、を改稿）

第二章　押領使・追捕使関係史料の一考察
（「押領使・追捕使関係史料の一考察」『愛媛大学法文学部論集』三〇、二〇一一年、を改稿）
第三章　平安時代の武人と武力
（第一・二節は新稿、第三節は「地方支配の変化と天慶の乱」『岩波講座日本歴史　古代四』第二章第五節、岩波書店、二〇一五年、を改稿）

第三編　天慶の乱
第一章　藤原純友と紀淑人
（「藤原純友と紀淑人」『続日本紀研究』三五九、二〇〇五年、を改稿）
第二章　藤原純友の乱後の伊予国と東国
（「藤原純友の乱後の伊予国と東国」『日本歴史』六四二、二〇〇一年、を改稿）
第三章　天慶の乱と承平天慶の乱
（「天慶の乱と承平天慶の乱（一）」『愛媛大学法文学部論集』三四、二〇一三年、「天慶の乱と承平天慶の乱（二）」『愛媛大学法文学部論集』三五、二〇一三年、を改稿）

第四編　平安時代の瀬戸内海賊
第一章　古代伊予国の俘囚と温泉郡箟原郷
（「古代伊予国の俘囚と温泉郡箟原郷」『伊予史談』三六二、二〇一一年、を改稿）

第二章　承平年間の東国と瀬戸内海賊
（「藤原純友の乱と平将門の乱」『歴史と古典　将門記を読む』、吉川弘文館、二〇〇九年、を改稿）

第三章　天元五年の伊予国海賊追討
（「天元五年の伊予国海賊追討」『日本歴史』七〇一、二〇〇六年、を改稿）

第四章　東部瀬戸内海の海賊史料
（「平安時代中期の海賊史料」『歴史の資料を読む』、創風社出版、二〇一三年、を改稿）

あとがき

本書は、これまでに発表した平安時代の地方軍制と天慶の乱に関する論文に、新稿を加えて再構成したものである。

私が平安時代地方軍制の研究に取り組んだ理由はいくつかあるが、一番はやはり藤原純友の乱を解明することにある。愛媛大学に赴任して以降、古代伊予国についての研究を始めたのだが、どうしてもわからなかったのが藤原純友の乱である。藤原純友の乱は、大きな戦乱であるにもかかわらず、残存史料が少ないため、乱の経過や背景などいずれも不明な点ばかりであった。二度ほど、関係史料を集めてじっくり読み込んだが、だめであった。そこで、藤原純友の乱に関する史料だけを見ていたのでは限界があると考え、視野を広げて平安時代の地方軍制について研究を行うことにした。

ただこの分野は、戸田芳実・石井進両氏の国衙軍制研究以降、下向井龍彦氏を除けば、あまり研究がなされていなかった。この分野の研究が進まないのは、やはり史料が少ないためだが、そうしたなかで研究を前進させるためには、どうしてもこれまでとは異なる視角が必要となった。本書の視角については、最初に述べたので繰り返さないが、もう一つ付け加えるとすれば、古代史の側からの視点で平安時代の地方軍制を分析したことであろう。

平安時代の地方軍制研究は、武士や武家政権の成立などと深く関わるため、これまではもっぱら中世史研究者が中心となって行われてきた。ただ、中世史の立場からの研究では、どうしても中世的なものがいかに生まれ、成長するかに焦点があてられがちになり、古代的なものがいかに残り、変容するかについてはあまり目が行き届かない傾向があったように思われる。そこで本書では、古代史側からの視点でもって研究を進めることにした。

平安時代は古代から中世への過渡期であり、古代史側と中世史側の両方の視点を持って研究を行うのが理想的だが、なかなか難しいのが現実である。したがって、本書は古代史からの視点で分析を行ったことを一つの特徴としたが、逆に中世史的な視点が乏しいという欠陥があることは否めない。

本書後半の第三編、第四編では天慶の乱と瀬戸内海賊をとりあげた。もちろん、天慶の乱とはいっても、その中心にあるのは藤原純友の乱である。ただ、藤原純友の乱の経過や背景を明らかにできたかというと、はなはだ心許ない、というのが正直なところである。城攻めにたとえていうならば、本丸に近づいてはいるものの、まだ攻め落としてはいない、という状況であろう。一方で、徐々に外堀を埋めつつあることも事実であり、近いうちにぜひ本丸を攻略したいと考えている。

本文でも述べたように、将門の乱に比べると、純友の乱の研究は本当に少ない。残存史料の多寡もあるが、やはり将門の乱は後の中世武士や武家政権の成立につながるが、純友の乱は単なる海賊の反乱である、また武人は源氏と平氏だけであって、藤原氏はそうではない、という伝統的な見方が根強いためであろう。本書では、このような考えの修正につとめたつもりだが、今後もそうした努力を続けていきたい。

最後に、個人的なことで恐縮だが、中学・高校時代に剣道部、大学では弓道部に所属していた私にとって、軍制史や戦乱の研究は楽しく行うことができた。大学で日本史を専攻するようになったころから、いつかはこうした研究をしたいと思っていたので、ようやく念願がかなったともいえる。ただ、個々の武器や武具、戦闘方法については、よくわからないところがまだまだ多いので、これらについてもあわせて研究を進めていきたい。

余談だが、私が大学の弓道部に入ったころは、まだ竹弓、竹矢、麻弦が使われていた。卒業するころには、それらはグラスファイバー、ジュラルミン、化学繊維に変わっていた。短い期間ではあるが、温度や湿度に敏感な竹弓、折れやすい竹矢、すぐに切れる麻弦を使った経験は貴重であった。本書で地方軍制を財政史の視角から考察したのは、私が財政史を専門としていたからだが、当時の主要武器である弓矢が消耗品であることを、少しは知っていたことも、あるいは関係しているかもしれない。

私が赴任したころから、愛媛大学では研究室や学部の枠を越えて歴史学教員の交流が盛んであり、それは今も続いている。法文学部日本史研究室の胡光・中川未来両先生、および法文学部と教育学部の歴史学の先生方からは、いつも新鮮な刺激と貴重なご教示をいただいている。近年人文系学問をとりまく環境は非常に厳しくなっているが、本書が刊行できたのは、こうした先生方のおかげであり、深く感謝する次第である。

なお、出版にあたっては、今回も寺島正行氏をはじめとする塙書房の方々のお世話になった。あわせて謝意を表したい。

二〇一七年八月

寺内　浩

事項索引

ち

つ

て

と

に

ぬ

の

は

ひ

ふ

ほ

史料索引

寺　内　　浩（てらうち・ひろし）

略　歴
1955年　大阪府に生まれる
1978年　京都大学文学部史学科国史学専攻卒業
1984年　京都大学大学院文学研究科（国史学専攻）博士課程単位取得退学
1989年　愛媛大学法文学部助教授
現在　　愛媛大学法文学部教授、京都大学博士（文学）

主要著書
『受領制の研究』（塙書房、2004年）
『愛媛県の歴史』（山川出版社、2003年、共著）
『愛媛の不思議事典』（新人物往来社、2009年、共編著）

平安時代《へいあんじだい》の地方軍制《ちほうぐんせい》と天慶《てんぎょう》の乱《らん》

2017年11月1日　第1版第1刷

著　者　寺　内　　浩
発行者　白　石　タ　イ
発行所　株式会社　塙　書　房

〒113-0033　東京都文京区本郷6丁目8-16
電話　03(3812)5821
FAX　03(3811)0617
振替　00100-6-8782

亜細亜印刷・弘伸製本

ISBN978-4-8273-1291-1　C3021